普通高等职业教育"十三五"规划教材

统计学基础

第二版

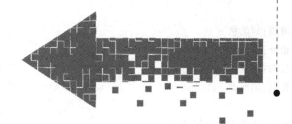

清华大学出版社
北京

内容简介

本书以应用为导向,在解决实际问题的过程中呈现统计学的基本方法,并运用统计结果对问题进行分析和解答,易于学习者理解和掌握。

本书内容编排循序渐进。每个项目都以"实践中的统计"案例开始。主要内容包括:数据与统计、搜集、整理与图示、分布特征测度、概率分布、推断统计、相关与回归分析、时间序列分析、统计指数、质量管理的统计方法。

本书可作为高等职业院校统计学课程的教材,也可作为广大实际工作者的参考书。

本书封面贴有清华大学出版社防伪标签,无标签者不得销售。
版权所有,侵权必究。侵权举报电话:010-62782989 13701121933

图书在版编目(CIP)数据

统计学基础/汪大金,白金英主编. —2版. —北京:清华大学出版社,2019
(普通高等职业教育"十三五"规划教材)
ISBN 978-7-302-53001-5

Ⅰ.①统… Ⅱ.①汪… ②白… Ⅲ.①统计学-高等职业教育-教材 Ⅳ.①C8

中国版本图书馆 CIP 数据核字(2019)第 093922 号

责任编辑:刘志彬
封面设计:李伯骥
责任校对:宋玉莲
责任印制:刘海龙

出版发行:清华大学出版社
网　　址:http://www.tup.com.cn,http://www.wqbook.com
地　　址:北京清华大学学研大厦 A 座　　　邮　编:100084
社 总 机:010-62770175　　　邮　购:010-62786544
投稿与读者服务:010-62776969,c-service@tup.tsinghua.edu.cn
质量反馈:010-62772015,zhiliang@tup.tsinghua.edu.cn

印 装 者:三河市国英印务有限公司
经　　销:全国新华书店
开　　本:185mm×260mm　　　印　张:14.5　　　字　数:322 千字
版　　次:2015 年 7 月第 1 版　2019 年 6 月第 2 版　　印　次:2019 年 6 月第 1 次印刷
定　　价:42.00 元

产品编号:083075-01

Preface 前言

统计学是对数据进行收集、整理、展示、分析和解释,以帮助人们更加有效地做出正确认识客观世界数量规律的方法论科学。在众多专业、学科领域,特别是在商务和经济活动中有着重要的应用。《统计学基础》(第二版)面向商科类专业的学习者系统地介绍了统计学及其各个领域应用方面的知识和技能。以基础统计应用为导向,做到内容简洁,学练一体,把对统计方法的学习理论和领会尽可能地在解决实际问题的过程中展现出来,并尝试从专业角度运用统计结论对问题进行分析和解答,更易于学习者理解和掌握。

本书内容以项目化方式编排,关键知识点教、练一体化,增加了最新统计案例在商业领域的重要创新成果和应用。用二维码链接扩展了各类学习资源,通过学习这些文本、视频,使学习者更加容易理解和掌握这些内容。每个项目都以一篇"实践中的统计"的文章开始,这些文章描述了本项目将要介绍的统计方法的应用。大部分的案例都是编者长期教学过程中的积累,实用性、针对性较强。

本书中的示例和练习都以真实的数据和资料为基础,这些数据资料来源广泛,我们进行了有针对性的讨论、演示和相应的练习。我们相信,实际数据的使用会让更多的学习者对统计资料产生兴趣,在学习统计方法的同时学会其应用方法。

Excel虽然不是专业的统计软件,但能够解决大部分的数据分析问题。本书中我们演示了这个软件的统计应用功能,它会使我们的统计工作变得更加轻松,因而,让学生了解和掌握它的应用方法也很重要。

本书中我们设计了统计案例的分析和实训内容,需要学习者认真完成。这些内容的完成,对于大家理解统计方法和应用大有裨益。

最后一个项目我们讨论了一个统计学如何应用于质量管理的具体案例,供学习者参考。当然,统计学的应用不仅限于此,它还有更为广泛的应用领域需要学习者不断加以实践。

本书由兰州资源环境职业技术学院汪大金,扎兰屯职业学院白金英任主编;信阳职业技术学院闵悦昕、刘晓梦,甘肃财贸职业学院李斌成,佳木斯技师学院赵玉凤任副主编;重庆信息技术职业学院肖文,德州科技职业学院冯燕参与编写。具体分工如下:项目1~3由汪大金编写,项目4由闵悦昕编写,项目5由李斌成编写,项目6由刘晓梦编写,项目7由赵玉凤编写,项目8~9由白金英编写,项目10由肖文编写,附录和案例由冯燕编写搜集。全书由汪大金负责统稿工作。

  本书在编写过程中受到了多位老师的支持和协助,谨表谢意。由于受时间、资料等因素所限,书中难免有疏漏之处,请予谅解。

编 者

2019 年 2 月

Contents 目 录

项目1 数据与统计

实践中的统计——淘宝数据:数据背后的价值 ……………………………… 3
1.1 统计学在经济活动中的应用 ………………………………………………… 4
1.2 统计中的几个基本概念 ……………………………………………………… 6
1.3 数据的测量尺度与类型 ……………………………………………………… 9
1.4 数据统计分析方法 …………………………………………………………… 11
1.5 大数据与数据挖掘 …………………………………………………………… 14

项目2 数据的搜集

实践中的统计——当代青年群体婚恋观调查 …………………………………… 21
2.1 数据的来源 …………………………………………………………………… 22
2.2 统计调查方案的设计 ………………………………………………………… 25
2.3 统计调查问卷的设计 ………………………………………………………… 29
2.4 数据采集误差 ………………………………………………………………… 34

项目3 数据的整理与图示

实践中的统计——奶粉质量管理中的统计 ……………………………………… 39
3.1 分类型数据的汇总 …………………………………………………………… 40
3.2 数值型数据的汇总 …………………………………………………………… 43
3.3 频数分布的类型 ……………………………………………………………… 51

项目4 数据的概括性测度

实践中的统计——美特斯公司账期的统计量 …………………………………… 55
4.1 集中趋势的测度 ……………………………………………………………… 55

4.2 离散程度的测度 ………………………………………………………… 65
4.3 偏态和峰态 …………………………………………………………… 69
4.4 相对位置的度量和异常值的检测 …………………………………… 71

项目5 统计分布

实践中的统计——汇丰银行的自动服务系统 ……………………………… 81
5.1 随机变量 ……………………………………………………………… 81
5.2 离散型随机变量 ……………………………………………………… 82
5.3 连续型随机变量 ……………………………………………………… 83
5.4 正态分布 ……………………………………………………………… 84

项目6 抽样与参数估计

实践中的统计——抽样调查:谁能当选总统 ……………………………… 95
6.1 抽样与抽样方法 ……………………………………………………… 95
6.2 抽样推断 ……………………………………………………………… 97
6.3 抽样分布 ……………………………………………………………… 97
6.4 参数估计 ……………………………………………………………… 101
6.5 总体均值的区间估计 ………………………………………………… 105
6.6 假设检验 ……………………………………………………………… 108

项目7 相关与回归分析

实践中的统计——联盟数据系统 ………………………………………… 121
7.1 相关分析 ……………………………………………………………… 121
7.2 一元线性回归分析 …………………………………………………… 126
7.3 估计的线性回归方程 ………………………………………………… 128
7.4 回归估计标准误差 …………………………………………………… 129
7.5 判定系数 ……………………………………………………………… 130
7.6 利用回归方程进行估计和预测 ……………………………………… 131

项目8 时间序列分析及预测

实践中的统计——职业健康诊所火灾损失的评估 ……………………… 141
8.1 时间数列及分析方法 ………………………………………………… 141

8.2 时间数列的水平分析 …………………………………………… 144
8.3 时间数列速度指标分析 ………………………………………… 149
8.4 长期趋势的预测 ………………………………………………… 152
8.5 季节变动、循环变动因素分析 ………………………………… 159

项目 9 指　　数

实践中的统计——中国制造业采购经理指数 ………………………… 171
9.1 指数的概念和分类 ……………………………………………… 172
9.2 加权指数 ………………………………………………………… 176
9.3 指数体系和因素分析 …………………………………………… 182
9.4 几种常用的经济指数 …………………………………………… 188

项目 10　质量管理的统计方法

实践中的统计——陶氏化学公司的质量管理 ………………………… 197
10.1 质量管理的内涵 ………………………………………………… 197
10.2 全面质量管理 …………………………………………………… 199
10.3 统计过程控制 …………………………………………………… 207
10.4 接受抽样 ………………………………………………………… 210

附　　录

表1　标准正态分布曲线(单侧)下面积与概率 ……………………… 219
表2　t 分布临界值表 …………………………………………………… 219

参考文献 ……………………………………………………………… 223

项目 1

数据与统计

>>> 实践中的统计

淘宝数据：数据背后的价值

淘宝的数据分析一直走在电子商务领域的前沿，你知道淘宝是如何在大数据中做数据分析的吗？不看平均，看数据分布。因为凡是和"总和"或者"平均"类的统计有关的数据都会丢失掉很多重要的信息。例如，李嘉诚来我们公司参观，这一时间我们公司办公室里的个人"平均资产"就会因为李嘉诚一个人被抬高到人均几亿身家。如果有人根据这个"平均资产"数据来判定说我们办公室的人都是豪华游艇的潜在顾客，这是很荒谬的。

可实际上，我们每天都在做着类似的判断，比如，当我们听到说顾客"平均在线时间"是3分34秒，就可能根据这个时间来进行业务决策。例如设置"停留时间超过3分34秒为高价值流量"，或者设置系统，在用户停留了3分34秒还没有下单的话就弹出在线客服服务窗口。我们设置这些时间点的根据是"平均停留时间"，在我们的想象里，我们的每个顾客都有着"平均的"表现，停留时间大致都是3分34秒。可实际上真正的顾客访问时间有长有短，差别较大：在一些数据中我们可以看出，访客平均停留在页面的时间是非常的短暂。

例如，我们看到上个月平均订单金额500元/单，这个月也是500元/单，可能会觉得数字没有变化。可是实际上有可能上个月5万单都是400～600元，而这个月5万单则是2万单300元，2万单400元，5千单500元，5千单超过2500元——客户购买习惯已经发生了巨大变化：一方面可能是客户订单在变少（可能是因为产品单价上升，采购数量减少，或者客户选择了比较便宜的替代品）；另一方面，出现了一些相对较大的订单（可能是中小企业采购，或者是网站扩充产品线见效了）——看数据分布可以让我们更容易发现这些潜在的变化并及时的做出应对。这些隐藏在数据背后的价值，只有深刻洞察数据分布变化，才能充分利用数据分析做出相应的决策。

如何挖掘数据及其价值，本项目我们将从数据统计的基本概念出发，探讨可用于统计分析的数据类型，通过对数据的描述统计和推断统计使得数据解释和统计分析工作更具有实际价值和有意义。

我们经常会在各类媒体的报道中看到下面各种报道：

• 2018年11月30日国家统计局服务业调查中心和中国物流与采购联合会发布了中国采购经理指数。11月份，制造业PMI为50.0%，环比小幅回落0.2个百分点，处于临界点。本月主要特点：(1)价格指数明显回落。受近期部分大宗商品价格下行等因素影响，主要原材料购进价格指数和出厂价格指数均降至年内低点，分别为50.3%和46.4%，比上月回落7.7和5.6个百分点。(2)生产保持稳定，需求扩张减缓。生产指数为51.9%，比上月微落0.1个百分点，持续位于景气区间。新订单指数为50.4%，低于上月0.4个百分点，高于临界点，表明企业产品订货量增速有所放缓。(3)制造业多数行业处于扩张区间。其中，食品及酒饮料精制茶、纺织服装服饰、医药、铁路船舶航空航天设备、电气机械器材等制造业PMI位于52.0%及以上相对较高运行水平。受部分地区采暖季加大环境治理力度等因素影响，高耗能行业PMI降至48.4%。(4)进出口景气度继续低位运行。新出口订单指

数和进口指数为 47.0% 和 47.1%,均持续位于临界点以下,表明在全球经济复苏放缓和贸易摩擦不确定性增加的影响下,近期进出口下行压力有所加大。

(数据来源:国家统计局网站,2018.11.30)

- 中国网民以青少年、青年和中年群体为主。截至 2018 年 6 月,10～39 岁群体占总体网民的 70.8%。其中 20—29 岁年龄段的网民占比最高,达 27.9%;10～19 岁、30～39 岁群体占比分别为 18.2%、24.7%,与 2017 年末基本保持一致。30～49 岁中年网民群体占比由 2017 年末的 36.7% 扩大至 39.9%,互联网在中年人群中的渗透加强。

(数据来源:中国网信网,2018.8.20)

- 数据显示,2016 年以来,人民币汇率小幅贬值,汇率弹性明显增强。截至 9 月末,人民币对美元汇率中间价为 6.152 5 元,比上年末贬值 556 个基点,贬值幅度为 0.9%。虽然总体上看,是贬值的,但是在每天的汇率波动中,人民币一改以往的单向趋势,有升有贬的走势越来越明显。以今年上半年为例,119 个交易日中 51 个交易日升值、68 个交易日出现贬值。

(央视新闻,2016.1.2)

- 肥胖可使人减寿。美国一项新研究显示,身高体重指数大于 40 的严重肥胖者比正常体重者的平均寿命最多要短近 14 年,因为他们更容易出现癌症、心脏病、中风、糖尿病和肝脏疾病等健康问题并因此过早死亡。

(作者:Cari Kitahara;资料来源:《PLoS 医学》2014.7.24)

上述报道中,引用了数值事实,我们把这类报道称之为统计资料,也称统计信息。通过这些信息,可以帮助我们了解自然科学动态以及经济活动的情况。我们把搜集、分析、表述和解释数据进而认识客观现象数量规律的方法称为统计学(statistic)。特别是商务活动和经济研究领域,搜集、分析和解释数据旨在帮助管理者和决策者更好地理解商务活动和经济环境的变化,从而更科学、准确地作出决策。通过本书,我们可以看到统计学在各领域的广泛应用,以及它是如何影响我们的生活的。因此,统计学的学习更注重在实际工作中的应用,以及使用计算机对数据进行分析和处理。

1.1 统计学在经济活动中的应用

1.1.1 财务管理

公司的财务数据是投资者的重要参考依据。会计事务所和投资咨询公司根据公司提供的财务数据进行统计分析,为投资者提供参考。特别是股票市场,投资者可以根据上市公司提供的包括市盈率和股息等财务数据来判断某只股票的价值是高估还是低估,从而做出买卖还是持股的决策。例如,2015 年 10 月时,高盛将携程股票评级上调为"买入",它认为携程的每股收益 2016 年将下降超过 50%,降至 68 美分,到 2017 年回升到 1.91 美元。携程目前的股价是高盛每股收益估值 1.91 美元的 22 倍。高盛给出的目标价为 60 美元,这意味着携程还有40%的上涨空间。

1.1.2 市场营销

从商业本质上说,营销的过程就是满足市场需求、提供客户服务价值、完成交易实现利润的过程。互联网的迅速发展,改变了消费者的消费模式和行为习惯,也飞速改变着传统的商业模式,数据营销已成为市场营销的新手段。例如,顺丰速运每天数以百万计的包裹信息通过其终端POS扫描后,源源不断地汇总到数据中心,经过大约10道工序、12个小时后,顾客就可以收到自己的包裹。而支撑每天数以百万计的包裹快速到达的是顺丰速运庞大的信息系统和数据业务处理的高效运转。

1.1.3 质量管理

产品质量管理是统计学在生产管理活动中的一项重要应用。各种统计质量管理图用于监测生产过程和产品质量。特别是六西格玛管理,已经成为一种重要的管理理念。而统计数据是实施六西格玛管理的重要工具,以数字说明一切。所有的生产表现、执行力等,都量化为具体的数据。例如,海尔认识到改进其产品质量的重要性,提出的目标是出厂的产品每百万件出现质量缺陷的概率不超过3.4,这个质量水平就是六西格玛质量水平。

1.1.4 经济预测

人们经常要求经济学家对未来的经济和某一方面的发展做出预测,他们在预测时需要用到各种统计信息。例如,在预测通货膨胀时,利用如市场价格指数、失业率、制造业开工率等统计数据,借助于统计分析方法可以预测经济发展趋势。

1.1.5 人力资源管理

借助于数据统计和分析工具,公司对人力资源的管理更加高效。例如,Google作为最受欢迎的IT公司之一,每月收到数十万份以上的求职简历,该如何筛选出最合适的简历呢?Google借助了大数据技术,让所有在职员工各完成一份300道问题的问卷,并根据问卷结果建立出来一套模型,这套模型让Google发现哪些是有潜力的申请者。IBM是人力资源管理的行业领先者,他们通过Professional Marketplace数据库,找到雇员成本和绩效水平最佳的资源配置方式,这种方法使IBM的项目经理组建项目团队就像订机票一样简单。

1.2 统计中的几个基本概念

数据(date)是描述和解释研究对象而搜集、分析和汇总的事实和数字。应用于特定对象而搜集的所有数据称为研究的数据集。表1-1是我国制造业上市公司分行业的平均市盈率的数据集。通过对全部制造业上市公司的市盈率深度分析,可为投资者提供了投资建议和投资依据。

表1-1 上市公司行业平均市盈率统计表(部分)

行业编码		行业名称	公司数量	静态市盈率		滚动市盈率	
门类	大类			加权平均	中位数	加权平均	中位数
A		农、林、牧、渔业	24	42.01	50.86	30.45	30.16
	A01	农业	8	32.91	30.88	33.42	26.53
	A02	林业	2	73.67	73.67	55	55
	A03	畜牧业	7	54.52	51.93	32.54	28.6
	A04	渔业	6	35.5	31.61	23.37	27.12
	A05	农、林、牧、渔服务业	1	NA	NA	48.22	48.22
B		采矿业	25	18.38	34.21	14.34	20.6
	B06	煤炭开采和洗选业	6	10.41	11.63	8.16	9.1
	B07	石油和天然气开采业	1	23.51	23.51	17.68	17.68
	B08	黑色金属矿采选业	2	60.36	NA	NA	NA
	B09	有色金属矿采选业	6	28.81	32.46	26.15	27.52
	B10	非金属矿采选业	1	43.2	43.2	33.64	33.64

(数据来源:国证网,2018.11.30)

1.2.1 总体与个体

总体(population)是指客观存在的、在同一性质基础上集合起来的许多单位的整体。构成总体的这些单位称为总体单位。在表1-1中,总体就是所有上市公司。

确定总体与总体单位,需注意以下两个方面:

(1) 构成总体的单位必须是同质的,不能把不同质的单位混在总体之中。例如,研究职工的工资水平,就只能将靠工资收入的职工列入统计总体的范围。同时,也只能对职工的工资收入进行考察,对职工由其他方面取得的收入就要加以排除,这样才能正确反映职工的工资水平。

(2) 总体与总体单位具有相对性,随着研究任务的改变而改变。同一单位可以是总体也可以是总体单位。例如,要了解全国工业企业职工的工资收入情况,那么全部工厂是总体,各个工厂是总体单位。如果旨在了解某个企业职工的工资收入情况,则该企业就成了总体,每位职工的工资就是总体单位了。

个体(element)是指构成总体数据的每一个子体。在表 1-1 中,每一个行业可以分割成一个个体,数据集由行业个体构成。

1.2.2 变量与参数

变量(variable)是统计学研究对象的特征,变量值就是变量的具体表现。表 1-1 的数据集中有以下 3 个变量:

(1) 公司数量;

(2) 静态市盈率;

(3) 滚动市盈率。

参数(parameter)是描述总体特征的概括性数字度量,它是研究者想要了解的总体的某种特征值。在表 1-1 中,描述农业类上市公司有 24 家,加权平均的静态市盈率是 42.01,加权平均的滚动市盈率是 30.45,这些数字度量被称为参数。在一项研究中,收集的个体变量观测量值形成的集合,称为一个观测值。在表中,我们看到的第一个观测值的测量值集合是 24,42.01,50.86,30.45,30.16。

1.2.3 统计标志与指标

1. 统计标志

统计标志简称标志,是指统计总体各单位所具有的共同特征的名称。从不同角度考察,每个总体单位可以有许多特征。例如,每个职员可以有性别、年龄、国籍、服务年限等特征。这些都是职员的标志。

总体单位是统计标志的直接承担者,是载体;统计标志依附于总体单位并说明总体单位的属性和特征。依附于某个总体单位的标志可以有多个。当一个统计标志在各个单位的具体表现都相同时,这个标志称为不变标志;当一个标志在各个单位的具体表现有可能不同时,这个标志称为可变标志或变异标志。

例如,中国第六次人口普查规定:"人口普查的对象是具有中华人民共和国国籍并在中华人民共和国国境内常住的人。"按照这一规定,在作为调查对象的人口总体中,国籍和在国境内居住是不变标志,而性别、年龄、民族、职业等则是变异标志。不变标志是构成统计总体的基础,因为至少必须有一个不变标志将各总体单位联结在一起,才能使它具有"同质性",从而构成一个总体。变异标志是统计研究的主要内容,因为如果标志在各总体单位之间的表现都相同,那就没有进行统计分析研究的必要了。

标志根据其性质分类,可以分为品质标志和数量标志。品质标志表示事物的质的特性,是不能用数值表示的。例如雇员的性别、国籍、工种等。数量标志表示事物的量的特性,是可以用数值表示的,如雇员年龄、工资、服务年限等。品质标志主要用于分组,将性质不相同的总体单位划分开来,便于计算各组的总体单位数,计算结构和比例指标。数量标志既可用于分组,也可用于计算标志总量及其他各种质量指标。

2. 统计指标

统计指标简称指标，是反映同类社会经济现象总体数量特征的范畴及其具体数值。

统计指标通常有两种理解和使用方法：一是用来反映总体现象总体数量状况的基本概念。例如，年末全国人口总数、全年国内生产总值、国内生产总值年度增长率等。二是反映现象总体数量状况的概念和数值。例如，2010年我国年末总人口数为137 627万人，全社会固定资产投资增长率为13%等。

(1) 统计指标按照其反映的内容或其数值表现形式，可以分为总量指标、相对指标和平均指标三种。总量指标是反映现象总体规模的统计指标，通常以绝对数的形式来表现，因此又称为绝对数。例如，土地面积、国内生产总值、财政收入等。总量指标按其反映的时间状况不同，又可以分为时期指标和时点指标。时期指标又称时期数，它反映的是现象在一段时期内的总量，如产品产量、能源生产总量、财政收入、商品零售额等。时期数通常可以累积，从而得到更长时期内的总量。时点指标又称时点数，它反映的是社会经济现象在某一时刻上的总量，如年末人口数、科技机构数、公司员工数、股票价格等。时点数通常不能累积，各时点数累计后没有实际意义。

相对指标又称相对数，是两个绝对数之比，如经济增长率、物价指数、全社会固定资产增长率等。相对数的表现形式通常为比例和比率两种。

平均指标又称平均数或均值，它反映的是社会经济现象在某一空间或时间上的平均数量状况，如人均国内生产总值、人均利润等。

(2) 统计指标按其所反映总体现象的数量特性的不同，可分为数量指标和质量指标。数量指标是反映社会经济现象总规模水平和工作总量的统计指标，一般用绝对数表示。如职工人数、工业总产值、工资总额等。

质量指标是反映总体相对水平或平均水平的统计指标，一般用相对数或平均数表示。如计划完成程度、平均工资等。

由于统计指标反映一定社会经济范畴的内容，因此，统计指标的确定，一方面，必须和经济理论对范畴所作的一般概括相符合，要以经济理论为指导，设置科学的统计指标；另一方面，统计指标又必须是对社会经济范畴的进一步具体化，才能确切地反映社会经济现象的数量关系。如经济学对劳动生产率作了一般的概括说明，即劳动生产率是表明单位劳动时间所创造的使用价值。但劳动生产率作为一个统计指标时，就必须明确规定其劳动时间是指雇员的劳动时间。

(3) 统计指标按管理功能作用不同，可以分为描述指标、评价指标和预警指标。描述指标主要是反映社会经济运行的状况、过程和结果，提供对社会经济总体现象的基本认识，是统计信息的主题。例如，反映社会经济条件的土地面积指标、自然资源拥有量指标、社会财富指标、劳动资源指标、科技力量指标；反映生产经营过程和结果的国民生产总值指标、工农业总产值指标、国民收入指标、固定资产指标、流动资金指标、利润指标；反映社会物质文化娱乐设施指标、医疗床位数指标等。

评价指标是用于对社会经济运行的结果进行比较、评估和考核，以检查工作质量或其他定额指标的结合作用。包括国民经济评价指标和企业经济活动评价指标。

预警指标一般是用于对宏观经济运行进行监测，对国民经济运行中即将发生的失衡、失控等进行预报、警示。通常选择国民经济运行中的关键性、敏感性经济现象,建立相应的监测指标体系。

3. 标志与指标的关系

标志是说明总体单位特征的,而指标是说明总体特征的;指标都能用数值表示,而标志中的品质标志是用属性表示的;指标数值是经过一定的汇总取得的,而标志中的数量标志不一定经过汇总,可直接取得;标志一般不具备时间地点等条件限制,但作为一个完整的统计指标,一定要讲时间、地点、范围。有许多统计指标的数量值是从总体单位的数量标志值汇总而来的。两者存在着一定的变换关系(由于研究的目的不同,原来的统计总体如果变成了总体单位,则相应的统计指标也就变成了数量指标)。

1.3 数据的测量尺度与类型

1.3.1 数据的测量尺度

搜集的数据需要按下列测量尺度来度量:定类尺度、定序尺度、定距尺度和定比尺度。

(1)定类尺度。对数据类别或属性的一种测度。特点是其值只能代表事物的类别和属性,不能比较各类别之间的大小。所以各类别之间没有顺序或者等级,一般以字符、文字表示。

例如,国民经济按其经济类型,可以分为国有经济、集体经济、私营经济、个体经济等类,并用(01)代码表示国有经济,(02)表示集体经济,(03)表示私营经济,(04)表示个体经济。并且用(011)代表国有经济中的国有企业,(012)代表国有联营企业;用(021)表示集体经济中集体企业,(022)表示集体联营企业;用(031)表示私营经济中的私营独资企业,(032)表示私人合伙企业,(033)表示私营有限责任公司;用(041)表示个体经济中的个体工商户,(042)表示个人合伙等。其中两位代码表示经济大类,而三位代码则表示各类中的构成。不同代码反映同一水平的各类(组)别,并不反映其大小顺序。各类中虽然可以计算它的单位数,但不能反映第一类的一个单位可以相当于第二类的几个单位,等等。

上述实例中应用了数字代码,但此时的测量尺度仍是定类尺度。使用定类变量对事物进行分类,必须符合穷尽和互斥原则。穷尽就是每个个体都能归为一个类别,互斥就是每个个体只能归为一个类别。

(2)定序尺度。对数据之间等级或者顺序的一种测度。其计算结果只能排序,不能进行算术运算。这类数据具有定类数据的性质,并且数据的顺序或等级的意义明确,这类数据的测量尺度就是定序尺度。这种尺度的主要数学特征是">"或"<"。

例如,对合格产品按其性能和好坏,分成优等品、一等品、合格品等。这种尺度虽然也不能表明一个单位一等品等于几个单位二等品,但却明确表示一等品性能高于二等品,而二等品性能又高于三等品等。

定序尺度除了用于分类(组)外,在对定序数据的分析中还可以确定中位数、四分位数、众数等指标的位置。

(3) 定距尺度。对数据次序之间间距的测度。其特点为不仅能够对数据进行排序,还能准确计算之间的差距是多少。生活中最典型的定距尺度是温度计。定距尺度可以用众数、中位数或者算术平均值来描述,数据具有顺序数据的性质,测量结果表现为数值,可以进行加或减的运算。

例如,学生某门课程的考分,可以从高到低分类排序,形成90分、80分、70分,直到零分的序列。这个数列不仅有明确的高低之分,而且可以计算差距,90分比80分高10分,比70分高20分等。

(4) 定比尺度。对两个观测值之间比值的一种测度。定比尺度与定距尺度最大区别是有一固定的绝对"零点",而定距尺度没有。定距变量中"0"不表示没有,只是一个测量值;而定比变量中"0"就是表示没有。定比尺度的主要数学特征是可以进行乘或除的运算。

例如,将某地区人口数和土地面积对比计算人口密度指标,说明人口相对的密集程度。甲地区人口可能比乙地区多,但甲地区的土地更广阔,用人口密度指标就可以说明甲地区人口不是多而是少。又如将一个国家(地区)的国内生产总值与该国(地区)居民数对比,计算人均国内生产总值,可以反映国家(地区)的综合经济能力。

▶ 1.3.2 统计数据类型

▌1. 分类型数据和数量型数据

按照所采用的计量尺度不同,可以将统计数据分为分类数据、顺序数据和数值型数据。

归属于某一类别的数据称为分类型数据(categorical data),其结果均表现为类别,也称为品质数据(quality data)。

描述现象的数量、大小或多少的数据称为数量型数据(quantitative data),由于定距尺度和定比尺度属于同一测量层次,所以可以把后两种尺度测度的数据看作是同一类数据,统称为定量数据或数值型数据。数值型数据可能是离散的,也可能是连续的,在一定区间内可以任意取值的变量叫连续型变量。其数值是连续不断的,相邻两个数值可作无限分割,即可取无限个数值。例如,生产零件的规格尺寸、人体测量的身高、体重、胸围等为连续型变量,其数值只能用测量或计量的方法取得。如果数值只能用自然数或整数单位计算的则为离散型变量。例如,企业个数、职工人数、设备台数等只能按计量单位数计数,这种变量的数值一般用计数方法取得。

区分测量的层次和数据的类型十分重要,因为对不同类型的数据将采用不同的统计方法来处理和分析。既有适用于低层次测量数据的统计方法,也有适用于较高层次的测量数据,因为后者具有前者的数学特性。比如:在描述数据的集中趋势时,对分类型数据通常是计算众数;反之,适用于高层次测量数据的统计方法,则不能用于较低层次的测量数据,因为低层次数据不具有高层次测量数据的数学特性。比如,测度数量型数据可以计算平均数,但对于分类型数据则不能计算平均数。

2. 截面数据和时间序列数据

截面数据(cross section data)是在同一时间和时点上搜集的数据。截面数据是按照统计单位排列。截面数据不要求统计对象及其范围相同,但要求统计的时间相同。也就是说必须是同一时间截面上的数据。表 1-1 中的数据是截面数据,因为它描述了上市公司行业分类的多个变量在同一时间上的情况。

时间序列数据(time series data)是在不同时点上搜集的数据。

图 1-1 是 2017 年 1 月~2018 年 10 月居民消费价格指数曲线。我们注意到,三项指数在 2018 年 2 月达到最高,表明在当月物价水平上涨较快;2017 年 2 月急剧下降,物价水平处在低谷。在经济统计和各种出版物中,我们经常可以看到时间序列图形,这些图形帮助人们了解过去发生的情况,分析现象随时间变化的趋势和规律,推测时间序列的未来发展水平。

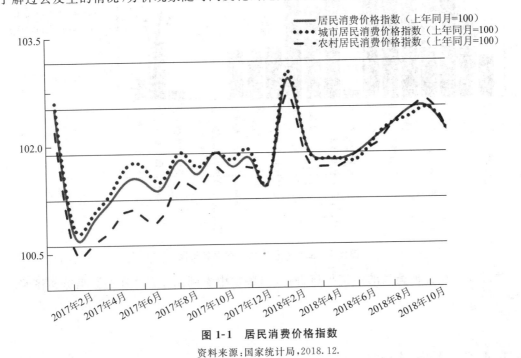

图 1-1 居民消费价格指数

资料来源:国家统计局,2018.12.

1.4 数据统计分析方法

▶ 1.4.1 描述统计

为了使统计数据更易于理解,一般采取表格、图形或数值的形式汇总数据的统计方法称为描述统计(descriptive statistics)。描述统计是统计研究的基础,它为推断统计、咨询和决策提供了必要的事实依据。

用描述统计的方法对表 1-1 中部分行业的上市公司平均市盈率数据进行分析，如图 1-2 是数据集的条形图。通过数据统计图形，使数据更容易分析和解释。从图 1-2 中，我们很容易获得这样的一些信息，有一些行业平均市盈率相对于公司数量而言是偏高的，而有一些行业偏低，理财顾问和投资者通过这些数据的分析，很容易找到某一个行业哪些上市公司估值偏高了，哪些公司的估值偏低，进而做出投资决策。

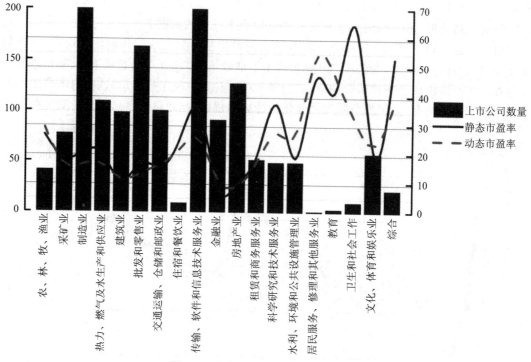

图 1-2　上市公司行业市盈率条形图

我们可以在各种类型的经济报道、商务出版物中看到图 1-2 这样的数据分析图形的应用。

1.4.2　推断统计

在统计研究中，我们需要有关研究对象的全部数据信息，出于对时间、成本和其他因素的考虑，只能搜集到研究对象的一部分数据。在特定研究中我们把从全部总体中搜集的一部分个体称为样本(sample)。而利用样本数据对总体特征进行估计和推断，并做出假设检验的过程被称为推断统计(statistical inference)。推断统计是统计学的基本方法，在统计研究中得到了极为广泛的应用。

作为推断统计的一个例子，我们考察由西门子电气公司所作的一项研究。西门子电气公司生产一种广泛应用于一些电气设备的高亮度灯泡。为了提高灯泡的使用寿命，产品研发部门开发出一种新型灯丝的灯泡。在该项研究中，我们把总体定义为全部的使用新型灯丝生产的灯泡。为了估计新灯丝的优点，抽取了 200 只新灯丝灯泡组成样本，并进行了测试，记录每只灯泡灯丝被烧断之前的时间，样本数据见表 1-2。

表 1-2　西门子电气公司 200 只灯泡样本的使用寿命　　　　　单位:小时

107	73	68	97	76	79	94	59	98	57
54	65	71	70	84	88	62	61	79	98
66	62	79	86	68	74	61	82	65	98
62	116	65	88	64	79	78	79	77	86
74	85	73	80	68	78	89	72	58	69
92	78	88	77	103	88	63	68	88	81
75	90	62	89	71	71	74	70	74	70
65	81	75	62	94	71	85	84	83	63
81	62	79	83	93	61	65	62	92	65
83	70	70	81	77	72	84	67	59	58
78	66	66	94	77	63	66	75	68	76
90	78	71	101	78	43	59	67	61	71
96	75	64	76	72	77	74	65	82	86
66	86	96	89	81	71	85	99	59	92
68	72	77	60	87	84	75	77	51	45
85	67	87	80	84	93	69	76	89	75
83	68	72	67	92	89	82	96	77	102
74	91	76	83	66	68	61	73	72	76
73	77	79	94	63	59	62	71	81	65
73	63	63	89	82	64	85	92	64	73

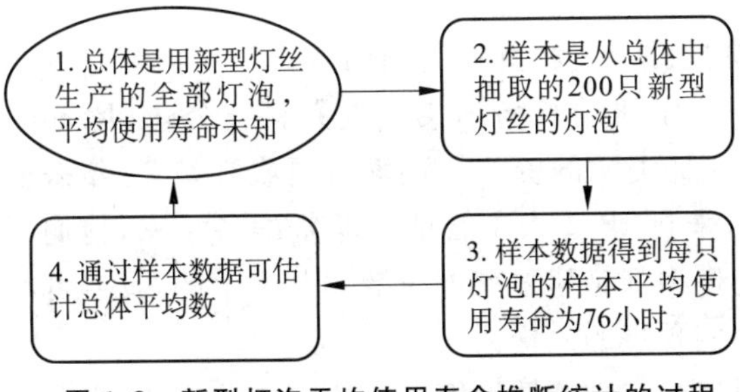

假设西门子电气公司希望利用样本数据对全部新型灯泡总体的平均寿命进行推断,以确认所有产品的质量是否合格。基本的思路是将表 1-2 所有数据相加再除以 200,可得到灯泡样本数据的平均使用寿命为 76 小时。我们同样可以利用这一样本结果估计灯泡总体的平均使用寿命也是 76 小时。西门子电气公司灯泡平均使用寿命推断统计的基本过程如图 1-3 所示。

图 1-3　新型灯泡平均使用寿命推断统计的过程

1. 总体是用新型灯丝生产的全部灯泡,平均使用寿命未知
2. 样本是从总体中抽取的 200 只新型灯丝的灯泡
3. 样本数据得到每只灯泡的样本平均使用寿命为 76 小时
4. 通过样本数据可估计总体平均数

利用样本数据对我们感兴趣的总体特征进行估计,还要考虑估计的质量和精确性。以西门子电气为例,研究人员可能指出,新灯泡的平均使用寿命的点估计值是 76 小时,误差的边际是 ±6 小时,这样,新灯泡的总体平均使用寿命的区间估计是 70～82 小时,在这个估值区间内,还可以给出有多大的比例包含了总体平均数。

1.5 大数据与数据挖掘

如今,许多的商业机构每天都可以获取大量的基础数据,即使一个触摸屏或是某一个显示终端处理过的订单、某一笔会计业务,我们都不能忽视其数据的意义。对于大型的零售公司、网络的销售卖家等商业机构,搜集数据的目的不仅是利用这些数据来改善商业目标。如何有效地使用这些数据,也需要由专业研究人员来完成。

数据挖掘(data mining)是研究从非常大的数据库中开发出有用的决策信息的方法。一般是指从大量的数据中自动搜索隐藏于其中的有着特殊联系的信息的过程,并通过统计、在线分析处理、情报检索和模式识别等诸多方法来实现上述目标。

啤酒与尿布。全球零售业巨头沃尔玛在对消费者购物行为分析时发现,男性顾客在购买婴儿尿片时,常常会顺便搭配几瓶啤酒来犒劳自己,于是尝试推出了将啤酒和尿布摆在一起的促销手段。没想到这个举措居然使尿布和啤酒的销量都大幅增加了。如今,"啤酒+尿布"的数据分析成果早已成了数据挖掘应用的经典案例,被人津津乐道。

Google 成功预测冬季流感。2009 年,Google 通过分析 5 000 万条美国人最频繁检索的词汇,将之和美国疾病中心在 2003 年到 2008 年间季节性流感传播时期的数据进行比较,并建立一个特定的数学模型。最终 Google 成功预测了 2009 冬季流感的传播,甚至可以具体到特定的州和地区。

通过大数据与乔布斯癌症治疗。乔布斯是世界上第一个对自身所有 DNA 和肿瘤 DNA 进行排序的人。为此,他支付了高达几十万美元的费用。他得到的不是样本,而是包括整个基因的数据文档。医生按照所有基因按需下药,最终这种方式帮助乔布斯延长了好几年的生命。

微软大数据成功预测奥斯卡 21 项大奖。2013 年,微软纽约研究院的经济学家 David 利用大数据成功预测 24 个奥斯卡奖项中的 19 个,成为人们津津乐道的话题。今年他再接再厉,成功预测第 86 届奥斯卡金像奖颁奖典礼 24 个奖项中的 21 个,继续向人们展示现代科技的神奇魔力。

通过这些有趣的数据挖掘案例,你会发现"数据"其实就在我们的身边。对数据进行挖掘分析正在颠覆每一种类型的企业的认知。位于纽约长岛的文艺复兴科技公司(Renaissance Technologies)所管理的对冲基金,有 150 亿美元的资产。这家公司或许是 20 年来业绩最佳的对冲基金,而领导这家公司的是两名来自 IBM 人工智能实验室的科学家,他们开发了许多数学模型用来进行分析和交易,这些模型都是建立在海量数据基础上的,具有可靠性并可进行实际预测,而最后的结果往往与他们预想的一样。

数据挖掘是一门非常依赖于统计方法的科学,它创造性地综合了所有这些方法,以及人工智能、机器学习等计算机技术,从而使数据挖掘更有效。当然,数据挖掘不仅仅局限于此,它还有更为广阔复杂的应用领域,有待于科学家的不断探索。

区别于传统的数据类型,它们呈现出了新的特点。

(1) 过去一些记录是以模拟形式存在的,或者以数据形式存在但是存贮在本地,不是公开数据资源,没有开放给互联网用户,例如音乐、照片、视频、监控录像等影音资料。现在这些数据不但数据量巨大,并且共享到了互联网上,面对所有互联网用户,其数量之大是前所未有。例如,Facebook 每天有 18 亿张照片被上传或被传播,形成了海量的数据。

（2）移动互联网出现后，移动设备的很多传感器收集了大量的用户单击行为数据，它们每天产生了大量的单击数据，这些数据被某些公司拥有，形成大量用户行为数据。

（3）电子地图如高德、百度、Google 地图出现后，产生了大量的流数据，这些数据不同于传统数据。传统数据代表一个属性或一个度量值，但是这些地图产生的流数据代表着一种行为、一种习惯，这些流数据经频率分析后会产生巨大的商业价值。基于地图产生的流数据是一种新型的数据类型，在过去是不存在的。

（4）进入了社交网络的年代后，互联网行为主要由用户参与创造，大量的互联网用户创造出海量的社交行为数据，这些数据是过去未曾出现的。其揭示了人们行为特点和生活习惯。

（5）电商平台产生了大量网上交易数据，包含支付数据、查询行为、物流运输、购买喜好、单击顺序、评价行为等，这构成了信息流和资金流数据。

（6）传统的互联网入口转向搜索引擎之后，用户的搜索行为和提问行为聚集了海量数据。单位存储价格的下降也为存储这些数据提供了经济上的可能。

小结

统计是搜集、分析、表述和解释数据的科学。几乎每个商务和经济专业的大学生都要学习统计学课程。我们以描写商务和经济中典型的统计应用开始本章的论述。

数据是搜集和分析的事实和数字。可以用四种测量尺度来测度一个特定变量的数据，他们是定类尺度、顺序尺度、定距尺度和定比尺度。

为了统计分析的目的，数据分为分类数据、顺序数据和数值型数据。分类型数据用标记或名称来识别每个个体的属性。分类型数据既可以用定类尺度也可以用顺序尺度度量。数值型数据表示数据大小和多少的数值。数值型数据既可以用定距尺度也可以用定比尺度度量。只有当数据是数值型的，普通的数学运算才有意义。

根据数据获取的时间点的不同，数据可分为截面数据和时间序列数据。在同一时间和时点上搜集的数据称为截面数据，常用于数据的横向比较；在不同时点上搜集的数据称为时间序列数据，常用于描述观察对象的纵向发展过程。

本项目中介绍了统计学的一些基本概念，如总体、个体、样本、变量、参数等，这些概念的理解，有助于我们以后的统计学课程的学习。描述统计和推断统计是统计分析的主要方法，描述统计通常使用可视化的图表等方法展示数据意义的方法，受到大家的关注。推断统计是统计学的一个重要贡献，它是通过样本数据来推断总体特征的统计方法。

在统计学习中，建议尽可能地使用计算机等统计分析工具，使我们的统计分析工作更有效率。

练习

1. 能源部提供了市场上销售的乘用车燃油消耗的信息，表1-3是由10辆汽车组成的一个样本。数据有汽车类型、发动机汽缸数、城市每公里燃油消耗量、公路行驶每公里消耗量，以及推荐使用的燃料。

表 1-3　10种乘用车燃料消耗信息　　　　　　单位：升/公里

汽车	类型	汽缸数	城市行驶（升/公里）	公路行驶（升/公里）	燃料
奥迪 A8	大型	12	18	17	优质汽油
宝马	小型	6	17	15	优质汽油
凯迪拉克	中型	6	15	13	普通汽油
克莱斯勒	大型	8	16	14	优质汽油
福特福克斯	小型	4	10	10	普通汽油
现代伊兰特	中型	4	13	12	普通汽油
吉普切诺基	中型	6	16	15	柴油
沃尔沃	小型	6	18	15	普通汽油
丰田凯美瑞	中型	4	15	13	普通汽油
大众捷达	小型	5	10	8	普通汽油

(1) 这个数据集有几个个体？
(2) 这个数据集有几个变量？
(3) 哪些变量是分类变量，哪些是数量变量？
(4) 每个变量使用的是哪种类型的测量尺度？

2. 就业管理部门对即将毕业的大学生进行了一次就业意向的调查，提出的问题如下：
(1) 您的性别？
(2) 您的年龄是多少？
(3) 你希望在哪个城市就业？
(4) 你首选的就业方向是什么？
(5) 你期望的月薪是多少？
上述每一个问题回答的数据是分类型数据还是数量型数据？并说明适合每一个数据的测量尺度。

3. 5名学生统计学期中考试成绩的样本如下：72、65、82、90、76，请分析下列的表述哪一个是正确的，说明其理由。
(1) 5名学生的平均考试成绩是77。
(2) 参加考试所有学生的平均考试成绩是77。
(3) 参加考试的所有学生的平均考试成绩的估计值是77。
(4) 一半以上参加期中考试的学生的成绩在70～85之间。
(5) 如果这个样本中还包括其他5名学生，他们的成绩将在65～90之间。

4. 旅游公司给客户发放了一张调查表，收集他们的旅游的意向，下列问题是问卷中15个问题中的一部分。
(1) 我安排的出行时间一般在：五一前后，十一前后，……
(2) 此行是我的第几次外出旅行：第1次，第2次，第3次，第4次，……
(3) 我计划安排的时间是：3天，5天，……
(4) 我预计的支出可能是：具体的支出费用的选项。

(5) 我计划住宿地点:酒店,青年公寓,同学朋友处,亲戚家,……
(6) 在旅游目的地逗留的天数。
(7) 最感兴趣的旅游目的地。
(8) 可能乘坐的交通工具主要是:火车,飞机,……

试问:
(1) 研究的总体是什么?
(2) 对客户总体,用问卷调查是一个好方法吗?
(3) 对上述问题搜集的数据,哪些是分类型数据?哪些是数值型数据?说明其理由。

5. 表1-4是交通部门发布的1998—2011年分类客运统计数据表。

表 1-4　1998—2011年客运量统计表　　　　　　　　　　　单位:万人

年份	公路客运量	水运客运量	民用航空客运量
1998	1 257 332	20 545	5 755
1999	1 269 004	19 151	6 094
2000	1 347 392	19 386	6 722
2001	1 402 798	18 645	7 524
2002	1 475 257	18 693	8 594
2003	1 464 335	17 142	8 759
2004	1 624 526	19 040	12 123
2005	1 697 381	20 227	13 827
2006	1 860 487	22 047	15 968
2007	2 050 680	22 835	18 576
2008	2 682 114	20 334	19 251
2009	2 779 081	22 314	23 052
2010	3 052 738	22 392	26 769
2011	3 286 220	24 556	29 317

(1) 绘制表1-4客运量的时间序列表。分不同表显示三类客运量的时间序列。
(2) 通过时间序列图显示哪种方式是人们出行方式的首选?为什么?
(3) 用2011年的数据比较公路、水运、民航客运数量,并绘制条形图。这张图表是以截面数据为依据还是以时间序列数据为依据?

项目 2

数据的搜集

> **实践中的统计**

当代青年群体婚恋观调查

团中央"青年之声"近日发布了《当代青年群体婚恋观调查报告》,报告从"青年择偶观、恋爱观、婚姻观、生育观、婚恋伦理观及对团组织开展的青年婚恋服务活动的看法"六个方面对青年婚恋观进行了调查。调查依托"青年之声"平台,在全国范围内开展《怎样让青年更幸福》青年群体婚恋观调查活动。以"19至35岁"人群为主进行了抽样调查,通过各级团组织渠道,依据科学抽样原则,在不同区域、不同领域的青年中发放调查问卷,最终获得有效问卷3 082份。其中,男性占比42.96%,女性占比57.04%。单身青年占比51.52%,已婚青年占比26.51%,恋爱中的青年占比21.97%。84.33%的青年为大专以上(含大学)学历,硕士研究生及以上学历占10.29%。直辖市青年占14.11%、省会城市青年占12.07%。地级市或县级市青年占50.46%,乡镇村青年占23.36%。

调查结果显示,青年择偶更注重"内在的匹配度",近七成青年择偶"愿等待不愿将就"。从整体上看,"人品"和"性格"是青年择偶时最为看重的两个方面。最看重人品的占比达84.9%,最看重性格的占比达71.22%。其次,50.15%的男性青年认为"相貌"较为重要,而54.89%的女性青年则更注重"能力"。此外,"健康"和"能力"也是男女青年都比较注重的方面。相对比传统观念中的"门当户对",当代青年择偶呈现更加多元化特点,更注重"内在的匹配度"。

在本次调查中,有60.22%的青年认为"与陌生人网恋不靠谱",25.41%的青年认为"抱着试一试的态度可以尝试网恋",14.37%的青年认为"可以接受网恋"。在青年恋爱观方面,七成以上男性青年会主动追求爱情,女青年中主动追求的仅三成多。对于青年单身现象的原因,交际圈小、工作忙和不主动是受访者选择的三大主要原因。另有近半数青年表示,"不够积极主动,不知道该如何与异性相处"。

在本次调查中,有81.47%的青年认为"事业和家庭都重要";当代青年对工作和家庭都很看重,男性青年对家庭的重视度比女性青年略高。本次调查中,49.55%的青年表示单身期间感受到的最大压力来自于"家人",第二是"社会舆论",第三是"自我压力"。"催婚"已成为代际关系紧张的重要因素。

调查显示,多数青年认为"夫妻和孩子生活在一起"的"传统家庭"是"最期待的家庭模式",仅有6.26%的青年选择"丁克家庭"。可见,中国传统的生育观依然备受青年支持。在全面"二孩"的政策背景下,近六成青年表示希望生育2个小孩。此外,59.31%的青年表示婚后两年内要孩子。

以上数据是如何收集的?受访对象提供的数据是否客观、真实?数据描述的事实是否可靠?回答上述问题,我们需要具备一些关于社会调查的知识和方法。

在社会生活中,我们经常会遇到各种类似的提问,比如,你更喜欢什么类型的电视节目?购买住房时优先考虑大户型还是小户型?孝敬父母和子女的性别有关系吗?你对公司的福利政策是否满意?制药公司研制的新药对疾病的疗效如何?这些都是研究者感兴趣却又不知道答案的问题。为了回答这些问题,我们需要搜集相关的数据进行分析。也就是说,当研究的问题明确后,我们就要考虑搜集研究所需要的数据。本项目主要讨论了搜集数据的方法，以及如何设计调查问卷来获取数据，分析了数据采集误差产生的原因。

2.1 数据的来源

数据可以从现有来源中搜集，也可以通过调查获得。

2.1.1 现有来源

在一般情况下，公司内部产生的数据都会被保存，如商品交易数据、财务数据、客户信息、职工薪酬、职员年龄和服务年限、缴纳保险记录等。表2-1是一些公司内部记录得到的常用数据。

表2-1 公司内部记录的可用数据

数据来源	典型的可用数据
雇员记录	姓名、性别、年龄、薪酬、休假天数、奖金
生产记录	部件及编号、生产数量、直接人工成本和原材料成本
存货记录	产品编号、存货数量、存货出入库记录、周转水平、存货损耗
销售记录	产品编号、销售数量、区分不同类型客户销售记录
信用记录	违约情况记录、贷款还款记录、应收账款余额
客户记录	客户姓名、性别、联系方式、家庭情况、爱好
设备记录	设备编号、数量、维修记录、使用记录、完好程度

对特定研究对象，我们可以通过查询公司内部记录来搜集。对于专业研究人员来说，获取数据的一种方式是从专门搜集和保存数据的机构那里获取，这种来自外部的数据有一些可以免费共享，如国家统计局和一些公益组织公布的一些数据，可以免费获得，如图2-1所示；另外一种方式是通过向数据提供方购买获得数据的使用权，如彭博社、国研网等能够为客户提供大量的商业数据信息。

数据也可以从行业协会或者非营利机构中获取。如中国钢铁工业协会保存的钢铁企业生产情况、产品销售信息、钢铁企业盈利等数据，相关的行业和专业研究人员会对这些数据感兴趣；中国旅游协会保存了各地与旅游相关的信息，如游客数量、旅游消费等；一些金融机构也提供一些金融信息，使用大多数来自这些类型的数据需要支付一定的费用。

互联网的迅速发展，已经成为数据搜集和获取的一个重要来源。几乎所有公司的一般信息，如公司经营状况、雇员人数、产品、产量、价格、销售情况等都可以通过其公司网站来进行查询；另外，大多数公司也通过互联网获取有用的市场信息和数据，可以通过上网查询每只股票的价格、交易信息、股东资料等；也可以通过网站来查询某一餐馆菜谱的报价和提供的打折信息，或者是某一商业机构正在进行的促销活动等各种信息。

图 2-1　国家统计局数据查询主页

政府机构也是现有数据获取的另一个重要渠道。例如人力资源与社会保障部保存了大量的有关就业、薪酬、劳动力规模、人力资源分布等数据。表 2-2 是列示了部分政府机构提供的一些数据。这类数据也是政府搜集、整理后向社会公布的数据。

表 2-2　政府机构公布的可用数据

政府机构	可用数据示例
国家统计局	人口普查数据、经济普查数据、工业普查数据、各类经济指数
交通运输部	公路、水运、铁路、民航等多种交通方式的运输量、运输工具、运程、相关经济统计数据
民政部	社会服务统计数据、婚姻登记信息
中国人民银行	货币供应、信用记录、汇率、利率数据
人力资源与社会保障部	各类人力资源数量统计、就业率、工资水平、失业保障信息

2.1.2　统计调查

有时,一些专题性质的统计数据并不能从已有来源中获得,这种情况下,常常需要用统计调查的方式来获取。

主要的调查方式有以下 5 种:

1. 普查

普查是为了某种特定的目的而专门组织的一次性的全面调查。它是统计调查的组织形式之一。对统计总体的全部单位进行调查以搜集统计资料的工作。普查资料常被用来说明现象在一定时点上的全面情况。如人口普查就是对全国人口一一进行调查登记,规定某个特定时点作为全国统一的统计时点,以反映有关人口的自然和社会的各类特征。

我国普查实行规范化和制度化,每逢末尾数字为 0 的年份进行人口普查,末尾数字为 3 的年份进行第三产业普查,末尾数字是 5 的年份进行工业普查,末尾数字是 1 或 6 的年份进行统计的基本单位普查。

2. 抽样调查

抽样调查是指从研究对象的总体中抽取一部分单位作为样本进行调查,据此推断有关总体的数字特征。是统计调查中最常用的调查方式。

抽样调查是根据部分实际调查结果来推断总体标志总量的一种统计调查方法,属于非全面调查的范畴。它是按照科学的原理和计算,从若干单位组成的事物总体中,抽取部分样本单位来进行调查、观察,用所得到的调查标志的数据以代表总体,推断总体。

(1) 简单随机抽样。它是指对总体不作任何处理,不进行分类也不进行排除,而是完全按随机的原则,直接从总体中抽取样本单位加以观察。从理论上说,是最符合抽样调查的随机原则,是抽样调查的最基本形式。

(2) 分层抽样。将总体各单位按主要标志加以分层,而后在各层中按随机的原则抽取若干样本单位,由各层的样本单位组成一个样本。

(3) 等距抽样。将总体全部单位按某一标志排队,而后按固定的顺序和相等间隔在总体中抽取若干样本单位,构成一个容量为 n 的样本。

(4) 整群抽样。将总体各单位划分为若干群,然后以群为单元,从总体中随机抽取一部分群,对被抽中的群内所有单位进行全面调查。整群抽样对总体划分群的基本要求是不重复、无遗漏。

(5) 多阶段抽样。当总体很大时,可把抽样过程分成几个过渡阶段,到最后才具体抽到样本单位。

3. 重点调查

重点调查是在调查对象中选择一部分重点单位进行的一种非全面调查。这些重点单位虽然数目不多,但它们的标志总量在总体总量中却占据了绝大部分。因此,当调查的任务只要求掌握事物的基本状况与基本的发展趋势,而不要求掌握全面的准确资料,而且在总体中确实存在着重点单位时,进行重点调查是比较适宜的。

4. 典型调查

典型调查是一种非全面的专门调查,它是根据调查的目的与要求,在对被调查对象进行全面分析的基础上,有意识地选择若干具有典型意义的或有代表性的单位进行的调查。其主要作用是:补充全面调查的不足;验证全面调查数据的真实性。

典型调查同其他调查方法相比较,具有灵活机动、通过少数典型即可取得深入、翔实的统计资料的优点。但是,这种调查由于受"有意识地选出若干有代表性"的限制,在很大程度上受人们主观认识上的影响,因此,必须同其他调查结合起来使用,才能避免出现主观片面性。

5. 统计报表

统计报表是按统一规定的表格形式、统一的报送程序和报表时间，自下而上提供基础统计资料，是一种具有法律性质的报表制度。

统计报表是一种以全面调查为主的调查方式，它是由政府主管部门根据统计法规，以统计表格形式和行政手段自上而下布置，而后由企、事业单位自下而上层层汇总上报，逐级提供基本统计数据的一种调查方式。

2.1.3 实验数据

实验数据一般通过科学实验来获得。在一项实验性的研究中，首先要确定感兴趣的主要变量，然后控制一个或多个其他变量，以便获得它们如何影响主要变量的数据。例如，一家制药公司可能会进行一项实验，以获得一种新药如何影响血压的情况。在研究中，血压是感兴趣的主要变量，新药的剂量是影响血压的另一个变量，实验希望能找到新药剂量与血压之间的因果关系。为了获得有关新药疗效的数据，研究人员选择了一些个体组成样本。控制新药的剂量，对不同的个体组给予不同的剂量水平，然后搜集每组服药前后的血压数据。实验数据的统计分析将有助于我们了解新药如何影响血压。

2.2 统计调查方案的设计

统计调查方案是统计调查前所制订的实施计划，是全部调查过程的指导性文件，是调查工作有计划、有组织、有系统进行的保证。统计调查方案应确定的内容有调查目的与任务、调查对象与调查单位、调查项目与调查表、调查时间和调查时限、调查的组织实施计划。

统计调查方案一般包括以下几项基本内容。

2.2.1 确定调查目的

任何一项调查任务都应该明确调查目的，明确统计调查需要解决什么问题，了解哪些情况。这是统计调查最重要的问题。如果目的不明确，就无法确定向谁调查、调查什么、怎样调查，其结果是调查来的资料可能不满足需要，造成人力物力的浪费和时间的延误。调查目的和整个统计研究工作目的是一致的。

2.2.2 确定调查对象和调查单位

调查对象是所要调查的许多单位组成的总体。统计总体在统计调查阶段就表现为调查对象，它的范围由调查目的所决定。调查单位是构成调查对象的每一个单位，即总体单位，也就是在调查中应该登记其标志项目的那些具体单位。

例如，如果调查目的是要了解某市企业的生产经营状况，则调查对象是该市所有企业，调查单位是该市每个企业。

在确定调查单位时,还要确定填报单位(又称报告单位)。填报单位就是提交调查资料的单位。调查单位和填报单位有时一致,有时不一致。

例如当统计调查搜集企业生产经营活动资料时,每一个企业既是调查单位又是填报单位;又如当统计调查是了解企业生产设备状况时,调查单位是企业每一台生产设备,填报单位是每一个企业。

▶ 2.2.3 确定调查项目设计调查问卷

调查项目是指向调查单位所调查的具体内容,即向调查单位所调查登记的标志。确定调查项目,也就明确了应向调查单位调查什么,搜集哪些资料的问题。

确定调查项目时要注意三个问题:一是所选择的项目是调查任务所需要并且确实能够取得资料的,不必要或者虽然需要但没有可能取得资料的项目不应列入;二是每个调查项目应该有确切的含义和统一的解释,以免调查人员或被调查者按照各自不同的理解进行回答,使得调查结果无法汇总;三是调查项目之间尽可能相互联系,以便相互印证。还要注意现行的调查项目与过去同类调查项目之间的衔接,便于动态对比。

调查项目确定以后,需要将其用一定的表格形式表现出来。调查表就是将调查项目按一定顺序排列所形成的表格。调查表有单一表和一览表两种形式。单一表是在一份调查表中只登记一个调查单位,一览表是在一份调查表中登记若干个调查单位。在调查项目不多时,一览表只需对每个调查单位的共同事项登记一次,它比单一表节省人力和时间。

▶ 2.2.4 选择调查方法

1. 访问调查

访问调查又称派员调查,它是调查者与被调查者通过面对面的交谈而得到所需资料的调查方法。访问调查的方式有标准式访问和非标准式访问两种。标准式访问又称结构式访问,它是按照调查人员事先设计好的、有固定格式的标准化问卷,有顺序地依次提问,并由受访者做出回答;非标准式访问又称非结构式访问,它事先不制作统一的问卷或表格,没有统一的提问顺序,调查人员只是给一个题目或提纲,由调查人员和受访者自由交谈,以获得所需的资料。

2. 邮寄调查

邮寄调查是通过邮寄或其他方式将调查问卷送至被调查者,由被调查者填写,然后将问卷寄回或投放到指定收集点的一种调查方法。邮寄调查是一种标准化调查,其特点是调查人员和被调查者没有直接的语言交流,信息的传递完全依赖于问卷。邮寄调查的问卷发放方式有邮寄、宣传媒介传送、专门场所分发三种。

邮寄调查的基本程序是:在设计好问卷的基础上,先在小范围内进行预调查,以检查问卷设计中是否存在问题,以便纠正,然后选择一定的方式将问卷发放下去,进行正式的调查,再将问卷按预定的方式收回,并对问卷进行处理和分析。

3. 电话调查

电话调查是调查人员利用电话同受访者进行语言交流,从而获得信息的一种调查方式。电话调查具有时效快、费用低等特点。随着电话的普及,电话调查的应用也越来越广泛。电话调查可以按照事先设计好的问卷进行,也可以针对某一专门问题进行电话采访。用于电话调查的问题要明确,问题数量不宜过多。

4. 座谈会

座谈会也称为集体访谈法,它是将一组受访者集中在调查现场,让他们对调查的主题(如一种产品、一项服务或其他话题等)发表意见,从而获取调查资料的一种方法。通过座谈会,研究人员可以从一组受访者那里获得所需的定性资料,这些受访者与研究主题有某种程度上的关系。为获得此类资料,研究人员通过严格的甄别程序选取少数受访者,围绕研究主题以一种非正式的、比较自由的方式进行讨论。这种方法适用于搜集与研究课题有密切关系的少数人员的倾向和意见。

参加座谈会的人数不宜太多,通常有 6~10 人,并且是有关调查问题的专家或有经验的人。讨论方式主要取决于主持人的习惯和爱好。通过小组讨论,能获取访问调查无法取得的资料。而且,在彼此间交流的环境里,各个受访者之间相互影响、相互启发、相互补充,并在座谈过程中不断修正自己的观点,从而有利于取得较为广泛、深入的想法和意见。座谈会的另一个优点是不会因为问卷过长遭到拒访。当然,这要求主持人一般要受过心理学或行为科学方面的训练,具有很强的组织能力,足以控制一群不同背景的陌生人,并尽可能多地引导受访者说出他们的真实意见或想法。

5. 个别深度访问

深度访问是一次只有一名受访者参加的特殊的定性研究。"深访"这一术语也暗示着要不断深入受访者的思想当中,努力发掘他行为的真实动机的意思。深访是一种无结构的个人访问,调查人员运用大量的追问技巧,尽可能让受访者自由发挥,表达他的想法和感受。

深度访问常用于动机研究,如消费者购买某种产品的动机等,以发掘受访者非表面化的深层意见。这一方法最宜于研究较隐秘的问题,如个人隐私问题,或较敏感的问题,如政治性的问题。对于一些不同人之间观点差异极大的问题,采用深度访问法比较合适。

座谈会和个别深访属于定性方法,它通常围绕一个特定的主题取得有关定性资料。在此类研究中,从挑选的少数受访者中取得有关意见。这种方法和定量方法是有区别的,定量方法是从总体中按随机方式抽取样本取得资料,其研究结果或结论可以进行推论。而定性研究着重于问题的性质和未来趋势的把握,不是对研究总体数量特征的推断。

6. 网上调查

毫无疑问,互联网已经成为人们相互交流沟通、参与互动的重要渠道。通过网络搜集数据,它比以往任何一种方式都更快捷、更经济、更直观,而且更有效地把你所关心的问题传播开来,引起关注。

进行互联网调查主要有以下三种基本方法:电子邮件问卷、交互式CATI系统和互联网CGI程序。

(1) 电子邮件问卷。按照已知的对方的E-mail地址发出事先准备好的问卷。被访者回答完毕将问卷回复给调研机构,有专门的程序进行问卷准备、编制E-mail地址和收集数据。

E-mail问卷制作方便,分发迅速。由于出现在被访者的私人信箱中,因此能够得到注意。但是,它只限于传输文本,图形虽然也能在E-mail中进行链接但与问卷文本是分开的。

(2) 交互式CATI系统。CATI即是计算机辅助电话访问(Computer Assisted Telephone Interview),是将通信技术及计算机信息处理技术应用于传统的电话访问。

在进行电话访问时,须事先输入受访人的电话号码,由电脑按程序自动拨号,电话访问员在接通电话后不知道对方身份,只负责按规定访问内容进行访问对话。访问过程和内容可以实时录音,以确保调查访问内容的真实可靠。采用这种访问调查方式,具有调查内容客观真实、保密性强、访问效率高等特点。

计算机会系统地指引整个业务流程。问卷可以直接在计算机中设计、调试,抽样过程可以大大简化,配额也完全由计算机系统自动控制,问卷执行时所有的问卷内部的流程和逻辑都由计算机内部控制,并且计算机会检查答案的适当性和一致性。数据的收集过程是自然的、平稳的,而且访问时间大大缩减,数据质量得到了加强,数据的录入等过程也不再需要,编码也可以统一的自动实现。由于回答是直接输入计算机的,关于数据收集和结果的阶段性的和最新的报告几乎可以立刻就得到。同时CATI可以提供更高效更全面透明的监控方式,所有的话务监控、通话录音、监听、监看都在一个独立的计算机上执行,大大降低了对访问过程产生干扰的可能性。

CATI被广泛应用于品牌知名度研究、产品渗透率研究、品牌市场占有率研究、产品广告到达率研究、广告投放后的效果跟踪研究、消费习惯研究、消费者生活形态研究、顾客满意度调查、服务质量跟踪调查、产品(担保)登记、家庭用品测试、选举民意测验、健康问题调查,以及客户回访、电话营销等诸多领域。如今CATI已经逐步成为各类大面积调查活动不可缺少的一种调研平台,并逐渐推动传统统计调查的革新。

(3) 网络调查。网络调查也称为在线调查。它借助于专业的调查设计软件将需要调查的内容编辑成网页浏览的形式向被调查者推送,实现数据搜集的目的。这种调查方式具有开放性、自由性、平等性、广泛性和直接性的特点,使得网络调查具有传统的调查手段和方法所不具备的一些独特的特点和优势。图2-2所示是一个在线调查的网站。

▶ 2.2.5 确定调查时间和调查期限

调查时间指调查资料所属的时间(时期或时点),明确规定资料所反映的调查对象从何年何月何日起,至何年何月何日止。调查期限指进行调查工作的时间,包括搜集资料的整个工作所需要的时间。

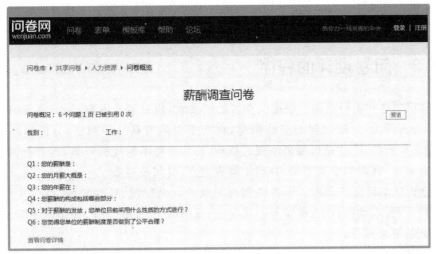

图 2-2　一个在线调查网站的示例

▶ 2.2.6　制订调查的组织和实施计划

严密细致的组织工作,是统计调查成功实施的保证。调查的组织计划主要包括以下内容:调查工作的组织机构、人员配备与分工;调查前的准备工作如人员培训、资料的印发、方案的布置、经费的筹措等;调查工作的检查、监督和进度安排;提供或公布调查成果的时间。

2.3　统计调查问卷的设计

问卷又称调查表或询问表,是以问题的形式系统地记载调查内容的一种印件。问卷可以是表格式、卡片式或簿记式。设计问卷,是询问调查的关键。完美的问卷必须具备两个功能,即能将问题传达给被问的人和使被问者乐于回答。要完成这两个功能,问卷设计时应当遵循一定的原则和程序,运用一定的技巧。

▶ 2.3.1　问卷设计的原则

(1) 有明确的主题。根据调查主题,从实际出发拟题,题目的明确,重点突出,没有可有可无的问题。

(2) 结构合理、逻辑性强。问题的排列应有一定的逻辑顺序,符合应答者的思维程序。一般是先易后难、先简后繁、先具体后抽象。

(3) 通俗易懂。问卷应使应答者一目了然,并愿意如实回答。问卷中语气要亲切,符合应答者的理解能力和认识能力,避免使用专业术语。对敏感性问题采取一定的技巧调查,使问卷具有合理性和可答性,避免主观性和暗示性,以免答案失真。

(4) 控制问卷的长度。回答问卷的时间控制在 20 分钟左右,问卷中既不浪费一个问句,也不遗漏一个问句。

(5)便于资料的校验、整理和统计。

2.3.2　问卷设计的程序

(1)确定主题和资料范围。根据调查目的的要求,研究调查内容、所需收集的资料及资料来源、调查范围等,酝酿问卷的整体构思,将所需要的资料一一列出,分析哪些是主要资料,哪些是次要资料,哪些是可要可不要的资料,淘汰那些不需要的资料,再分析哪些资料需要通过问卷取得、需要向谁调查等,并确定调查地点、时间及对象。

(2)分析样本特征。分析了解各类调查对象的社会阶层、社会环境、行为规范、观念习俗等社会特征;需求动机、潜在欲望等心理特征;理解能力、文化程度、知识水平等学识特征,以便针对其特征来拟题。

(3)拟定并编排问题。首先构想每项资料需要用什么样的句型来提问,尽量详尽地列出问题,然后对问题进行检查、筛选,看它有无多余的问题,有无遗漏的问题,有无不适当的问句,以便进行删、补、换。

(4)进行试问试答。站在调查者的立场上试行提问,看看问题是否清楚明白,是否便于资料的记录、整理;站在应答者的立场上试行回答,看看是否能答和愿答所有的问题,问题的顺序是否符合思维逻辑。估计回答时间是否合乎要求。有必要在小范围进行实地试答,以检查问卷的质量。

(5)修改、付印。根据试答情况,进行修改,再试答,再修改,直到完全合格以后才定稿付印,制成正式问卷。

2.3.3　问题的形式

1. 开放式问题

又称无结构的问答题。在采用开放式问题时,应答者可以用自己的语言自由地发表意见,在问卷上没有已拟定的答案。

例如:您抽香烟多久了? 您喜欢看哪一类的电视节目?

显然,应答者可以自由回答以上的问题,并不需要按照问卷上已拟定的答案加以选择,因此应答者可以充分地表达自己的看法和理由,并且比较深入,有时还可获得研究者始料未及的答案。通常而言,问卷上的第一个问题采用自由式问题,让应答者有机会尽量发表意见,这样可制造有利的调查气氛,缩短调查者与应答者之间的距离。

然而,开放式问题亦有其缺点。例如调查者的偏见,因记录应答者答案是由调查者执笔,极可能失真,或并非应答者原来的意思。如果调查者按照他自己的理解来记录,就有出现偏见的可能。但这些不足可运用录音机来弥补。开放式问题的第二个主要缺点是资料整理与分析的困难。由于各种应答者的答案可能不同,所用字眼各异,因此在答案分类时难免出现困难,整个过程相当耗费时间,而且免不了夹杂整理者个人的偏见。因此,开放性问题在探索性调研中是很有帮助的,但在大规模的抽样调查中,它就弊大于利了。

2. 封闭式问题

又称有结构的问答题。封闭式问题与开放式问题相反，它规定了一组可供选择的答案和固定的回答格式。

例如：你购买洗衣液的主要原因是（选择最主要两种）：
◇洗衣较洁白
◇售价较廉
◇任何商店都有出售
◇不伤手
◇价格与已有的牌子相同，但分量较多
◇朋友介绍

封闭式问题的优点包括以下几个方面：
(1) 答案是标准化的，对答案进行编码和分析都比较容易；
(2) 回答者易于作答，有利于提高问卷的回收率；
(3) 问题的含义比较清楚。因为所提供的答案有助于理解题意，这样就可以避免回答者由于不理解题意而拒绝回答。

封闭式问题也存在一些缺点：
(1) 难以觉察出未正确理解题目的回答；
(2) 可能产生"顺序偏差"或"位置偏差"，即被调查者选择答案可能与该答案的排列位置有关。研究表明，对陈述性答案被调查者趋向于选第一个或最后一个答案，特别是第一个答案。而对一组数字（数量或价格）则趋向于取中间位置的。为了减少顺序偏差，可以准备几种形式的问卷，每种形式的问卷答案排列的顺序都不同。

2.3.4 问卷调查设计技巧

1. 事实性问题

事实性问题主要是要求应答者回答一些有关事实的问题。例如：你通常什么时候看电视？
事实性问题的主要目的在于求取事实资料，因此问题中的字眼定义必须清楚，让应答者了解后能正确回答。

市场调查中，许多问题均属"事实性问题"，例如应答者个人的资料：职业、收入、家庭状况、居住环境、教育程度等。这些问题又称为"分类性问题"，因为可根据所获得的资料而将应答者分类。在问卷之中，通常将事实性问题放在后边，以免应答者在回答有关个人的问题时有所顾忌，因而影响以后的答案。如果抽样方法是采用配额抽样，则分类性问题应置于问卷之首，否则不知道应答者是否符合样本所规定的条件。

2. 意见性问题

在问卷中，往往会询问应答者一些有关意见或态度的问题。例如，你是否喜欢××电视节目？意见性问题事实上即态度调查问题。应答者是否愿意表达他真正的态度，固然要考虑，而态度强度亦有不同,如何从答案中衡量其强弱,显然也是一个需要克服的问题。通常而言,应答者会受到问题所用字眼和问题次序的影响,即反应不同,因而答案也有所不同。对于事实性问题,可将答案与已知资料加以比较。但在意见性问题方面则较难作比较工作,因应答者对同样问题所作的反应各不相同。因此意见性问题的设计远较事实性问题困难。这种问题通常有两种处理方法:其一是对意见性问题的答案只用百分比表示,例如有的应答者同意某一看法等;另一方法则旨在衡量应答者的态度,故可将答案化成分数。

3. 困窘性问题

困窘性问题是指应答者不愿在调查员面前作答的某些问题,比如关于私人的问题,或不为一般社会道德所接纳的行为、态度,或属有碍声誉的问题。例如:平均说来,每个月你打几次麻将?如果你的汽车是分期购买的,一共分多少期?你是否向银行抵押借款购股票?除了你工作收入外,尚有其他收入吗?

如果一定要想获得困窘性问题的答案,又避免应答作不真实回答,可采用以下方法:

(1) 间接问题法。不直接询问应答者对某事项的观点,而改问他对该事项的看法如何。

(2) 卡片整理法。将困窘性问题的答案分为"是"与"否"两类,调查员可暂时走开,让应答者自己取卡片投入箱中,以减低困窘气氛。应答者在无调查员看见的情况下,选取正确答案的可能性会提高不少。

(3) 随机反应法。根据随机反应法,可估计出回答困窘问题的人数。

(4) 断定性问题。有些问题是先假定应答者已有该种态度或行为。

例如:你每天抽多少支香烟?事实上该应答者极可能根本不抽烟,这种问题则为断定性问题。正确处理这种问题的方法是在断定性问题之前加一条"过滤"问题。

例如:你抽烟吗?如果应答者回答"是",用断定问题继续问下去才有意义,否则在过滤问题后就应停止。

4. 假设性问题

有许多问题是先假定一种情况,然后询问应答者在该种情况下,他会采取什么行动。

例如:如果××晚报涨价至2元,你是否将改看另一种未涨价的晚报?

如果××牌洗衣粉跌价1元,你是否愿意用它?

你是否愿意加薪?

你是否赞成公共汽车公司改善服务?

以上皆属假设性问题,应答者对这种问题多数会答"是"。这种探测应答者未来行为的问题,应答者的答案事实上没有多大意义,因为多数人都愿意尝试一种新东西,或获得一些新经验。

▶ 2.3.5 问卷的结构

调查问卷一般可以看成是由三大部分组成:卷首语(开场白)、正文和结尾。

1. 卷首语

问卷的卷首语或开场白是致被调查者的信或问候语。其内容一般包括下列几个方面:

(1) 称呼、问候。如"××先生、女士:您好"。
(2) 调查人员自我说明调查的主办单位和个人的身份。
(3) 简要地说明调查的内容、目的、填写方法。
(4) 说明作答的意义或重要性。
(5) 说明所需时间。
(6) 保证作答对被调查者无负面作用,并替他保守秘密。
(7) 表示真诚的感谢,或说明将赠送小礼品。

信的语气应该是亲切、诚恳而礼貌的,简明扼要,切忌啰唆。问卷的开头是十分重要的。大量的实践表明,几乎所有拒绝合作的人都是在开始接触的前几秒钟内就表示不愿参与的。如果潜在的调查对象在听取介绍调查来意的一开始就愿意参与的话,那么绝大部分会合作,而且一旦开始回答,就几乎都会继续并完成,除非在非常特殊的情况下才会中止。

2. 正文

问卷的正文实际上也包含了三大部分。

第一部分是向被调查者了解最一般的问题。这些问题应该是适用于所有的被调查者,并能很容易回答的问题。在这一部分不应有任何难答的或敏感的问题,以免吓坏被调查者。

第二部分是主要的内容,包括涉及调查主题的实质和细节的大量题目。这一部分的结构组织安排要有逻辑性,并对被调查者来说应是有意义的。

第三部分一般包括两部分的内容,一是敏感性或复杂的问题,以及测量被调查者的态度或特性的问题;二是人口基本状况、经济状况等。

3. 结尾

问卷的结尾一般可以加上1~2道开放式题目,给被调查者一个自由发表意见的机会。然后,对被调查者的合作表示感谢。在问卷最后,一般应附上一个"调查情况记录"。这个记录一般包括:

(1) 调查人员(访问员)姓名、编号;
(2) 受访者的姓名、地址、电话号码等;
(3) 问卷编号;
(4) 访问时间;
(5) 其他,如设计分组等。

▶ 2.3.6 问卷设计应注意的问题

1. 问卷的开场白

问卷的开场白,必须慎重对待,要以亲切的口吻询问,措辞应精心切磋,做到言简意明,亲切诚恳,使被调查者自愿与之合作,认真填好问卷。

2. 问题的语言

由于不同的字眼会对被调查者产生不同的影响,因此往往看起来差不多的相同的问题,会因所用字眼不同,而使应答者作出不同的反应,作出不同的回答。故必须注意问题所用的字眼,以免影响答案的准确性。一般来说,在设计问题时应留意以下几个原则:

（1）避免一般性问题。如果问题的本来目的是在求取某种特定资料,但由于问题过于一般化,使应答者所提供的答案资料无多大意义。

例如,某酒店想了解旅客对该酒店房租与服务是否满意,因此作以下询问:

你对本酒店是否感到满意？

这样的问题,显然有欠具体。由于所需资料牵涉到房租与服务两个问题,故应分别询问,以免混乱,如：

你对本酒店的房租是否满意？

你对本酒店的服务是否满意？

（2）问卷的语言要口语化,符合人们交谈的习惯,避免书面化和文人腔调。

3. 问题的选择及顺序

通常问卷的头几个问题可采用开放式问题,旨在使应答者多多讲话,多发表意见,使应答者感到十分自在,不受拘束,能充分发挥自己的见解。当应答者话题多,其与调查者之间的陌生距离自然缩短。不过要留意,最初安排的开放式问题必须较易回答,不可具有高敏感性问题,如困窘性问题。否则一开始就被拒绝回答的话,之后的问题就难继续了。因此问题应是容易回答且具有趣味性,旨在提高应答者的兴趣。核心问题往往置于问卷中间部分,分类性问题如收入、职业、年龄通常置于问卷之末。

问卷中问题的顺序一般按下列规则排列:

（1）容易回答的问题放前面,较难回答的问题放稍后,困窘性问题放后面,个人资料的事实性问题放卷尾。

（2）封闭式问题放前面,自由式问题放后面。由于自由式问题往往需要时间来考虑答案和语言的组织,放在前面会引起应答者的厌烦情绪。

（3）要注意问题的逻辑顺序,按时间顺序、类别顺序等合理排列。

2.4 数据采集误差

统计研究人员必须意识到,不论采用什么途径或哪种调查方法,搜集到的数据总会由于种种原因而存在一定程度的误差。比如登记过程的重复、遗漏、记录失误等原因导致的误差,比如,在登记访问对象的年龄时,将24岁写为42岁,或者在被访者回答问题时曲解了问题而给出了不正确的问答。

统计数据的准确性是数据质量的核心,它是我们进行研究、分析和决策的基础,而数据的准确性是通过误差大小来衡量的,误差越小越好。同时,由于被测量的对象是有意识的行为,采取的计量手段、计量方法受各种条件的约束,易产生误差。

要正确地看待、利用统计数据,一方面要努力降低误差、精益求精;另一方面也不必过于苛刻,使数据可用信息缺失。数据误差产生的原因很多,对于主观因素的误差,有很多是可以通过合理的调查设计和科学的搜集数据的方法加以控制,如增加调查的样本量等,但也会受到时间、人力和财力等条件的限制。如果耗费30%的费用只能降低1‰的误差,而这样的降低又并非必须,就不必过分强调误差的降低。在实际中,人们对数据的准确性要求并不是绝对的,而是相对的,如对于粮食产量的测量并不要求精确到克,因此,按照正确的步骤搜集准确的数据可以确保决策信息的可靠性,提高数据的利用价值才是关键。

小结

数据可以从现有来源中搜集,或通过调查来获得。公司保存的数据是统计研究搜集数据最直接的渠道;还可以通过统计调查机构、政府机构、行业协会和数据服务提供者来搜集到统计数据。

一些专题性质的统计数据并不能从已有来源中获得,这种情况下,常常需要统计调查的方式来获取。常用的统计调查方式有普查、抽样调查、重点调查、典型调查和统计报表,实验数据通常来自科学研究。

此外,设计统计调查问卷,也是获取统计数据的主要手段。当前,网络调查相比传统的调查方式更快捷、更经济,成为主要的统计调查方式。

数据采集误差是客观存在的,通过科学的调查设计、细致的工作步骤,确保搜集数据的精确性。

实训项目一

网络是信息的海洋,它不仅为我们创造了一个自我表现的虚拟空间,也是大家生活、学习、工作交流的平台。对于大学生来说,网络已成为生活的一部分,那么,大学生活中对网络的依赖程度到底有多大?它主要的用途是怎样的?上网时间有多长?上网的开支如何?带着这些问题,请你组织一个团队,设计一份调查问卷,在本校范围内开展了一次关于大学生上网情况的调查活动,并撰写调查分析报告。

实训项目二

以上述内容为例,设计一个在线调查网页,收集网络调查数据。比较两种不同调查方式获取的调查数据之间的差异。

项目 3

数据的整理与图示

> > > **实践中的统计**

奶粉质量管理中的统计

乳品公司在生产的婴幼儿配方奶粉的质量保证计划中使用了统计学方法。其中一个关键的问题是顾客对盒装的奶粉数量的满意度。相同尺寸的盒里装入相同重量的奶粉,但是奶粉的体积受到奶蛋白密度的影响。例如,奶蛋白的密度较大时,要达到所规定的包装重量,就只需要较小体积的包装数量,这样,当顾客打开包装盒时,看上去奶粉没有装满。

为了控制奶蛋白密度过大的问题,需要对奶蛋白密度的可接受范围加以限制。定期地抽取统计样本,并测量每一个奶蛋白样本的密度。然后将汇总的数据提供给生产人员,以便在需要将奶蛋白密度保持在规定的质量标准范围内时,生产人员可以采取正确的措施。

在一周内采集了 150 个奶蛋白密度的样本,得到的密度频数分布见表 3-1,直方图如图 3-1 所示。

表 3-1 密度数据的频数分布

密度	频数
0.29~0.30	30
0.31~0.32	75
0.33~0.34	32
0.35~0.36	9
0.37~0.38	3
0.39~0.40	1
总计	150

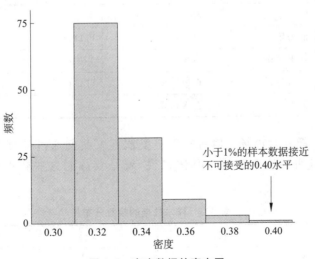

图 3-1 密度数据的直方图

密度水平超过 0.4 是可以接受的上限。频数分布和直方图表明,所有产品的密度小于或等于 0.4,生产符合质量标准。检查这些汇总结果的管理人员对奶粉产品的质量感到满意。

在上述案例中,我们看到了数据常用的统计表和统计图。因此,掌握图表的展示方法,让枯燥的数字变得生动起来,也是我们要学习的重点。本项目介绍常用于汇总数据的表格和图形,包括频数分布、条形图、直方图、茎叶图和交叉分组表等内容,理解它们是如何表达和解释数据的。

3.1 分类型数据的汇总

3.1.1 频数与频数分布

频数(frequency)又称次数,指变量值中代表某种特征的数(标志值)出现的次数。

频数分布(frequency distribution)是一种数据的表格汇总,表示在几个互不重叠的分组中的每一个组的项目个数。

我们用下面的例子来说明如何编制和解释分类数据的频数分布。可口可乐、健力宝、雪碧、百事可乐、芬达是 5 种受人们欢迎的饮料。假设表 3-2 的数据是在只选择 5 种饮料的情况下,50 次购买的样本数据。

表 3-2 50 次购买饮料的样本

健力宝	可口可乐	健力宝	芬达	雪碧
雪碧	健力宝	可口可乐	雪碧	可口可乐
健力宝	可口可乐	可口可乐	百事可乐	健力宝
可口可乐	百事可乐	健力宝	可口可乐	百事可乐
百事可乐	雪碧	雪碧	百事可乐	雪碧
可口可乐	健力宝	健力宝	芬达	芬达
芬达	健力宝	可口可乐	可口可乐	可口可乐
可口可乐	百事可乐	雪碧	芬达	百事可乐
雪碧	可口可乐	百事可乐	可口可乐	雪碧
可口可乐	健力宝	百事可乐	芬达	健力宝

销售人员感兴趣的是市场上哪种饮料更受欢迎?我们通过计算表 3-2 中每种饮料出现的次数就可以回答这个问题。具体来说,就是要编制这些数据的频数分布表,见表 3-3。

表 3-3 样本数据的频数分布

饮料	频数	饮料	频数
可口可乐	15	芬达	6
健力宝	11	雪碧	9
百事可乐	9	总计	50

这个频数汇总说明了 50 次购买饮料的样本中,5 种饮料是如何分配的。它提供了比表 3-2 更多的信息和内容。观察这个频数分布表,可以看到可口可乐排在首位,揭示了这种牌子的饮料在市场上颇受欢迎。

▶ 3.1.2　相对频数分布和百分数频数分布

相对频数分布是各组相对频数数据的表格汇总,指某一类别(分组)所占总数的比值(比例或比率)。将相对频数乘以 100 就是百分数频数(百分比)。见表 3-4

表 3-4　样本数据的相对频数和百分数频数分布

饮料	相对频数	百分数频数	饮料	相对频数	百分数频数
可口可乐	0.30	30%	芬达	0.12	12%
健力宝	0.22	22%	雪碧	0.18	18%
百事可乐	0.18	18%	总计	1.00	100%

▶ 3.1.3　条形图和饼形图

上面用频数分布表表示分类数据的频数分布。如果用图形来显示频数分布,就会更加形象和直观。

条形图(bar chart)是用宽度相同的条形的高度或长短来表示数据变动的图形。条形图可以横置或纵置,纵置时也称为柱形图。图 3-2 是根据表 3-2 数据绘制的条形图。

饼形图(pie chart)也称饼图、圆形图。用圆形及圆内扇形的面积来表示数值大小的图形。圆形图主要用于表示总体中各组成部分所占的比例,对于研究结构性问题十分有用。在绘制圆形图时,总体中各部分所占的百分比用圆内的各个扇形面积表示,这些扇形的中心角度是按各部分百分比占 360°的相应比例确定的。例如,购买可口可乐的人数占总人数的百分比为 30%,那么其扇形的中心角度就应为 360°×30%=108°,其余类推。根据表 3-2 数据绘制的饼形图如图 3-3 所示。

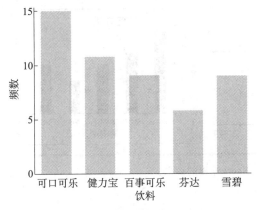

图 3-2　饮料样本的条形图

图 3-3　饮料样本的饼形图

拓展阅读

用 Excel 创建频数分布表的步骤

（1）创建 Excel 文档，在 A2 到 A51 输入表 3-1 数据（本示例以表 3-1 数据为例）。

（2）为不同品牌饮料指定一个数字代码，并输入到 B2 到 B51。

（3）选择"数据"菜单选项，并选择"数据分析"选项。

提示：如果在"数据"菜单选项中没有"数据分析"选项，可采用以下方法装入：单击"工具"下拉菜单中的选项"加载宏"，出现"加载宏"对话框。在下拉列表中，找到"分析数据库"选项。单击它前面的复选框，出现对号"√"，确定即可。

（4）在"数据分析"对话框中选择"直方图"命令，选择"确定"。

（5）当出现对话框时：

① 在"输入区域"方框内选择数据区域（本示例是 B2：B51）。

② 在"接受区域"方框内选择代码区域（本示例是 E2：E6）。

③ 在"输出区域"方框内选择输出结果的位置。

④ 选择"图表输出"。

⑤ 选择"确定"。

为了便于阅读，单击频数分布表中的有"接受"字样的单元格，输入"饮料品牌"代替；同样，把数值代码 1、2、3、4、5 分别用它们对应的品牌名称替换。例如，1 替换为"可口可乐"，2 替换为"健力宝"等。如果想修改图表格式，可直接双击该处，在出现的对话框中作相应的修改。

Excel 输出的结果如图 3-4 所示：

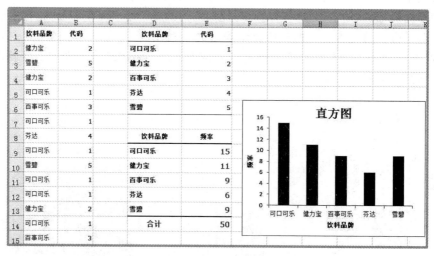

图 3-4　Excel 输出的结果

1. 下面给出了部分数据的相对频数分布,见表3-5。

表3-5 题1样本数据的相对频数分布

分类	相对频数	分类	相对频数
A	0.22	D	0.12
B	0.16	E	0.08
C	0.27	F	

(1) 分类F的相对频数是多少?
(2) 如果样本容量是200,分类F的频数是多少?
(3) 求频数分布。
(4) 求百分数频数分布。

2. 足球报提名了21世纪最具影响力的四位足球明星:贝克汉姆(用A表示),费戈(用B表示),罗纳尔多(用C表示),巴乔(用D表示),由50名职业人士、媒体代表和球迷组成一个样本对这四名球员进行投票,评选最具代表性的明星代表。投票结果见表3-6。

表3-6 投票结果

A	A	B	C	D	A	B	A	A	C
B	A	A	C	B	C	A	A	B	C
A	A	B	A	C	D	A	A	C	D
B	A	C	D	A	A	A	C	D	A
C	B	A	A	C	C	D	A	A	C

(1) 这些数据是分类型数据还是数量型数据?
(2) 编制这些数据的频数分布和百分数频数分布。
(3) 绘制这些数据的条形图和饼图。
(4) 以投票数据为依据,哪位球员是明星代表?

3.2 数值型数据的汇总

3.2.1 频数分布

正如3.1节定义的那样,频数分布是表示在几个互不重叠的组中每一组所包含的项目个数(或频数)的表格汇总。这个定义也适用于数值型数据。然而,对于数值型数据,在将互不重叠的组用于频数分布时,我们必须要更加慎重。

表3-7是某次英语测试成绩数据。

表 3-7　英语测试成绩

117	122	124	129	139	107	117	130	122	125
108	131	125	117	122	133	126	122	118	108
110	118	123	126	133	134	127	123	118	112
112	134	127	123	119	113	120	123	127	135
137	114	120	128	124	115	139	128	124	121

下面,我们通过编制表 3-7 的频数分布来演示这些步骤。

1. 单变量值分组

单变量值分组是把每一个变量值作为一组,这种分组方法通常只适合于离散变量且变量值较少的情况。

为便于分组,可先对上面的数据进行排序,结果见表 3-8。

表 3-8　英语测试成绩排序表

107	108	108	110	112	112	113	114	115	117
117	117	118	118	118	119	120	120	121	122
122	122	122	123	123	123	123	124	124	124
125	125	126	126	127	127	127	128	128	129
130	131	133	133	134	134	135	137	139	139

采用单变量值分组形成的频数分布见表 3-9。

表 3-9　英语测试成绩分组表

测试成绩	频数(人)	测试成绩	频数(人)	测试成绩	频数(人)
107	1	119	1	128	2
108	2	120	2	129	1
110	1	121	1	130	1
112	2	122	4	131	1
113	1	123	4	133	2
114	1	124	3	134	2
115	1	125	2	135	1
117	3	126	2	137	1
118	3	127	3	139	2

从表 3-9 可以看出,在数据较多的情况下,单变量值分组由于组数较多,不便于观察数据分布的特征和规律,而且对于连续变量也无法采用这种分组方法。

2. 组距分组

在连续变量或变量值较多的情况下,可采用组距分组,它是将全部变量值依次划分为若干个区间,并将这一区间的变量值作为一组。在组距分组中,一个组的最小值称为下限(low limit),最大值称为上限(upper limit)。采用组距分组需要经过以下几个步骤:

(1) 确定组数。一组数据分多少个组合适?这一般与数据本身的特点及数据的多少有关。由于分组的目的是为了观察数据分布的特征,因此组数应适中。若组数太少,数据的分布就会过于集中;而组数太多,数据的分布就会过于分散,这都不便于观察数据分布的特征和规律。组数的确定应以能够显示数据的分布特征和规律为目的。

在实际分组时,可以按 Sturges 提出的经验公式来确定组数 K:

$$K = 1 + \frac{\lg n}{\lg 2} \qquad (3-1)$$

在式(3-1)中,n 为数据的个数,对结果用四舍五入的办法取整数即为组数。例如,对表 3-7 进行分组整理,根据式(3-1) $K=1+\lg 50 \div \lg 2 \approx 7$,数据集可分为 7 个组。当然,这只是一个经验公式,实际应用时,可根据数据的多少和特点及分析的要求,参考这一标准灵活确定组数。

(2) 确定各组的组距。组距(class width)是一个组的上限与下限之差,可根据全部数据的最大值和最小值及所分的组数来确定。

$$组距 = (最大值 - 最小值) \div 组数 \qquad (3-2)$$

例如,表 3-7 的数据集中最大值为 139,最小值为 107,则组距 $=(139-107)\div 7=4.6$。为便于计算,组距宜取 5 或 10 的倍数,而且第一组的下限应低于最小变量值,最后一组的上限应高于最大变量值,因此组距可取 5。

对表 3-9 进行分组整理,可得到分组整理的频数分布表,见表 3-10。

表 3-10 英语测试成绩分组表

测试成绩分组	频数(人)	测试成绩分组	频数(人)
105~110	3	125~130	10
110~115	5	130~135	6
115~120	8	135~140	4
120~125	14	合计	50

采用组距分组时,一定要遵循"不重不漏"的原则。"不重"指一个数据只能分在其中的某一组,不能在其他组中重复出现;"不漏"是指在所分的全部组中每个数据都应包含在某一分组中,不能遗漏。

为解决"不重"的问题,统计分组时习惯上规定"上组限不在内",即当相邻两组的上下限重叠时,恰好等于某一组上限的变量值不统计在本组内,而计算在下一组内。例如,在表 3-10 的分组中,120 这一数值不计算在 115~120 这一组内,而计算在 120~125 组中,其余类推。

在组距分组中,如果全部数据中的最大值和最小值与其他数据相差悬殊,为避免出现空白组(即没有变量值的组)或个别极端值被漏掉,第一组和最后一组可以采用"~以下"或者"~以上"这样的开口组,以解决"不漏"问题。例如,在表 3-7 的 50 个数据中,假定将最小值改为 94,最大值改为 160,采用上面的分组就会出现"空白组",这时可采用开口组来统计,见表 3-11。

表 3-11　英语测试成绩分组表

测试成绩分组	频数（人）	测试成绩分组	频数（人）
110 以下	3	125～130	10
110～115	5	130～135	6
115～120	8	135 以上	4
120～125	14	合计	50

在组距分组时，如果各组的组距相等则称为等距分组，如上面的分组就是等距分组。有时，对于某些特殊现象或为了特定研究的需要，各组的组距也可以是不相等的，称为不等距分组。比如，对人口年龄的分组，可根据年龄分布特点分为 0～6 岁（婴幼儿组）、7～17 岁（少年儿童组）、18～59 岁（中青年组）、60 岁以上（老年组）等。

组距分组有可能会掩盖了各组内的数据分布特征，为反映各组数据的一般水平，我们通常用组中值（class midpoint）作为该组数据的一个代表值。

$$组中值＝（下限值＋上限值）/2 \tag{3-3}$$

组中值的计算有一个必要的假设条件，即各组数据的在本组内呈均匀分布或在组中值两侧呈对称分布。如果实际数据的分布不符合这一假定，用组中值作为一组数据的代表值会有一定的误差。表 3-10 各分组的组中值分别是 112.5，117.5，122.5，127.5，132.5，137.5。

▶ 3.2.2　累计分布

为了统计分析的需要，有时需要计算累计频数、累计比例或者累计百分比。

累积频数（cumulative frequencies）是将各类别的频数逐级累加。一般有两种情形：一是从类别顺序的开始一方向类别顺序的最后一方累加频数（从变量值最小的一方向变量值最大的一方累加频数），称为向上累积；二是从类别顺序的最后一方向类别顺序的开始一方累加频数（从变量值最大的一方向变量值最小的一方累加频数），称为向下累积。通过累积频数，可以很容易看出某一类别（或数值）以下及某一类别（或数值）以上的频数之和。

累积比例或百分比（cumulative percentages）是将各类别比例或百分比逐级累加起来，也有向上累积和向下累积两种方法。

表 3-12 是一项有关住房问题的研究，研究人员在北京、上海两个城市各抽样调查 300 户家庭，其中的一个问题是："您对您家庭目前的住房状况是否满意？"有 5 个选项：

（1）非常不满意；（2）不满意；（3）一般；（4）满意；（5）非常满意。调查汇总见表 3-12 和表 3-13。

表 3-12　北京市家庭对住房状况的评价

回答类别	户数（户）	百分比（%）	向上累积		向下累积	
			户数（户）	百分比（%）	户数（户）	百分比（%）
非常不满意	24	8	24	8.0	300	100
不满意	108	36	132	44.0	276	92
一般	93	31	225	75.0	168	56
满意	45	15	270	90.0	75	25
非常满意	30	10	300	100.0	30	10
合　计	300	100	—	—	—	—

表 3-13　上海市家庭对住房状况的评价

回答类别	户数(户)	百分比(%)	向上累积		向下累积	
			户数(户)	百分比(%)	户数(户)	百分比(%)
非常不满意	21	7.0	21	7.0	300	100.0
不满意	99	33.0	120	40.0	279	93.0
一般	78	26.0	198	66.0	180	60.0
满意	64	21.3	262	87.3	102	34.0
非常满意	38	12.7	300	100.0	38	12.7
合　计	300	100.0	—	—	—	—

3.2.3　直方图和折线图

(1) 直方图(histogram)。直方图是用矩形的宽度和高度来表示频数分布的图形。在平面直角坐标中,横轴表示数据分组,纵轴表示频数或比例,这样,各组与相应的频数就形成了一个矩形,即直方图。例如,根据表 3-10 的数据绘制的直方图如图 3-5 所示。

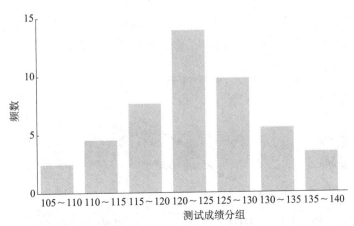

图 3-5　英语测试成绩直方图

从直方图可以直观地看出英语测试成绩的人数分布的特点,测试成绩在 120~125 之间的人数最多,105~110 之间的人数最少。

直方图与条形图不同,条形图是用条形的高度表示各类别频数的多少,宽度是固定的。直方图是用面积表示各组频数的大小,矩形的高度表示每一组的频数或百分比,宽度则表示各组的组距,因此其高度与宽度均有意义。此外,由于分组数据具有连续性,直方图的各矩形通常是连续排列,而条形图则是分开排列。

(2) 折线图。折线图也称频数多边形图(frequency polygon)。在直方图的基础上,把直方图顶部的中点(即组中值)用直线连接起来,再把原来的直方图抹掉,余下的就是折线图。需要注意,折线图的两个终点要与横轴相交,具体的做法是将第一个矩形顶部中点通过竖边中点(即该组频数一半的位置)连接到横轴,最后一个矩形顶部中点与其竖边中点连接到横轴。这样才会使折线图下所围成的面积与直方图的面积相等,从而使二者所表示的频数分布一致。图 3-6 是表 3-10 分组数据的折线图。

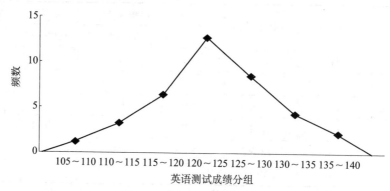

图 3-6　英语测试成绩折线图

当数据组数很多时,组距会越来越小,这时所绘制的折线图就会越来越平滑,逐渐形成一条平滑的曲线,这就是频数分布曲线。分布曲线在统计学中有着广泛的应用,是描述各种统计量和分布规律的有效方法。

▶ 3.2.4　累计曲线

累计分布的图形表示称为累计曲线(ogive),在横轴上显示数值,在纵轴上显示累计频数或累计比例、累计百分数。图 3-7 是表 3-7 数据集的累计频数曲线。

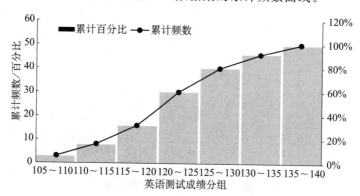

图 3-7　英语测试成绩的累计曲线

3. 见表 3-14

表 3-14　题　3　表

14	21	23	21	16	19	22	25	16	16
24	24	25	19	16	19	18	19	21	12
16	17	18	23	25	20	23	16	20	19
24	26	15	22	24	20	22	24	22	20

(1) 利用组 12~14、15~17、18~20、21~23 和 24~26 来编制频数分布。
(2) 编制(1)题的相对频数分布和百分数频数分布。
(3) 编制分组(1)的累积频数、累积百分数表。
(4) 绘制数据的直方图和累积曲线。

4. 银行经理研究了需要办理业务的客户到达银行后的等待时间。下面是一个月的期间内搜集的等待时间数据(单位:分钟)。

　　2　5　10　12　4　4　5　17　11　8　9　8　12　21　6　8　7　13　18　3

(1) 为数据分组并编制频数分布。
(2) 编制相对频数分布。
(3) 编制累积频数分布。
(4) 等待办理业务时间不超过 9 分钟的比例是多少?

3.2.5 茎叶图

直方图能大体上观察出一组数据的分布状况,但直方图没有给出具体的数值。茎叶图(stem-and-leaf display)既给出数据的分布状况,又给出每一个原始数值,是数据最直观的展示图形。

茎叶图由"茎"和"叶"两部分构成,其图形是由数字组成的。通过茎叶图,可以看出数据的分布形状及数据的离散状况,比如,分布是否对称,数据是否集中,是否存在极端值等。绘制茎叶图的关键是设计好树茎,通常是以该组数据的高位数值作为树茎。树茎一经确定,树叶就自然地长在相应的树茎上了。

为了绘制茎叶显示图,我们首先把每个数值的高位数字排在竖线左侧,在竖线右边,记录每个数据值的最后一位数字。例如,数值110的高位数字11在竖线左边,最后一位数字0在竖线右边。这样组织数据后,对竖线右边的每一行数字进行排序。图3-8是表3-7数据集的茎叶图。

```
10 | 7 8 8
11 | 0 2 2 3 4 5 7 7 7 8 8 8 9
12 | 0 0 1 2 2 2 2 3 3 3 3 4 4 4 5 5 6 6 7 7 7 8 8 9
13 | 0 1 3 3 4 4 5 7 9 9
```

图 3-8　英语测试成绩的茎叶图

如图 3-7 所示,竖线右边的数字 10、11、12、13 是茎,竖线右边的每一个数字是叶。
根据茎叶图,我们用一个长方形围住每一个茎的叶。这样,我们得到图 3-9。

```
10 | 7 8 8
11 | 0 2 2 3 4 5 7 7 7 8 8 8 9
12 | 0 0 1 2 2 2 2 3 3 3 3 4 4 4 5 5 6 6 7 7 7 8 8 9
13 | 0 1 3 3 4 4 5 7 9 9
```

图 3-9　处理后的茎叶图

如果将上图逆时针旋转 90 度,所得到的图形与 105~110、110~115、115~120、120~125、125~130、130~135、135~140 分组后的直方图非常相似。可以看出,茎叶图更易于手工绘制,而且相比于直方图,茎叶图提供了实际数据值和更多的显示信息。

▶ 3.2.6 散点图和趋势线

散点图(scatter diagram)是两个变量之间关系的图形表述,为探索两个变量间关系提供了非常好的视角。

散点图使用数据值作为 x,y 坐标来绘制点。它可以揭示格网上所绘制的值之间的关系,还可以显示数据的趋势。当存在大量数据点时,散点图的作用尤为明显。散点图与折线图相似,而不同之处在于折线图通过将点或数据点相连来显示每一个变化。表 3-14 是某商场的促销广告次数与销售额之间的样本数据。该商场在过去的三个月通过在报纸派发免费购物券的广告来促销。管理人员想证实广告的促销次数和下一周商场的销售额之间是否存在关系。表 3-15 给出了 10 周销售额的样本数据(单位:万元)。

表 3-15 商场广告次数与销售额样本数据　　　　　　　　　单位:万元

周	广告次数	销售额	周	广告次数	销售额
1	2	50	6	1	38
2	5	57	7	5	63
3	1	41	8	3	48
4	3	54	9	4	59
5	4	54	10	2	46

图 3-10 所示是表 3-15 数据的散点图和趋势线。广告次数(x)显示在横轴上,销售额(y)显示在纵轴上。对第一周,$x=2$ 和 $y=50$,在散点图上按这两个坐标画出该点。用相同的方法画出其他 9 周的点。注意,有两周做了一次广告,有两周做了两次广告,以此类推。

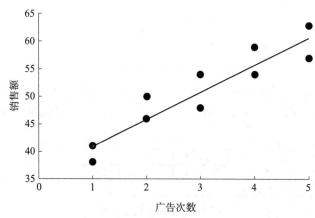

图 3-10　广告次数与销售量样本数据散点图和趋势线

绘制好的散点图表明,广告次数和销售额之间存在正相关关系。较高的销售额与较高的广告次数相联系。因为所有的点并不在一条直线上,所以这种关系是不完全的。然而,这些点的分布模式和趋势线表明,整体关系是正相关的。

3.3 频数分布的类型

常见的频数分布曲线主要有对称分布和偏态分布。如图 3-11 所示。

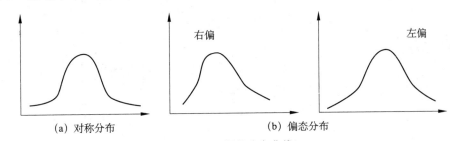

图 3-11 频数分布曲线

对称分布是一种形曲线,有很多现象服从这种分布,如农作物的单位面积产量、零件的误差、纤维强度等都服从对称分布,实际上,对称分布只是一种理想的状态,在实际中总是会存在偏差,如果偏差较大,这时候用偏态分析更符合实际,下一章有具体的讨论。

练习

5. 绘制下列数据的茎叶图。
11.3 9.6 10.4 7.5 8.3 10.5 10 9.3 8.1 7.7 7.5 8.4 6.3 8.8

6. 研究人员测定了一类植物的含氧量,用于药物研制。得到的测试数据如下:

114	90	131	124	117	98	104	144	151	132
102	106	127	119	115	106	125	122	118	118

(1) 为数据分组并编制频数分布。
(2) 绘制数据的茎叶图。

7. 表 3-16 的数据是两个变量 x 和 y 的 30 次观测结果。x 的分类是 A、B、C;y 的分类是 1 和 2。

表 3-16 变量 x 和 y 的观测结果

观测次数	x	y	观测次数	x	y
1	A	1	16	B	2
2	B	1	17	C	1
3	B	1	18	B	1
4	C	2	19	B	1
5	B	1	20	B	1

续表

观测次数	x	y	观测次数	x	y
6	C	2	21	C	2
7	B	1	22	B	1
8	C	2	23	C	2
9	A	1	24	A	1
10	B	1	25	B	1
11	A	1	26	C	2
12	B	1	27	C	2
13	C	2	28	A	1
14	C	2	29	B	1
15	C	2	30	B	2

（1）用 x 为行变量，y 为列变量，编制数据的交叉分组表。

（2）计算行百分比。

（3）计算列百分比。

（4）绘制 x 和 y 的散点图，并描述两个变量之间的关系。

小 结

对于一个数据集，即使它的规模适中，对其原始形式直接解释往往也很困难。统计表和图形提供了整理和汇总数据的方法，揭示出数据的特征，并能更容易地解释数据。图 3-12 是本章介绍的汇总数据的方法。

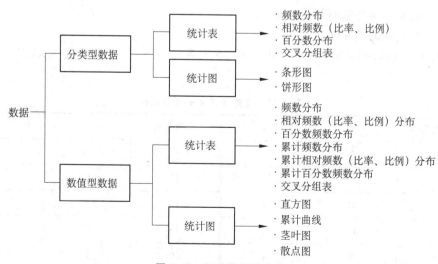

图 3-12 汇总数据的方法

项目 4

数据的概括性测度

> **实践中的统计**

美特斯公司账期的统计量

美特斯公司成立于2004年,是一家设计和进出口婴儿产品的公司,主营玩具和附属用品。公司的产品包括悬挂饰物、宝贝熊、音乐玩具、拨浪鼓和安全地垫,以及设计注重颜色、材质和音质的高品质毛绒玩具。公司的产品设计在韩国,在国内生产。

美特斯公司使用独立的销售代理,把产品分销给婴儿用品零售商、儿童用品及服饰商店、礼品店、大型百货商场和指定的网店。

在这家公司的正常运营中,现金流量管理是最重要的经营活动之一。能否保证公司拥有足够的现金收入,以满足目前和未来的偿债义务,决定着公司业务的成败。现金流量的管理的一个关键因素是对应收账款的分析和控制。通过度量未付款发票的平均期限和资金数额,管理人员能够预测现金供应和监测应收款状态的变化。公司设置了以下目标:未付款发票的平均期限不应超过45天;超过60天的未付款发票的资金数额不应超过所有应收账款总额的5%。

在最近对应收账款的汇总中,该公司使用了下面的描述统计量来衡量未付款发票的期限:

| 平均数 | 40天 | 中位数 | 35天 | 众数 | 31天 |

对这些统计量的解释表明,一张发票的平均数或平均期限是40天;中位数表明有一半的发票已经超过35天没有付款;最常见的发票期限是众数31天,表示一张未付款发票最常见的时间长度是31天。统计汇总还显示出应收款总额中只有3%超过60天。基于这些统计信息,管理人员认为应收账款和收入现金流都处于控制之中。

在上述案例中,美特斯公司使用了一些描述统计量。除了平均数、中位数和众数外,本项目中我们还要介绍其他的一些描述统计量,这些数值的测度有助于我们更好地理解和解释数据。

对统计数据的测度和描述,一是分布的集中趋势,反映各数据向其中心值靠拢或聚集的程度,如算术平均数;二是分布的离中趋势,反映各数据远离其中心值的程度,如标准差;三是分布的偏态和峰度,反映数据分布的形状。这三个方面分别反映了数据分布特征的不同侧面。

4.1 集中趋势的测度

集中趋势是指一组数据向其中心值靠拢的倾向,测度集中趋势也就是寻找数据一般水平的代表值或中心值。取得集中趋势代表值的方法通常有两种:一是从总体各单位变量值中抽象出具有一般水平的量,这个量不是各个单位的具体变量值,但又要反映总体各单位的一般水平,这种平均数称为数值平均数。数值平均数有算术平均数、调和平均数、几何平均数等形式。二是先将总体各单位的变量值按一定顺序排列,然后取某一位置的变量值来反映总体各单位的一般水平,把这个特殊位置上的数值看作是平均数,称作位置平均数。位置平均数有众数、中位数、四分位数等形式。

4.1.1 平均数

1. 平均数

平均数(mean)是观测值的总和除以观测值个数的商,是数据中心位置的度量。

假设 $x_1, x_2, \cdots, x_n$ 是第一个观测值到第 n 个样本观测值的集合,其样本平均数的计算公式如下

$$\bar{x} = \frac{x_1 + x_2 + \cdots + x_n}{n} = \frac{\sum x}{n} \tag{4-1}$$

为了说明样本平均数的计算,表 4-1 是 24 名 IT 从业者年薪收入组成一个样本。

表 4-1 24 名 IT 从业人员年薪资料表

49 100	48 600	49 950	48 800	47 200	49 900	51 350	54 600
49 300	51 200	51 000	49 400	51 400	51 800	49 600	53 400
48 700	50 300	49 000	49 800	48 900	48 650	51 300	51 900

计算 IT 从业人员样本的平均年薪。

根据公式计算如下

$$\text{平均年薪}\,\bar{x} = \frac{\sum_{i=1}^{n} x_i}{n} = \frac{49\,100 + 49\,300 + \cdots + 53\,400 + 51\,900}{24} = 50\,214.58(\text{元})$$

式(4-1)说明了有 n 个观测值样本平均数的计算。而总体平均数的计算也基本相同。但我们使用不同符号表示总体平均数的计算。用 N 表示总体观测值的个数,μ 表示总体平均数。计算公式如下

$$\mu = \frac{1}{N} \sum_{i=1}^{n} x_1 \tag{4-2}$$

2. 加权算术平均数

加权算术平均数(weighted arithmetic mean)是根据分组整理的数据计算的算术平均数。其计算公式为

$$\bar{x} = \frac{x_1 f_1 + x_2 f_2 + \cdots + x_n f_n}{f_1 + f_2 + \cdots + f_n} = \frac{\sum xf}{\sum f} \tag{4-3}$$

式中,f 代表各组变量值出现的频数。

表 4-2 是 50 名工人加工零件数的数据分组表,计算人均日产量。

表 4-2 某企业 50 名工人加工零件均值计算表

按零件数分组	组中值 x	频数 f	xf
105~110	107.5	3	322.5

续表

按零件数分组	组中值 x	频数 f	xf
110～115	112.5	5	562.5
115～120	117.5	8	940.0
120～125	122.5	14	1715.0
125～130	127.5	10	1275.0
130～135	132.5	6	795.0
135～140	137.5	4	550.0
合　计	—	50	6 160.0

$$平均日产量 = \frac{\sum xf}{\sum x} = \frac{6\ 160}{50} = 123.2(件)$$

这种根据已分组整理的数据计算的均数就称为加权算术平均数。这时，平均数的大小，不仅取决于研究对象的变量值，而且受各变量值重复出现的频数大小的影响，如果某一组的频数较大，说明该组的数据较多，那么该组数据的大小对算术平均数的影响就大，反之则小。可见各组频数的多少对平均的结果起着一种权衡轻重的作用，因而这一衡量变量值相对重要性的数值称为权数。这里所谓权数的大小，并不是以权数本身值的大小而言的，而是指各组单位数占总体单位数的比重，即权数系数（$f/\sum f$）。权数系数亦称为频率，是一种结构相对数。

3. 平均数性质

平均数在统计学中具有重要的地位，它是进行统计分析和统计推断的基础。首先，从统计思想上看，它是一组数据的重心所在，是数据误差相互抵消后的必然性结果。比如对同一观测对象进行多次测量，若所得结果不一致，可能是由于测量误差所致，也可能是其他因素的偶然影响，利用算术平均数作为其代表值，则可以使误差相互抵消，反映出事物必然性的数量特征。

拓展阅读

用 Excel 计算平均数（以计算某班各科考试平均成绩为例）。

方法一：

（1）打开 Excel，输入全班每位同学各科考试成绩（一般以每行记录一名学生的各科成绩，也可以每列记录一名学生的各科成绩）。

（2）选择"工具"下拉菜单。

（3）选择"数据分析"选项。

（4）从弹出的"分析工具"中选择"描述统计"选项，并按"确定"。

（5）在对话框中的"输入区域"框内选择要计算的单元格区域（如果包括字段行，则须选中"标志位于第一行"复选框。若分组方式为逐行，则该复选框选定标志位于第一列）；

在"输出选项"中选择输出区域;选择"汇总统计"(该选项给出全部描述统计量);最后按"确定"。

方法二:

(1) 打开"Excel",输入全班每位同学各科考试成绩(一般以每行记录一名学生的各科成绩,也可以每列记录一名学生的各科成绩);

(2) 在单元格内输入计算公式。以每行记录一名学生的各科成绩为例,假设第一行依次为姓名及各考试科目名称,最后一名学生第一科的成绩所在单元格为B45,则可在B46单元格输入计算公式"=average(b2:b45)",然后回车;或者在适当的单元格内插入函数(选择"插入"下拉菜单,然后选择"函数",接下来从弹出的对话框左边的函数类别中选择"统计",再从对话框右边的函数名中选择"Average",最后单击"确定");

(3) 选定第二步计算结果所在单元格,复制其他考试科目的平均成绩。

▶ 4.1.2 众数(Mode)

1. 众数的含义

某制鞋厂要了解消费者最需要哪种型号的男皮鞋,调查了某百货商场某季度男皮鞋的销售情况,得到的资料见表4-3。

表4-3 某商场某季度男皮鞋销售情况

男皮鞋号码(厘米)	销售量(双)	男皮鞋号码(厘米)	销售量(双)
24.0	12	26.0	320
24.5	84	26.5	104
25.0	118	27.0	52
25.5	541	合计	1 200

从表4-3可以看到,25.5码的鞋销售量最多,如果我们计算平均数,则平均号码为25.65厘米,而这个号码显然是没有实际意义的,而直接用25.5厘米作为顾客对男皮鞋所需尺寸的集中趋势既便捷又符合实际。

统计上把这种在一组数据中出现次数最多的变量值叫做众数,用M_0表示。上面的例子中,鞋号25.5厘米就是众数。

2. 众数计算

如果数据集已经分组,则只能按一定的方法来推算众数的近似值。计算公式为

$$M_0 = L + \frac{\Delta_1}{\Delta_1 + \Delta_2} \times d \quad \text{或} \quad M_0 = U - \frac{\Delta_2}{\Delta_1 + \Delta_2} \times d \tag{4-4}$$

式中:L——众数所在组下限;

U——众数所在组上限;

Δ_1——众数所在组次数与其下限的邻组次数之差;

Δ_2——众数所在组次数与其上限的邻组次数之差；

d——众数所在组组距。

根据表 4-2 的数据，计算 50 名工人日加工零件数的众数。从表 4-2 中的数据可以看出，最大的频数值是 14，即众数组为 120～125 这一组，根据式(4-4)可计算众数为

$$M_0 = 120 + \frac{14-8}{(14-8)+(14-10)} \times 5 = 123（件）$$

或

$$M_0 = 125 - \frac{14-10}{(14-8)+(14-10)} \times 5 = 123（件）$$

众数是一种位置平均数，是总体中出现次数最多的变量值，因而在实际工作中有时有它特殊的用途。比如，要说明一个企业中工人最普遍的技术等级，说明消费者需要的内衣、鞋袜、帽子等最普遍的号码，说明农贸市场上某种农副产品最普遍的成交价格等，都需要利用众数。但是必须注意，从分布的角度看，众数是具有明显集中趋势点的数值，一组数据分布的最高峰点所对应的数值即为众数。当然，如果数据的分布没有明显的集中趋势或最高峰点，众数也可能不存在；如果有两个最高峰点，也可以有两个众数。只有在总体单位比较多，而且又明显地集中于某个变量值时，计算众数才有意义。

3. 众数特点

（1）众数是全体单位标志值的代表值，它不受分布数列的极大或极小值的影响，从而增强了众数对分布数列的代表性。

（2）当分组数列没有任何一组的次数占多数，也即分布数列中没有明显的集中趋势，而是近似于均匀分布时，则该次数分配数列无众数。若将无众数的分布数列重新分组或各组频数依序合并，又会使分配数列再现出明显的集中趋势。

（3）如果与众数组相比邻的上下两组的次数相等，则众数组的组中值就是众数值；如果与众数组比邻的上一组的次数较多，而下一组的次数较少，则众数在众数组内会偏向该组下限；如果与众数组比邻的上一组的次数较少，而下一组的次数较多，则众数在众数组内会偏向该组上限。

（4）缺乏敏感性。这是由于众数的计算只利用了众数组的数据信息，不像数值平均数那样利用了全部数据信息。

▶ 4.1.3 中位数(Median)

1. 中位数的含义

中位数是将数据按大小顺序排列起来，形成一个数列，居于数列中间位置的那个数据就是中位数。简单来说，中位数就是描述一组数据中间位置的数，用 M_e 表示。

从中位数的定义可知，所研究的数据中有一半小于中位数，一半大于中位数。中位数的作用与平均数相近，是数据中心位置的代表值。

在数列中出现极端变量值的情况下，用中位数作为代表值要比用平均数更好，因为中位数不受极端变量值的影响；如果研究目的就是为了反映中间水平，当然也应该用中位数；在

统计数据的处理和分析时,可结合使用中位数。

2. 中位数的计算

确定中位数,首先将数据集按顺序排列,这里有两种情况:
(1) 对于未分组的原始资料,假设排序的结果为
$$x_1 \leqslant x_2 \leqslant x_3 \leqslant \cdots \leqslant x_n$$
则中位数由下式来确定

$$M_e \begin{cases} x_{\frac{n+1}{2}} & (n\text{ 为奇数}) \\ \dfrac{x_{\frac{n}{2}} + x_{\frac{n}{2}+1}}{2} & (n\text{ 为偶数}) \end{cases} \tag{4-5}$$

例如,计算表 4-2 的数据 50 名工人日加工零件数的中位数。中位数的位置第 25 个数值 (123) 和第 26 个数值 (123) 之间,即 $M_e = (123+123)/2 = 123$(件)。

(2) 由分组资料确定中位数。由组距数列确定中位数,应先按 $\dfrac{\sum f}{2}$ 的公式求出中位数所在组的位置,然后再按下限公式或上限公式确定中位数。

$$\text{下限公式:} M_e = L + \dfrac{(\sum f/2) - S_{m-1}}{f_m} \cdot d$$

$$\text{上限公式:} M_e = U - \dfrac{(\sum f/2) - S_{m+1}}{f_m} \cdot d \tag{4-6}$$

式中:M_e——中位数;

L——中位数所在组下限;

U——中位数所在组上限;

f_m——中位数所在组的次数;

$\sum f$——总次数;

d——中位数所在组的组距;

S_{m-1}——中位数所在组以下的累计次数;

S_{m+1}——中位数所在组以上的累计次数。

为说明中位数的计算,我们以表 4-2 数据为例,计算 50 名工人日加工零件数的中位数。

表 4-4 某企业 50 名工人加工零件中位数计算表

按零件数分组(个)	频数(人)	向上累计(人)	向下累计(人)
105~110	3	3	50
110~115	5	8	47
115~120	8	16	42
120~125	14	30	34
125~130	10	40	20

续表

按零件数分组(个)	频数(人)	向上累计(人)	向下累计(人)
130～135	6	46	10
135～140	4	50	4

由表 4-4 可知,中位数的位置＝50/2＝25,即中位数在 120～125 这一组,$L=120$,$S_{m-1}=16$,$U=125$,$S_{m+1}=20$,$f_m=14$,$d=5$,根据中位数公式得

$$M_e=120+\frac{\frac{50}{2}-16}{14}\times 5=123.21(件) \quad \text{或} \quad M_e=125-\frac{\frac{50}{2}-20}{14}\times 5=123.21(件)$$

3. 中位数特点

(1) 中位数不受分布数列的极大或极小值影响,从而在一定程度上提高了中位数对分布数列的代表性。

(2) 有些离散型变量的单项式数列,当次数分布偏态时,中位数的代表性会受到影响。

(3) 中位数缺乏敏感性。

▶ 4.1.4 众数、中位数和算术平均数的比较

1. 平均数、众数和中位数的关系

从分布的角度看,众数始终是一组数据分布的最高峰值,中位数是处于一组数据中间位置上值,而均值则是全部数据的算术平均。因此,对同一组数据计算众数、中位数和均值,三者之间具有以下关系:

(1) 如果数据具有单一众数,且分布是对称的,众数(M_0)、中位数(M_e)和均值($\bar{x}$)必定相等,即 $\bar{x}=M_0=M_e$。

(2) 如果数据是左偏分布,说明数据存在极小值,必然拉动均值向极小值一方靠,而众数和中位数由于是位置代表值,不受极值的影响,因此,三者之间的关系表现为:$\bar{x}<M_e<M_0$。

(3) 如果数据是右偏分布,说明数据存在极大值,必然拉动均值向极大值一方靠,则 $M_0<M_e<\bar{x}$。

上述关系如图 4-1 所示:

2. 平均数、众数和中位数的应用

(1) 当数据呈对称分布或接近对称分布时,三个代表值相等或接近相等,这时应选择均值作为集中趋势的代表值,因为均值包含了全部数据的信息,而且易被大多数人所理解和接受。

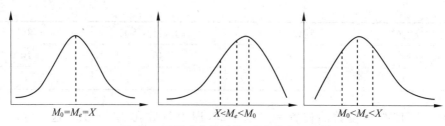

图 4-1 不同分布的众数、中位数和平均数

（2）当数据为偏态分布，特别是当偏斜的程度较大时，我们应选择众数或中位数等位置代表值，这时它们的代表性要比均值好。

▶ 4.1.5 四分位数

如果将一组数据划分为四部分，每一部分大约包含 1/4 或 25％的观测值，分割点位的数称为四分位数。图 4-2 所示显示了一个被分为四部分的数据集。

Q_1＝第一四分位数（下四分位数）　或 25％位置的数
Q_2＝第二四分位数（中位数）　　　 或 50％位置的数
Q_3＝第三四分位数（上四分位数）　或 75％位置的数

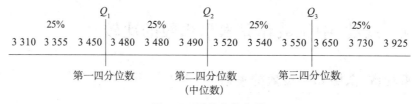

图 4-2 四分位数位置

与中位数的计算方法类似，根据未分组数据计算四分位数时，首先对数据进行排序，然后确定四分位数的位置，该位置上的数值就是四分位数，但在确定四分位数位置时数列是奇数还是偶数会影响 Q_1 和 Q_3 的位置的确定。

计算 Q_1 和 Q_3，将 n 个数从小到大排列，Q_2 是 n 个数组成数列的中位数。

（1）当 n 为奇数时，中位数 Q_2 将该数列分为数量相等的两组数，每组有 $(n-1)/2$ 个数。Q_1 为第一组数的中位数，Q_3 为第二组数的中位数。

一组数据：6　47　49　15　42　41　7　39　43　40　36；

排序后：6　7　15　36　39　40　41　42　43　47　49；

中位数 $Q_2 = X_{(n+1)/2} = X_{(11+1)/2} = X_6 = 40$；

第一分位数 Q_1 是第一组数：6　7　15　36　39 的中位数，即 $Q_1 = 15$；

第三分位数 Q_3 是第二组数：41　42　43　47　49 的中位数，即 $Q_3 = 43$。

（2）当 n 为偶数时，中位数 Q_2 将该数列分为数量相等的两组数，每组有 $n/2$ 数，Q_1 为第一组 $n/2$ 个数的中位数，Q_3 为第二组 $n/2$ 个数的中位数。

一组数据：6　47　15　42　41　7　39　43　40　36；

排序后：6　7　15　36　39　40　41　42　43　47；

中位数 $Q_2 = (X_{(n/2)} + X_{(n/2+1)})/2 = (39+40)/2 = 39.5$；

第一分位数 Q_1 是第一组数：6　7　15　36　39 的中位数，即 $Q_1=15$；
第三分位数 Q_3 是第二组数：40　41　42　43　47 的中位数，即 $Q_3=42$。
如果把一组数据分割为两部分，两部分数据个数是偶数，则计算四分位数的方法和中位数的计算方法类似。
如图 4-2 所示中：
$Q_2=(X_{(n/2)}+X_{(n/2+1)})/2=(3\ 490+3\ 520)/2=3\ 505$；
第一分位数 Q_1 是第一组数：3 310　3 355　3 450　3 480　3 480　3 490 的中位数，$Q_1=(X_{(n/2)}+X_{(n/2+1)})/2=(3\ 450+3\ 480)/2=3\ 465$；
第三分位数 Q_3 是第二组数：3 520　3 540　3 550　3 650　3 730　3 925 的中位数，$Q_3=(X_{(n/2)}+X_{(n/2+1)})/2=(3\ 550+3\ 650)/2=3\ 600$。

▶ 4.1.6　四分位数间距

四分位数间距(inter-quartile range，IQR)作为对变异程度的一种度量，能够克服极端值的影响。它是第三四分位数 Q_3 与第一四分位数 Q_1 的差值。
对于图 4-2 显示的数据，四分位数 $Q_3=3\ 600$，$Q_1=3\ 465$，因此，四分位数间距(IQR)等于 $3\ 600-3\ 465=135$。

▶ 4.1.7　五数概括法和箱形图

在一组数据中，使用下面 5 个数据来汇总数据的方法称为五数概括法。
(1) 最小值；
(2) 第一四分位数(Q_1)；
(3) 中位数(Q_e)；
(4) 第三四分位数(Q_3)；
(5) 最大值。
五数概括法是首先将一组数据按升序排列，然后确定最小值、三个四分位数和最大值。如图 4-2 所示数据集：
3 310　3 355　3 450 | 3 480　3 480　3 490 | 3 520　3 540　3 550 | 3 650　3 730　3 925
　Min　　　　$Q_1=3\ 465$　　　　$Q_e=3\ 505$　　　　$Q_3=3\ 600$　　　　Max
于是，得到这组数据的五个概括值：3 310、3 465、3 505、3 600、3 925，大约有 1/4 或 25% 的观测值在五数概括法的相邻两个数之间。
箱型图(box plot)是基于五数概括法的一个图形汇总。绘制箱形图的关键是计算中位数、四分位数，并计算四分位间距。图 4-3 是图 4-2 数据集的箱型图。绘制箱型图的步骤如下：
(1) 画一个箱体，其边界的位置分别对应数据集的第一和第三四分位数(Q_1 和 Q_3)。这个箱体包含了中间 50% 的数据。
(2) 在箱体上中位数的位置画一条垂线。

(3) 利用四分位间距,设定界限位置。分别在箱形图的界限处 Q_1 左侧 1.5 个四分位间距的位置(下限)和 Q_3 右侧 1.5 个四分位间距的位置(上限)画一条垂线。对于图 4-2 数据集,$Q_1=3\,465, Q_3=3\,600, IQR=135$,下限值的位置为 $Q_1-1.5IQR=3\,465-1.5\times 135=3\,262.5$;上限值的位置为 $Q_3+1.5IQR=3\,600+1.5\times 135=3\,802.5$。

(4) 从箱体两端边向外各画一条虚线,虚线的边界位置是箱体的两边到界限内的原始数据的最大值和最小值处。在数据集中,界限内的两个端点是 3 310 和 3 730。

(5) 用 * 表示标注处于界限以外位置的数据,这些值称为异常值。在图 4-3 中,我们看到有一个异常值 3 925。

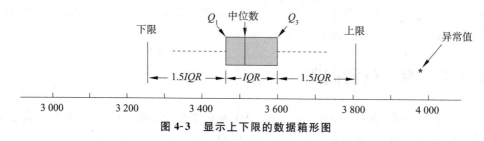

图 4-3 显示上下限的数据箱形图

图 4-3 演示了箱形图绘制的具体步骤,在通常状况下,一般不要求具体位置标注,只需要箱形图的一般形状。

练习

1. 一个样本数据值为 10、20、21、17、16、12,计算其平均值和中位数。

2. 一组数据值为 53、55、70、58、64、57、53、69、57、68、53 的一个样本,计算平均值、中位数和众数,描述其分布特征。

3. 在上赛季的 NBA 常规赛中,球队 3 分球投篮数创历史新高,场均 19 个。为使比赛更具观赏性,赛委会试图阻止这么多的 3 分球投篮,并且鼓励在禁区里面进攻。从新赛季开始,赛委会的新规则是将 3 分球线从 7.10 米向后移到 7.25 米。表 4-5 是新赛季开始后 18 场篮球赛 3 分球投篮次数和命中次数的样本数据。

表 4-5 题 3 的样本数据

3 分球投篮次数	3 分球命中次数	3 分球投篮次数	3 分球命中次数
23	4	17	7
20	6	19	10
17	5	22	7
18	8	25	11
13	4	15	6
16	4	10	5
8	5	11	3
19	8	25	8
28	7	23	7

(1) 每场比赛3分球投篮的平均次数是多少？
(2) 每场比赛3分球命中的平均次数是多少？
(3) 较近的3分线，球员的命中率为35%，对新的3分线，球员的命中率是多少？
(4) 新赛季的规则将3分线后移至7.25米后有何影响？体育新闻的报道称：3分线的后移并没有使比赛发生显著的变化。你是否认同这一观点？请解释。

4. 研究人员收集了一组预测俄罗斯2014年GDP的增长速度（%）数据，见表4-6。

表4-6 题4的样本数据

2.6	3.1	2.3	2.7	3.4	0.9	2.6	2.8	2.0	2.4
2.7	2.7	2.9	2.7	3.1	2.8	1.7	2.3	2.8	3.5
0.4	2.5	2.2	1.9	1.8	1.1	2.0	2.1	2.5	0.5

(1) GDP增长速度的最小预测值是多少？最大预测值是多少？
(2) 计算平均数、中位数和众数。
(3) 计算第一四分位数和第三四分位数。
(4) 根据预测数据，应对俄罗斯经济状况持乐观还是悲观看法？请讨论。
(5) 绘制数据集的箱形图。

4.2 离散程度的测度

除了位置的度量外，统计分析还需要考虑数据分布的变异程度亦即离散程度的度量。假设你是一家制造企业的采购代理，经常向两个不同的供应商下订单。经过几个月的运营，你发现A、B两个供应商完成订单所需的平均时间都是10天左右。二者完成订单所需工作日的直方图如图4-4所示。

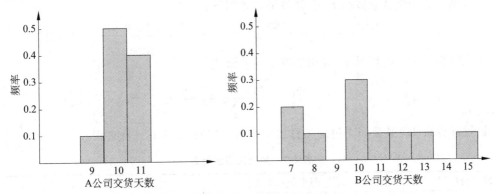

图4-4 A、B供应商交货时间直方图

尽管两个供应商的平均交货时间都是10天，但他们在按时交货方面是否拥有相同的可信度？注意直方图中交货时间的变异程度或离散程度，你会选择那一家供应商？对于多数公司来说，按时收到原材料和货物供给是很重要的。从B公司的直方图来看，7天或8天交货可能会赢得客户，但有一部分延迟到13～15天的交货期，对于生产企业来说是比较麻烦的。这个例子说明了这样一种情形，即交货时间的变异程度往往是选择供应商最主要的考虑因素。对大多数的采购代理来说，像 A 公司这样变异程度较小的供应商才是较理想的供应商。下面要介绍的是一些描述数据变异程度的度量。

4.2.1 极差

极差（range）也称为全距，是一种最简单的变异程度的度量。其计算公式如下：
$$极差(R) = 最大值 - 最小值$$
例如，两个学习小组的统计学考试成绩分别为：

第一组：60，70，80，90，100；

第二组：78，79，80，81，82。

很明显，两个小组的考试成绩平均分都是 80 分，但是哪一组的分数比较集中呢？

如果用全距指标来衡量，则有
$$R_甲 = 100 - 60 = 40(分) \quad R_乙 = 82 - 78 = 4(分)$$
这说明第一组的成绩离中趋势远大于第二组数据。

在实际工作中，全距常用来检查产品质量的稳定性和进行质量控制。在正常生产条件下，全距在一定范围内波动，若全距超过给定的范围，就说明有异常情况出现。因此，利用全距有助于及时发现问题，以便采取措施，保证产品质量。

4.2.2 平均差

平均差（mean deviation）是所有观测值与其平均数的差的绝对值的平均数。

- 在数据未分组的情况下，平均差的计算公式为

$$A.D = \frac{\sum |x - \bar{x}|}{N} \tag{4-7}$$

仍以第一组学生数学成绩为例，计算平均差如下：
$$A.D = \frac{|60-80| + |70-80| + |80-80| + |90-80| + |100-80|}{5} = 12(分)$$

- 在资料已分组的情况下，要用加权平均差公式：

$$A.D = \frac{\sum |x - \bar{x}| f}{\sum f} \tag{4-8}$$

通过计算表 4-7 某公司支付的当月加班费的平均差，了解其计算过程。

表 4-7 加班工资统计表

加班工资(元)	人数(f)	组中值(x)	xf	$x - \bar{x}$	$|x - \bar{x}|f$
250~270	15	260	3 900	−50	750
270~290	25	280	7 000	−30	750
290~310	35	300	10 500	−10	350
310~330	65	320	20 800	10	650
330~350	40	340	13 600	30	1 200
总计	180		55 800		3 700

由(4-8)式可得到

$$\bar{x} = \frac{\sum xf}{\sum f} = \frac{55\ 800}{180} = 310(元)$$

$$A.D = \frac{\sum |x - \bar{x}| f}{\sum f} = \frac{3\ 700}{180} \approx 20.6(元)$$

由于平均差采用了离差的绝对值,不便于运算,这样使其应用受到了很大限制。

4.2.3 方差与标准差

方差(variance)和标准差(standard deviation)是测度数据变异程度的最重要、最常用的指标。方差是各个数据与其算术平均数的离差平方的平均数,通常以 σ^2 表示。方差的计量单位不便于从经济意义上进行解释,所以实际统计工作中多用方差的算术平方根——标准差来测度统计数据的差异程度。标准差又称均方差,一般用 σ(西格玛)表示。方差和标准差的计算也分为简单平均法和加权平均法,另外,对于总体数据和样本数据,公式略有不同。

1. 总体方差和标准差

设总体方差为 σ^2,对于未经分组整理的数据,方差的计算公式为

$$\sigma^2 = \frac{\sum_{i=1}^{N}(X_i - \overline{X})^2}{N} \tag{4-9}$$

对于分组数据,方差的计算公式为

$$\sigma^2 = \frac{\sum_{i=1}^{K}(X_i - \overline{X})^2 f_i}{\sum_{i=1}^{K} f_i} \tag{4-10}$$

方差的平方根即为标准差,其相应的计算公式未分组数据为

$$\sigma = \sqrt{\frac{\sum_{i=1}^{N}(X_i - \overline{X})^2}{N}} \tag{4-11}$$

分组数据:

$$\sigma = \sqrt{\frac{\sum_{i=1}^{K}(X_i - \overline{X})^2 f_i}{\sum_{i=1}^{K} f_i}} \tag{4-12}$$

2. 样本方差和标准差

样本方差与总体方差在计算上的区别是:总体方差是用数据个数或总频数去除离差平

方和,而样本方差则是用样本数据个数或总频数减 1 去除离差平方和,其中样本数据个数减 1 即 $n-1$ 称为自由度。

根据未分组数据和分组数据计算样本方差和标准差的计算公式分别为:

未分组数据:

$$S_{n-1}^2 = \frac{\sum_{i=1}^{n}(x_i-\bar{x})^2}{n-1} \tag{4-13}$$

分组数据:

$$S_{n-1}^2 = \frac{\sum_{i=1}^{k}(x_i-\bar{x})^2 f_i}{\sum_{i=1}^{k} f_i - 1} \tag{4-14}$$

未分组数据:

$$S_{n-1} = \sqrt{\frac{\sum_{i=1}^{n}(x-\bar{x})^2}{n-1}} \tag{4-15}$$

分组数据:

$$S_{n-1} = \sqrt{\frac{\sum_{i=1}^{k}(x-\bar{x})^2 f_i}{\sum_{i=1}^{k} f_i - 1}} \tag{4-16}$$

例如,考察一台机器的生产问题,利用抽样程序来检验生产出来的产品质量,假设搜集的数据如下:

| 3.43 | 3.45 | 3.43 | 3.48 | 3.52 | 3.50 | 3.39 |
| 3.48 | 3.41 | 3.38 | 3.49 | 3.45 | 3.51 | 3.50 |

根据行业通用标准:如果一个样本中的 14 个数据项的方差大于 0.005,则该机器必须关闭待修。问此时的机器是否必须关闭?

由式(4-13),可得

$$\bar{x} = \frac{\sum x}{n} = 3.459$$

$$S^2 = \frac{\sum(x-\bar{x})^2}{n-1} = 0.002 < 0.005$$

因此,该机器可维持正常生产。

方差和标准差也是根据全部数据计算的,它反映了每个数据与其均值相比平均相差的数值,因此它能准确地反映出数据的离散程度。方差和标准差是实际中应用最广泛的离散程度测度值。

▶ 4.2.4 离散系数

上面介绍的各离散程度测度值都是反映数据分散程度的绝对值,其数值的大小一方面取决于原变量值本身水平高低的影响,也就是与变量的均值大小有关。变量值绝对水平越高,离散程度的测度值自然也就越大,绝对水平越低,离散程度的测度值自然也就越小;另一方面它们与原变量值的计量单位相同,采用不同计量单位计量的变量值,其离散程度的测度值也就不同。因此,对于平均水平不同或计量单位不同的不同组别的变量值,是不能直接用上述离散程度的测度值直接进行比较的。为了消除变量值水平高低和计量单位不同对离散程度测度值的影响,需要计算离散系数(coefficient of variation)。

离散系数通常是用标准差来计算的,因此,也称为标准差系数,它是一组数据的标准差与其相应的均值之比,是测度数据离散程度的相对指标,其计算公式为:

$$V_\sigma = \frac{\sigma}{\overline{X}} \quad \text{或} \quad V_s = \frac{S}{\overline{x}} \tag{4-17}$$

V_σ 和 V_s 分别表示总体离散系数和样本离散系数。

离散系数要是用于对不同组别数据的离散程度进行比较,离散系数大的说明该组数据的离散程度也就大,离散系数小的说明该组数据的离散程度也就小。

表 4-8 是 Glaser 集团下属 8 家公司产品销售数据,管理层想知道公司利润水平和产品销售额之间哪一个指标更有代表性。

表 4-8　集团公司 8 家子公司的产品销售数据　　　　　　单位:万元

公司编号	产品销售额	销售利润	公司编号	产品销售额	销售利润
1	170	8.1	5	480	26.5
2	220	12.5	6	650	40.0
3	390	18.0	7	950	64.0
4	430	22.0	8	1000	69.0

由于销售额与利润额的数据水平不同,不能直接用标准差进行比较,需要计算离散系数。由表中数据计算得

$$\overline{X}_1 = 536.25(万元) \quad S_1 = 309.19(万元) \quad V_1 = \frac{309.19}{536.25} = 0.577$$

$$\overline{X}_2 = 32.521\,5(万元) \quad S_2 = 23.09(万元) \quad V_2 = \frac{23.09}{32.512\,5} = 0.710$$

计算结果表明,$V_1 < V_2$,说明产品销售额的离散程度小于销售利润的离散程度。

4.3　偏态和峰态

▶ 4.3.1　偏态及其测度

偏态是对数据分布偏斜方向及程度的测度。从上节的讨论中我们知道,利用众数、中位数和均值之间的关系就可以判断分布是左偏还是右偏。显然,判断偏态的方向并不困难,但要测度偏斜的程度就需要计算偏度的大小了。

图 4-5 是根据某公司销售数据绘制的频数分布的直方图。其中图 4-5(a)和图 4-5(b)的直方图呈现出一定程度的偏态:图 4-5(a)的直方图是左偏的,它的偏度是－0.85;图 4-5(b)的直方图是右偏的,它的偏度是＋0.85;图 4-5(c)的直方图是对称的,它的偏度是 0。用来计算偏度的公式有些复杂,我们只给出结果,但使用统计软件很容易计算出偏度。对于左偏的数据,偏度是负数;对于右偏的数据,偏度是正数;如果数据是对称的,则偏度为 0。

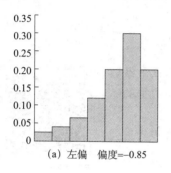 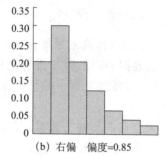 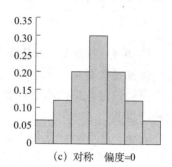

(a) 左偏　偏度=-0.85　　(b) 右偏　偏度=0.85　　(c) 对称　偏度=0

图 4-5　三种不同偏态的直方图

偏度通常采用下面的公式:

$$偏度(SK) = \frac{n}{(n-1)(n-2)} \sum \left(\frac{x_i - \bar{x}}{s}\right)^3 \tag{4-18}$$

4.3.2　峰态及其测度

峰度是分布集中趋势高峰的形态。它通常是与对称分布相比较来说的,在归化到同一方差时,若分布的形状比对称分布更瘦更高,则称为尖峰,若比正态分布更矮更胖,则称为平峰分布。如图 4-6 所示。

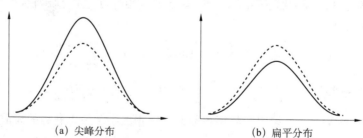

(a) 尖峰分布　　　　　　(b) 扁平分布

图 4-6　两种不同峰态的分布曲线图

峰度用下列公式计算:

$$峰度(K) = \frac{n(n+1)\sum(x_i - \bar{x})^4 - 3[\sum(x_i - \bar{x})^2]^2(n-1)}{(n-1)(n-2)(n-3)s^4} \tag{4-19}$$

4.4 相对位置的度量和异常值的检测

4.4.1 z-分数

对一个数据集,除了位置、变异程度和分布形态的测度外,还有数据集中数据的相对位置测度能够帮助我们确定一个特定值的数值距平均数有多远。

利用平均数和标准差,可以确定任何观测值的相对位置。假设有 n 个观测值 $x_1,x_2,\cdots,x_n$ 的样本,其样本平均值 $\bar{x}$ 和样本标准差 s 已经被计算出来。任何一个数值 x_i 与其平均值的离差与标准差的比值称为 z-分数。

$$z_i = \frac{x_i - \bar{x}}{s} \tag{4-20}$$

z-分数也被称为标准分数或标准化值。z_i 可以解释为观测值 x_i 与其平均值 $\bar{x}$ 的距离是 z_i 个标准差。

比如一组数据为 25、28、31、34、37、40、43,其平均值为 34,标准差为 6。其变换可用图 4-7 表示。

图 4-7 z-分数变换图

例如,$z_1 = -1.5$,表示 x_1 比样本均值小 1.5 个标准差。类似的 $z_7 = 1.5$,表示 x_7 比样本均值大 1.5 个标准差。当观测值大于平均数时,z-分数将大于零;当观测值小于平均数时,z-分数将小于零。

(1) 经验法则。

对于具有对称分布(钟形分布)的数据:

① 大约 68% 的数据值与平均数的距离在 1 个标准差之内。

② 大约 95% 的数据值与平均数的距离在 2 个标准差之内。

③ 几乎所有数据值与平均数的距离在 3 个标准差之内。

(2) 切比雪夫定理。

经验法则适合于对称分布的数据,如果一组数据不是对称分布,那么,经验法则就不再适用,这时候,使用切比雪夫定理能使我们指出与平均数的距离在某个特定个数的标准差之内数值所占的比例至少为 $(1 - 1/z^2)$,其 z 中是大于 1 的任意实数。当 $z = 2, 3, 4$ 个标准差时,该定理的一些含义如下:

① 至少有 75% 的数据值与平均数的距离在 $z = 2$ 个标准差之内。

② 至少有 89% 的数据值与平均数的距离在 $z = 3$ 个标准差之内。

③ 至少有 94% 的数据值与平均数的距离在 $z = 4$ 个标准差之内。

例如，某班 100 名学生的统计学课程期末考试平均成绩是 70 分，标准差是 5 分。我们感兴趣的问题是有多少学生的考试成绩在 60～80 分？有多少学生的考试成绩在 58～82 分？

对于 60～80 分的考试成绩，我们注意到，60 分比平均成绩低了 2 个标准差，而 80 分比平均成绩高了 2 个标准差。根据切比雪夫定理，至少有 75% 的观测值与平均数的距离在 $z=2$ 个标准差之内。因此，至少有 75% 的学生成绩在 60～80 分。

对于 58～82 分的考试成绩，由 $(58-70)/5=-2.4$ 可知，58 分比平均值低 2.4 个标准差；同理，82 分比平均值高 2.4 个标准差。应用切比雪夫定理，且 $z=2.4$，可得到

$$\left(1-\frac{1}{z^2}\right)=\left(1-\frac{1}{2.4^2}\right)=0.826$$

即至少有 82.6% 的学生考试成绩在 58～82 分。

拓展阅读

Excel 中数据的描述统计示例

Excel 中用于计算描述统计量的方法有两种，函数方法和描述统计工具的方法。

一、用函数计算描述统计量

常用的描述统计量有众数、中位数、平均数、极差、四分位差、标准差、方差、标准差系数等。一般来说，在 Excel 中求这些统计量，未分组资料可用函数计算，已分组资料可用公式计算。这里我们介绍如何用函数来计算未分组资料的描述统计量。

用函数运算有两种方法：一是手工输入函数名称及参数。这种输入形式比较简单、快捷。但需要非常熟悉函数名称及其参数的输入形式。所以，只有比较简单的函数才用这种方法输入；二是函数导入法。这是一种最为常用的办法，它适合于所有函数的使用，而且在导入过程中有向导提示，因而非常方便。

下面示例是统计中常用统计量的函数统计方法。

1. 众数

图 4-8 是研究人员随机抽取的某公司 30 名临时雇员的薪酬数据，已录入 Excel 表。

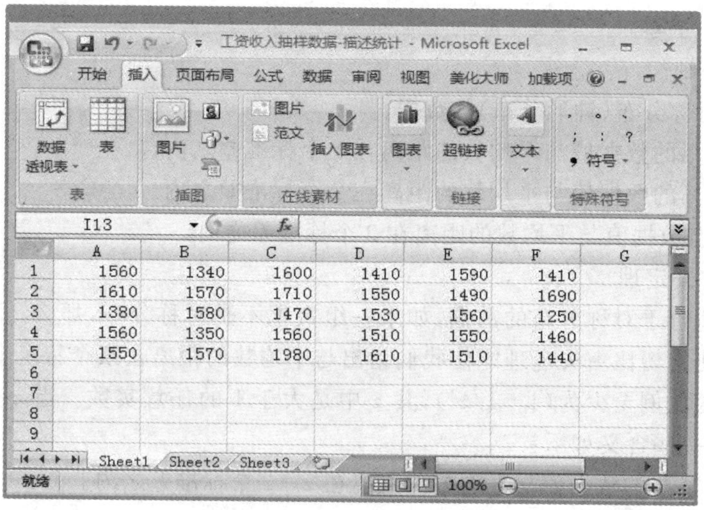

图 4-8　30 名临时雇员的薪酬数据

（1）手工输入函数名称及参数。单击任一单元格，输入＝MODE(A1:F5)，回车后即可得众数为1 560。如图4-9所示。

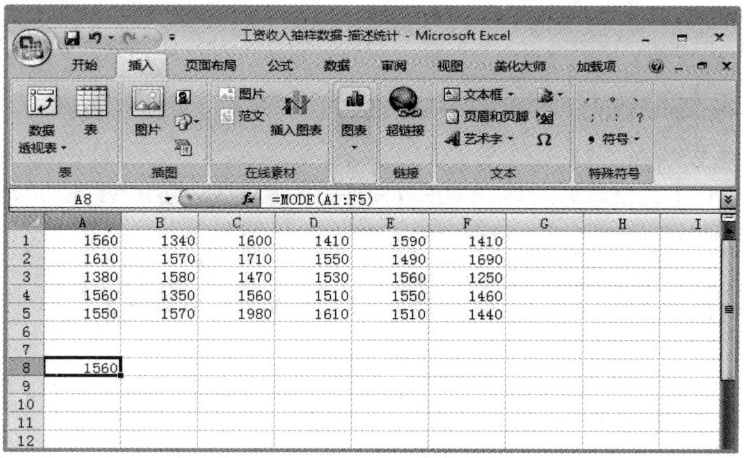

图4-9 手工求众数

（2）函数导入法。选择"插入"1"函数"选项，此时出现一个"插入函数"对话框，在对话框的"选择类别"中确定函数的类别"统计"，在"选择函数"内确定函数名称MODE，单击"确定"后即出现该函数运算的对话框向导，在Number1选择数据区域A1:F5，单击"确定"，如图4-10所示，在Excel中即得到众数1 560。

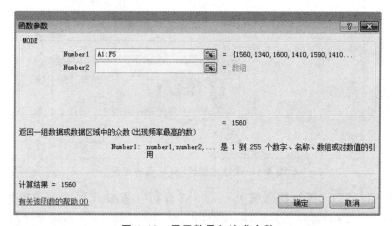

图4-10 用函数导入法求众数

运用函数导入法，只要知道每个函数的含义，即可按上述程序得到相应的运算结果，为节约篇幅这里不再一一讲解，下面仅列示各函数的含义及本例中的运行结果。

其他统计量的计算方法与其类似。

2. 中位数

单击任一空白单元格，输入"＝MEDIAN(A1:F5)"，回车后得中位数为1 550。

3. 算术平均数

单击任一空白单元格，输入"＝AVERAGE(A1:F5)"，回车后得算术平均数为1 531.666 667。

4. 几何平均数

单击任一空白单元格，输入"＝GEOMEAN(A1:F5)"，回车后得几何平均数为1 526.3。

5. 调和平均数

单击任一空白单元格,输入"=HARMEAN(A1:F5)",回车后得调和平均数为1 521.06。

6. 全距

单击任一空白单元格,输入"=MAX(A1:F5)-MIN(A1:F5)",回车后得全距为730。

7. 标准差

单击任一空白单元格,输入"=STDEV(A1:F5)",回车后得标准差为132.537 1。

8. 标准差系数

单击任一空白单元格,输入"=STDEV(A1:F5)/AVERAGE(A1:F5)",回车后得标准差系数为0.086 531。

9. 偏度

单击任一空白单元格,输入"=SKEW(A1:F5)",回车后得偏度系数为0.914 565。

10. 峰度

单击任一空白单元格,输入"=KURT(A1:F5)",回车后得峰度系数为3.808 279。

二、"描述统计"菜单项的使用

仍使用上面的例子,我们已经把数据输入到A1:A30单元格,然后按以下步骤操作:

(1) 在工具菜单中选择"数据分析"选项,从其对话框中选择描述统计,单击"确定"。如图4-11所示。

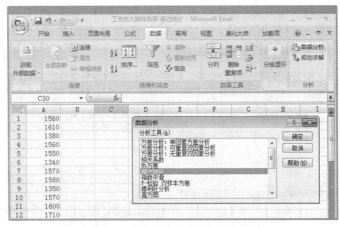

图4-11 "描述统计"菜单项的使用

(2) 在输入区域中选择数据区域＄A＄1：＄A＄30,在输出区域中选择＄C＄13,其他复选框可根据需要选定,选择汇总统计,可给出一系列描述统计量;选择平均数置信度,会给出用样本平均数估计总体平均数的置信区间;第 K 大值和第 K 小值会给出样本中第 K 个大值和第 K 个小值。

(3) 单击"确定",可得输出结果,如图4-12所示。

上面的结果中,平均指样本均值;标准误差指样本平均数的标准差;标准差指自由度为 $n-1$ 样本标准差;区域描述的是样本的极差或全距。可以看出与我们前面用函数计算的结果完全相同。

练 习

1. 观测值10、20、12、17和16组成的一个样本,计算这5个观测值的极差,方差和标准差,z—分数。

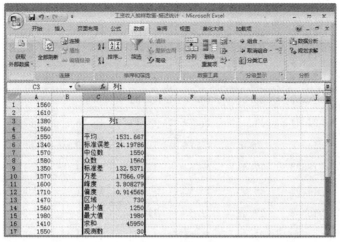

图 4-12 输出结果

2. 一组数据的均值为 30,标准差为 5,利用切比雪夫定理确定下列范围内的数据所占的比例。

    20~40 15~45 22~38 18~42 12~48

3. 一项调查结果显示,成年人明天的平均睡眠时间为 6.9 小时,假设其标准差为 1.2 小时。

(1) 利用切比雪夫定理计算每天睡眠时间在 4.5~9.3 小时的成年人比例。

(2) 利用切比雪夫定理计算每天睡眠时间在 3.9~9.9 小时的成年人比例。

(3) 假设睡眠时间服从对称分布,利用经验法则计算每天睡眠时间在 4.5~9.3 小时的成年人比例,将这个计算结果和(1)的结果进行比较。

友邦保险的奖惩政策

  在友邦保险公司的董事会上,董事们就公司的发展战略问题展开了激烈讨论。有的董事提出,2012 年公司的财产险销售收入为 72 115 万元,与上年相比没有太大增长,其中家庭财产险销售收入为 3 605 万元,仅占财产险销售收入的 5%。其主观原因是对家庭财产保险的业务开展得不够,公司在管理方式上也存在问题。大家认为,国内的家庭财产保险市场潜力巨大,应加大扩展这一业务的力度,同时,应对公司家庭财产险推销员实行目标管理,并根据目标完成情况建立相应的奖惩制度。管理层也认为建议有一定道理,准备采纳。会后,责成相关部门尽快拿出具体的实施方案。

  部门经理接到任务后感到有些头痛。如果目标定得过高,多数推销员完不成任务,会使推销员失去信心;如果定得过低,将不利于充分挖掘员工的工作潜力,提高公司的业绩水平。为了更科学做出方案,部门经理收集了公司 160 名保险营销人员的月销售额数据,样本数据见表 4-9。

表 4-9 友邦保险营销人员月销售额样本数据   单位:千元

25.05	17.48	13.80	25.29	15.42	16.22	21.09	17.93	26.51	22.28
8.81	22.38	23.40	17.93	18.64	15.56	13.22	21.72	17.52	17.75

续表

24.26	17.57	21.66	25.53	23.94	17.07	21.19	17.97	18.69	22.65
9.64	17.57	18.73	12.37	15.48	17.14	17.16	18.02	15.43	15.88
11.05	15.64	26.74	25.83	16.98	21.25	21.31	32.40	17.57	13.85
19.05	15.65	14.52	26.07	18.78	17.31	8.40	18.24	13.61	23.27
25.64	17.61	21.81	14.26	17.79	15.13	15.88	14.87	18.96	15.84
19.27	15.46	14.78	26.7	15.76	18.22	18.29	17.39	14.16	21.92
12.96	15.77	18.28	17.84	17.61	17.25	21.64	13.51	19.25	23.50
21.16	17.70	14.92	26.93	15.82	21.53	13.97	18.33	11.43	15.15
17.25	23.16	15.08	17.66	21.53	17.34	15.34	23.45	19.35	23.76
13.33	17.75	21.42	27.76	15.86	19.46	14.61	18.42	31.34	17.62
17.25	15.71	13.25	31.16	17.16	17.41	21.88	18.51	17.43	24.20
13.61	27.50	15.27	19.45	22.84	23.65	17.96	17.48	19.55	12.74
21.4	17.90	18.94	21.34	15.99	17.43	18.55	18.63	19.91	24.80
13.68	25.40	15.37	32.55	16.16	22.13	22.16	18.64	21.03	9.24

要求：

(1) 使用本章介绍的数据分布特征的测度方法来汇总数据。

(2) 使用图表分析的方法展示你的结果。

(3) 结合案例描述的问题，提交你的报告。这个报告中应该包括各种情况的具体分析结果及描述。

小结

本项目主要介绍了数据分布特征的测度方法。当数值来自于样本时，它们被称为样本统计量；当数据来自总体时，它们被称为总体参数。在推断统计中，样本统计量被称为总体参数的点估计。下面是一些用来描述样本统计量和总体参数的符号。

	样本统计量	总体参数
平均数	$\bar{x}$	μ
方差	s^2	σ^2
标准差	s	σ

数据位置的测度，我们定义了平均数、中位数和众数，比较了三者之间的关系。作为变异程度和离散程度的测度，介绍了极差、四分位数、方差、标准差和标准系数。数据分布形态的度量主要是偏度和峰度。偏度为负值时表示数据分布左偏；偏度为正值时表示数据分布右偏。还介绍了如何利用五数概括法和绘制箱形图的方法，它们对数据分布位置、变异程度和形态提供了类似的信息。

经验法则和切比雪夫定理是测度数据分布特征时常用的方法，通过使用平均数和标准差，可以让我们了解更多的数据分布信息，以及识别出异常值。

本项目还演示了如何使用 Excel 来计算本章介绍的描述统计量的方法。

下面的图总结了数据分布特征和适用的描述性统计量。

```
                    数据分布特征
         ┌─────────────┼─────────────┐
      集中趋势      离散程度      分布形状
         │             │             │
       众数         四分位数        偏态
       中位数         极差         峰态
       平均数        平均差
                     方差
                    标准差
                    标准系数
```

项目 5

统计分布

> **实践中的统计**

汇丰银行的自动服务系统

汇丰银行是一家提供全方位金融服务,包括支票、储蓄账户、贷款、保险及投资的全球性金融机构。其高效的自动服务系统为它赢得了良好口碑。

汇丰银行是首家引进自动提款机(ATM)的金融机构。使用汇丰银行信用卡的客户在任意一个部署了ATM机的地方只需几秒钟就可以完成他们的银行业务。每天24小时,每周7天,从存款到投资管理超过150种不同的银行业务都可以轻松完成。目前,客户80%的交易是通过ATM完成的。

汇丰银行信用卡中心向随机到达的客户提供服务。这是一个排队等待系统,如果遇到所有的ATM都忙的话,那么新来的客户只能排队等候。为了更好地提供服务,客户中心的研究人员定期的收集和分析客户等待时间,以决定是否需要增加新的ATM。

研究人员收集的数据表明,随机到达的客户人数服从著名的概率分布——泊松分布。根据这个分布规律,汇丰银行可以计算任意时段能到达ATM办理业务的客户人数的概率,从而决定所需的ATM的数目。例如,令X表示1分钟内到达的客户人数。假定到达某一ATM的客户人数平均每分钟2人,在1分钟内到达的客户人数的概率见表5-1。

表5-1 客户人数的概率

X	概率	X	概率
0	0.135 335	5	0.036 089
1	0.270 671	6	0.012 03
2	0.270 671	7	0.003 437
3	0.180 447	8	0.000 859
4	0.090 224	≥9	0.000 191

利用数据的统计分布规律,可以帮助我们获得更多的数据分布信息。

如果获得的数据是所研究问题总体的全部数据,通过对数据的描述就可以直接得到表示总体数量规律性的参数及其分布特征,这也是我们所希望的。然而,在实际研究中,由于种种原因,往往无法得到全部总体数据,只能是搜集到一部分的总体数据作为样本,由样本所提供的信息对总体数量规律性做出推断,其理论基础正如该案例所使用的方法——概率论与统计分布。

5.1 随机变量

现实生活中大量存在着不确定性的事件,这些事件的结果事先不能确定。如天气的晴与雨,一只显像管能否通过质量测试等。这些不确定性事件在统计学上称为随机事件。随机事件可能有不同的结果。各种结果发生的可能性可能相同,也可能不同。在统计学中,我们用"概率"这个概念来度量随机事件的某一结果发生的可能性的大小。随机事件中某一结果发生的次数,占全部各种结果发生的次数的比率即为该结果发生的概率。

随机变量(random variable)是对一个事件结果的数值描述。随机变量在不同的条件下由于偶然因素影响,其可能取各种不同的值,具有不确定性和随机性,但这些取值落在某个范围的概率是一定的。随机变量的取值可以是离散型的,也可以是连续型的。

5.2 离散型随机变量

可以取有限多个或无限可数多个数值的随机变量称为离散型随机变量(discrete random variable)。表 5-2 给出了一些离散型随机变量的一些例子。我们注意到每一个例子中,离散型随机变量有有限多个取值或无限多个可列举的取值。

表 5-2 离散型随机变量的示例

事　　件	随机变量(x)	随机变量可能的取值
抽查 100 个产品	取到次品的个数	0,1,2,3,…,100
一家餐馆营业一天	顾客数	0,1,2,3,…
电脑公司一个月的销售	销售量	0,1,2,3,…
销售一辆汽车	顾客性别	男性为 0,女性为 1

对于离散型随机变量 x,其分布通过概率函数来描述,记作 $f(x)$。概率函数给出了随机变量每一个取值的概率。

例如:大众公司销售各类型乘用车,销售记录显示,在过去的 300 天的营业时间里,其销售数据见表 5-3。

表 5-3 大众公司 300 天汽车销售数据

销售数量(x)	天数	销售数量(x)	天数
0	54	3	42
1	117	4	12
2	72	5	3

假设定义大众销售的汽车销售数量是一个随机变量 x,那么它可取的值是 0,1,2,3,4 或 5。用概率函数符号 $f(0)$ 表示销售 0 辆汽车的概率,$f(1)$ 表示销售 1 辆汽车的概率,以此类推。根据历史数据,300 天中有 54 天销售了 0 辆汽车,我们指定 $f(0)=54/300=0.18$,表示一天中没有卖出汽车的概率为 0.18。同样,我们可以计算出销售了 1 辆、2 辆、3 辆、4 辆

或 5 辆汽车的概率,分别用 $f(1)$、$f(2)$、$f(3)$、$f(4)$、$f(5)$ 表示。表 5-4 是大众公司一天的汽车销售概率分布。

表 5-4 大众公司一天的汽车销售量的概率分布

销售数量(x)	$f(x)$	销售数量(x)	$f(x)$
0	0.18	4	0.04
1	0.39	5	0.01
2	0.24	合计	1.00
3	0.14		

依据这个概率分布,管理者很容易获得数据分布的信息。比如,由 $f(1)=0.39$ 可知,约有 39% 的可能性一天卖出一辆汽车。另外,一天卖出汽车超过 3 辆的概率是

$$f(3)+f(4)+f(5)=0.14+0.04+0.01=0.19$$

图 5-1 是大众公司一天销售量的概率分布图。

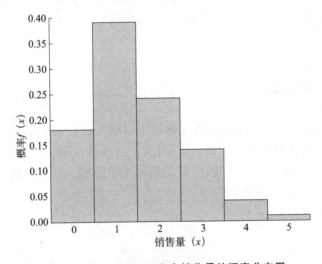

图 5-1 大众公司一天汽车销售量的概率分布图

表 5-4 表明,随机变量的概率函数具有下列性质:

(1) $f(x) \geqslant 0$;(2) $\sum f(x)=1$。

大量的离散型随机变量的概率分布通常以代数表达式的形式给出。其中三个最重要的分布是:二项分布、泊松分布和超几何分布,本项目不再讨论。

5.3 连续型随机变量

可以在某一区间或多个区间内任意取值的随机变量称为连续型随机变量(continuous random variable)。度量时间、重量、距离、温度时,其实验结果可以用连续性随机变量来描

述。表 5-5 列举了一些连续型随机变量的例子,注意的是每一个例子中随机变量假定可以取某个区间中的任意值。

表 5-5 连续型随机变量的例子

试验	随机变量(x)	随机变量可能的取值
银行办理业务	两客户到达的时间间隔	$x \geq 0$
饮料罐容量(最大5毫升)	液体容量数	$0 \leq x \leq 5$
图书馆工程	工程完成进度的天数	$0 \leq x \leq 100$
冰箱冷冻过程	反应发生的温度(5°F−5°F)	$-5°F \leq x \leq 5°F$

连续型随机变量和离散型随机变量之间根本的区别在于二者在概率分布计算方法上的不同。对于离散型随机变量,概率函数 $f(x)$ 给出了随机变量 x 取某个特定值的概率。而对连续型随机变量,与概率函数对应的是概率密度函数(probability density function),也记作 $f(x)$。不同的是,概率密度函数并没有直接给出概率。但是,给定区间上曲线 $f(x)$ 下的面积,给出连续型随机变量在该区间取值的概率。因此,当我们计算连续性随机变量的概率时,实际上计算的是随机变量在某个区间内取值的概率。

5.4 正态分布

正态分布(normal distribution)是描述连续型随机变量最重要的概率分布,在统计学研究领域被广泛应用。比如,人的身高和体重、考试成绩、产品质量检验、降雨量等类似问题,都近似服从正态分布。分布形状如图 5-2 所示。

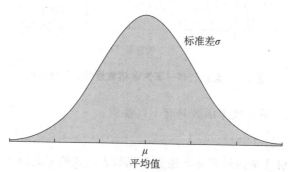

图 5-2 正态分布曲线图

正态分布是一条钟形曲线,其概率密度函数定义如下:

$$f(x) = \frac{1}{\sigma\sqrt{2\pi}} e^{\frac{-(x-\mu)^2}{2\sigma^2}} \tag{5-1}$$

上式中,μ 是均值;σ 是标准差;π 为 3.141 59;e 为 2.718 28。
我们观察到正态分布的一些特征:
(1) 正态分布以其均值为对称轴,因而均值与中位数、众数完全重合。

(2) 分布曲线以轴线为渐近线,即曲线的尾部向左右两边无限延伸,理论上永远与横轴不相交。

(3) 标准差决定了正态曲线的扁平度。较大的标准差导致了较为扁平的曲线形态,表明了数据有更大的变异性。如图 5-3 所示。

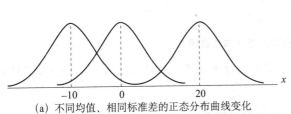
(a) 不同均值、相同标准差的正态分布曲线变化

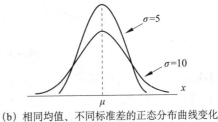
(b) 相同均值、不同标准差的正态分布曲线变化

图 5-3 不同均值和标准差的正态分布曲线变化

(4) 正态随机变量的概率由正态曲线下面积给出,总面积之和等于 1。由于正态曲线的对称性,均值左边曲线下的面积等于均值右边曲线下的面积,且都等于 0.5。

观察图 5-4,正态分布曲线显示了一些常用的区间内取值的概率和性质。

(1) 正态随机变量有 68.3% 的值在均值加减一个标准差的范围内。

(2) 正态随机变量有 95.4% 的值在均值加减两个标准差的范围内。

(3) 正态随机变量有 99.7% 的值在均值加减三个标准差的范围内。

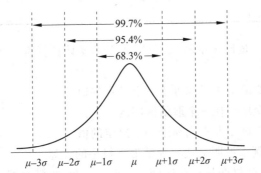

图 5-4 正态分布曲线下的面积的概率

5.4.1 标准正态分布

如果一个随机变量服从均值为 0、标准差为 1 的正态分布,则称该随机变量服从标准正态分布(standard normal distribution)。通常用字母 z 表示这一特殊的正态随机变量。图 5-5 是标准正态分布曲线图,它与正态分布有相同的形状,不同的是标准正态分布是以 $\mu=0$ 为轴的对称图形,且 $\sigma=1$。

由于 $\mu=0,\sigma=1$,标准正态分布的概率密度函数是式(5-1)的一个更简单的形式。

$$f(z)=\frac{1}{\sqrt{2\pi}}e^{-z^2/2} \tag{5-2}$$

对于标准正态分布,正态曲线下的面积已计算出来并已编制成表,见附录表 1。

例如,计算标准正态随机变量 z 小于或等于 1.00 的概率,一般表示为 $P(z\leqslant 1)$,查附录表

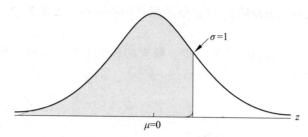

图 5-5　标准正态分布曲线图

1 对应的 $z=1.00$ 的行标记 1.0,列标记 0.00 相交处的值为 0.841 3,如表 5-6 所示,于是有 $P(z\leqslant 1)=0.841\ 3$。

表 5-6　标准正态分布曲线(单侧)下面积与概率表(部分)

z	0.00	0.01	0.02	0.03	0.04
⋮					
0.9	0.815 9	0.818 6	0.821 2	0.823 8	0.826 4
1.0	0.841 3	0.843 8	0.846 1	0.848 5	0.850 8
1.1	0.864 3	0.866 5	0.868 6	0.870 8	0.872 9
1.2	0.884 9	0.886 9	0.888 8	0.890 7	0.892 5
⋮					

标准正态随机变量 z 是连续型随机变量,我们需要计算标准正态随机变量三种情形下的概率或面积:

(1) 标准正态随机变量 z 小于或等于一个给定的值;

(2) 标准正态随机变量 z 在一个取值区间内;

(3) 标准正态随机变量 z 大于或等于一个给定的值。

下面通过具体的示例来说明上述三种情形下概率的计算。

例如,计算标准正态随机变量 z 在区间 $-0.50\sim 1.25$ 的概率即 $P(-0.50\leqslant z\leqslant 1.25)$。计算这一概率需要经过三个步骤,首先计算 $z=1.25$ 左侧正态曲线下的面积;其次计算 $z=-0.50$ 左侧正态曲线下的面积;最后用 $z=1.25$ 左侧正态曲线下的面积减去 $z=-0.50$ 左侧正态曲线下的面积即得到 $P(-0.50\leqslant z\leqslant 1.25)$,如图 5-6 所示。

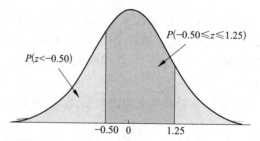

图 5-6　随机变量 z 在区间 $-0.50\sim 1.25$ 的分布曲线下的面积

为了得到 $z=1.25$ 左侧正态曲线下的面积,首先在标准正态概率表中找到 1.2 所在的行,然后移动到 0.05 所在的列,相交处的表值为 0.894 4,即 $P(z\leqslant 1.25)=0.894\ 4$。类似的,可利用附录表 1 查到 $z=-0.50$ 左侧正态曲线下的面积,找到 -0.50 所在的行和 0.00 所在的列相交处的表值是 $0.308\ 5$,即 $P(z\leqslant-0.50)=0.308\ 5$。

则有:

$P(-0.50\leqslant z\leqslant 1.25)$
$=P(z\leqslant 1.25)-P(z\leqslant-0.50)$
$=0.894\ 4-0.308\ 5$
$=0.585\ 9$

假定,我们想计算标准正态随机变量的取值在均值一个标准差的范围内的概率,即 $P(-1.00\leqslant z\leqslant 1.00)$。为了计算这个概率,我们必须先求出 -1.00 和 1.00 之间曲线下面的面积。在前面已经有 $P(z\leqslant 1)=0.841\ 3$。再次查附录表 1,得到 $P(z\leqslant-1)=0.158\ 7$。

则有

$P(-1.00\leqslant z\leqslant 1.00)$
$=P(z\leqslant 1.00)-P(z\leqslant-1.00)$
$=0.841\ 3-0.158\ 7$
$=0.682\ 6$

图 5-7 是这一概率的图形显示。

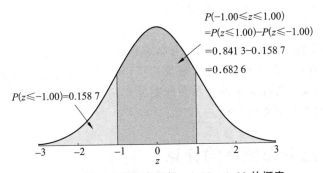

图 5-7 随机变量 z 在区间 $-1.00\sim 1.00$ 的概率

为了说明如何计算第三种情形的概率,假定要计算 z 值至少为 1.58 的概率,即 $P(z\geqslant 1.58)$。标准正态分布概率表中 $z=1.5$ 所在行和 0.08 所在的列交叉处的值为 $0.942\ 9$;于是 $P(z<1.58)=0.942\ 9$。然而,要计算 $P(z\geqslant 1.58)$ 的概率,我们知道,曲线下面的总面积等于 1,从而 $P(z\geqslant 1.58)=1-P(z<1.58)=1-0.942\ 9=0.057\ 1$。图 5-8 所示显示了这一概率。

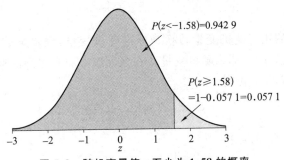

图 5-8 随机变量值 z 至少为 1.58 的概率

在前面的例子中,我们展示了如何计算给定的 z 值的概率。

在某些情况下,我们更感兴趣的问题是知道某一特定值的概率求相应的 z 值。假定我们想知道一个大于 z 值、概率为 0.10 的一个特定值是多少?图 5-9 显示了这一情况。

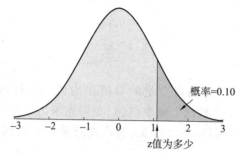

图 5-9　概率＝0.10 时随机变量 z 的取值

这个例子与前面的例子正好相反。前面,我们设定了感兴趣的 z 值,然后找到相应的概率。本例中,我们给定概率,要求找到相应的 z 值,我们可以利用标准正态分布概率表以相反的方式求出相应的 z 值。已知 $P(z)=0.10$,因此,在未知 z 值左侧正态曲线下面积是 $=1-0.10=0.9000$,查看概率表,表值最接近 0.9000 的累积概率值是 0.8997,与其相对应的行和列的 z 值是 1.28,即 $z=1.28$,这样,$P(z<1.28)=0.9000$,根据问题的最初提法,z 值大于 1.28 的概率是 0.10。

这些例子说明了标准正态分布概率表可以求出标准正态随机变量 z 值相应的概率,也可以求出给定概率或面积的 z 值。因此,要灵活运用标准正态分布概率表来回答相关的问题。大多数情况下,画一张标准正态分布曲线图并用阴影表示相应的面积将有助于使问题形象化,以帮助我们确定正确的答案。

▶ 5.4.2　正态分布概率的计算

我们之所以深入讨论标准正态分布的原因在于,所有正态分布的概率都可以利用标准正态分布来计算。也就是说,当我们知道一个具有任意均值 μ 和标准差 σ 的正态分布时,就可以利用标准正态分布和一般正态分布之间的转换关系,求解服从均值为 μ 和标准差为 σ 的正态分布的数据集分布的概率。把任意正态随机变量 x 转换为标准正态随机变量 z 的公式是

$$z=\frac{x-\mu}{\sigma} \tag{5-3}$$

为了说明将任意的正态随机变量转换为标准随机变量,假定某数据集服从于均值 $\mu=10$,标准差 $\sigma=2$ 的正态分布,那么随机变量 x 在区间(10～14)之间的概率是多少?

当 $x=10$ 时,由式(5-3)可得

$$z=\frac{x-\mu}{\sigma}=\frac{10-10}{2}=0$$

当 $x=14$ 时,由式(5-3)可得

$$z=\frac{x-\mu}{\sigma}=\frac{14-10}{2}=2$$

这样,随机变量 x 在区间(10~14)之间的概率问题等价于 z 在(0~2)之间的标准正态分布概率问题。换句话说,我们利用标准正态分布概率表查找的概率值是随机变量 x 在其均值和超过均值两个标准差的值之间的概率。利用附录表1,可查得 $P(z\leqslant 2.00)=0.9772$,$P(z\leqslant 0)=0.5000$,可计算:

$$P(0\leqslant z\leqslant 2.00)=P(z\leqslant 2.00)-P(z\leqslant 0)$$
$$=0.9772-0.5000$$
$$=0.4772$$

因此,随机变量 x 在区间(10~14)之间的概率是0.4772。

接下来,通过一个具体的实例来说明正态分布的应用。

已知某班49人期末统计学考试平均成绩是85分,标准差是6分,假设此项考试能反映学生的学习水平,成绩分布服从正态分布,试计算该班学生中成绩在70~80之间的人数。

已知成绩(x)服从均值 $\mu=85$,标准差 $\sigma=2$ 的正态分布,求 x 在区间(70~80)之间的概率问题。

求解该问题首先要把正态分布的问题转换为标准正态分布的问题。

当 $x=70$ 时,由式(5-3)式可得

$$z=\frac{x-\mu}{\sigma}=\frac{70-85}{6}=-2.5$$

当 $x=80$ 时,由式(5-3)式可得

$$z=\frac{x-\mu}{\sigma}=\frac{80-85}{6}=-0.83$$

这样,随机变量 x 在区间(70~80)之间的概率问题等价于 z 在(-2.5~-0.83)之间的标准正态分布概率问题。由附录表1可查得 $P(z\leqslant -2.5)=0.0175$,$P(z\leqslant -0.83)=0.2827$,这一取值区间的概率如图5-10所示。

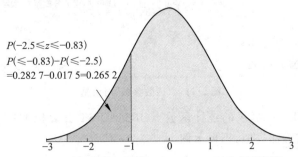

图5-10 随机变量 z 值在-2.5~-0.83之间的概率

计算得:

$$P(-2.5\leqslant z\leqslant -0.83)$$
$$=P(z\leqslant -0.83)-P(z\leqslant -2.5)$$
$$=0.2827-0.0175$$
$$=0.2652$$

因此,随机变量 x 在区间(70~80)之间的概率是0.2652。

全班49人考试成绩在70~80之间的比例是0.2652,这个分数区间的人数是 $49\times 0.2652=13$ 人。

拓展阅读

用 Excel 计算正态分布概率值

用 Excel 计算正态分布概率值的步骤如下：

(1) 进入 Excel 表格界面。

(2) 在 Excel 表格界面，直接单击"fx"(插入函数)命令。

(3) 在复选框"函数分类"中选择"统计"选项，并在"函数名"中单击"NORMDIST"选项，再单击"确定"。

(4) 在出现"NORMDIST"对话框后：

在"X"后填入正态分布函数计算的正态随机变量值(即 x)(本例中为 70)；

在"Mean"后填入正态分布的均值 μ(本例为 50)；

在"Standard_dev"后填入正态分布的标准差 σ(本例为 10)；

在"Cumulative"后填入"TRUE(累计分布函数)"(FALSE 表示概率密度函数)。

输入完毕，单击"确定"。单击"确定"后出现的对话框，如图 5-11 所示。

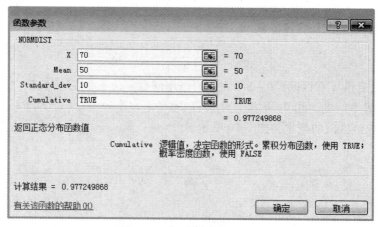

图 5-11 "函数参数"对话框

同样，也可以用 Excel 提供的统计函数 NORMSDIST 计算标准正态分布的累计概率。具体操作步骤与上述方法类似，不再示例。

练习

1. 以下数据是某市医院 20 天内手术室使用情况：有 3 天只使用 1 间，有 5 天使用 2 间，有 8 天使用 3 间，有 4 天医院的 4 间手术室都被使用。

(1) 对一天中手术室的使用间数编制概率分布。

(2) 绘制概率分布图。

(3) 说明这个概率分布满足离散型概率分布的有效条件。

2. 表 5-7 是 APP 公司第一年预计的营业利润的部分概率分布，x＝利润(单位：万元)，负值表示亏损。

表 5-7 题 2 的概率分布

x	$f(x)$	x	$f(x)$
−100	0.10	100	0.25
0	0.20	150	0.10
50	0.30	200	

(1) $f(200)$ 的值是多少？如何解释这个值？

(2) APP 公司赢利的概率是多少？

(3) APP 至少赢利 100 000 万元的概率是多少？

3. 已知 z 是一个标准正态随机变量，计算下列概率。

(1) $P(0 \leqslant z \leqslant 0.83)$；

(2) $P(-1.57 \leqslant z \leqslant 0)$；

(3) $P(z > 0.44)$；

(4) $P(z \geqslant -0.23)$；

(5) $P(z < 1.20)$；

(6) $P(z \leqslant -0.71)$。

4. 已知 z 为一个标准正态随机变量，对于下面每一种情况，求出 z 值。

(1) z 左侧的面积是 0.975 0；

(2) 0 和 z 之间的面积是 0.457 0；

(3) z 左侧的面积是 0.729 1；

(4) z 右侧的面积是 0.131 4；

(5) z 左侧的面积是 0.670 0；

(6) z 右侧的面积是 0.330 0。

5. 苹果公司股票去年 200 个交易日平均价格是 30 美元，标准差是 5.2 美元。假定股票价格的波动服从正态分布。

(1) 公司的股票价格至少为 40 美元的概率是多少？

(2) 公司的股票价格不超过 20 美元的概率是多少？

(3) 公司的股票价格在 25～35 美元之间波动的概率是多少？

6. 在过去的一个月，手机互联网用户在工作时平均花 77 个小时登录互联网。假设工作时间服从正态分布，总体均值为 77 小时，标准差为 20 小时。

(1) 一个随机选取的用户在过去一个月内登录互联网的时间少于 50 个小时的概率是多少？

(2) 过去一个月里登录互联网的时间多于 100 小时的用户比例有多大？

(3) 如果把登录互联网的时间排在前 20% 的位置认为该用户是互联网的过度使用者。那么，一个过度使用互联网的用户在过去一个月内登录互联网的时间至少应该是多少小时？

7. 假设某大学入学考试的考试成绩服从正态分布，均值为 450 分，标准差为 100 分。

(1) 考试成绩在 400～500 分的人数占多大比例？

(2) 假定某考生成绩是 630 分，那么，考试成绩超过 630 分的考生人数占多大比例？考试成绩低于 630 分的考生占多大比例。

（3）如果该大学不录取低于 480 分的考生，那么，参加考试的考生中被该大学录取的比例有多大？假定此次参加考试人数是 890 人，那么有多少人会被淘汰？

小结

随机变量是对试验结果的数值描述。随机变量的概率分布描述了随机变量取值不同的概率。对任何离散型随机变量 x，可以通过概率函数来定义概率分布，记作 $f(x)$。它给出了随机变量每一个值的概率。

我们还把概率分布的讨论推广到了连续型随机变量的情况。离散型随机变量和连续型随机变量概率分布的主要区别在于计算概率的方法不同。对连续型随机变量的概率分布，我们用一个概率密度函数 $f(x)$ 来描述，不能直接给出概率值。概率是通过概率密度函数曲线下的面积给出。

标准正态分布是正态分布在均值 $\mu=0$，标准差 $\sigma=1$ 时的一类特殊情形，用 z 来表示。通过标准正态分布和一般正态分布之间的转换关系，我们可以计算任意正态随机变量值的概率。也可以通过标准正态分布概率表在已知某正态随机变量的概率时，确定相应的 z 值。

通过一些实例，我们讨论了不同情形下正态随机变量的计算，这些练习也将有助于我们理解正态分布在统计推断中的应用方法。

项目 6

抽样与参数估计

> **实践中的统计**

抽样调查:谁能当选总统

1936年美国总统竞选时,民意调查机构向1 000万选民寄去了调查问卷,这些选民的名单是从电话簿、俱乐部名册及杂志的订户中随机挑选的。结果在寄出的1 000万份调查问卷中,约有240万的选民寄回了调查表。根据这部分选民的回答,调查机构预测共和党的布兰登将当选。但选举那天的结果完全出乎他们的意料,选民中只有38%人投了共和党的票,而民主党的罗斯福以多数票当选。

调查机构采用了1 000万的巨大样本,为何预测会失败呢?原来20世纪30年代是美国经济衰退的时期,那时能够安装电话、加入俱乐部或能订阅杂志的美国人较为富裕,大部分支持共和党。也就是说调查机构选择的样本虽然巨大却存在偏差,样本不具有广泛性和代表性。

这一事例表明,抽样调查时既要关注样本的大小,又要关注样本的代表性。那是不是说,在样本具有代表性的情况下,样本越大越好呢?一般来说,在样本具有代表性的情况下,样本增大,所得结果误差会减小。但是当样本大到一定程度之后,再增加样本,精确度的增加却是微小的,同时巨大的样本不仅耗资太大,也不便于管理。因此,在进行抽样调查时,关键在于精心设计抽样方案,选择有代表性的样本,这样,才可能作出接近真实情况的预测。

本项目将学习一些简单的抽样方法,以及如何利用一些样本的统计量来推断和估计总体分布特征。我们抽取样本的目的就是为了回答关于总体的一些未知的分布特征。但是,抽样结果只是提供了相应总体特征的一些估计,认识这一点非常重要。原因很简单,样本只是包含了总体的一部分信息,而非全部,因此可以预见,一定会存在抽样误差。利用适当的抽样方法,抽样结果可以给出关于总体参数的一个"好"的估计。本项目首先阐明如何采用简单随机抽样从一个有限总体中选取样本,以及如何从一个持续运行过程的无限总体中,描述如何从中选取随机样本。然后,我们说明如何利用抽样得到的数据来推断总体分布特征的估计值。

6.1 抽样与抽样方法

先定义一些抽样的术语。我们把抽取样本的总体称为抽样总体(sampled population),把用于抽选样本的个体清单称为抽样框(frame)。

6.1.1 从有限总体抽样

从有限总体抽样时,一般采用概率抽样,因为基于概率抽样的样本可以对总体进行有效的推断统计。从容量为 N 的有限总体中抽取一个容量为 n 的样本,如果容量为 n 的每一个可能的样本都以相同的概率被抽到,则称该样本为简单随机样本(simple random sample)。

从有限总体中抽取简单随机样本时,每次只选择一个个体,总体中的每一个个体都以相同的概率被抽到。但在选取个体时,把先前已经出现过的样本排除在外,这种选择样本的方法称为无放回抽样。如果我们在选择样本时,对已经出现过的样本仍放回总体,那么某些在此之前被抽到过的样本有可能被多次地抽取出来,我们把这种选择样本的方法称为有放回抽样,也称为重复抽样。

一般情况下,无放回抽样是一种取得简单随机样本的有效途径,在抽样方法中更为常用。假设我们从一个容量为 N 的有限总体中抽样,可以选取样本容量为 n 的 $\frac{N!}{n!(N-n)!}$ 个简单随机样本。式中 $N!$ 和 $n!$ 都是有限总体 N 和样本容量 n 的阶乘。

▶ 6.1.2 从无限总体抽样

有时,从总体中抽取样本,但是总体容量无限大或者总体中的个体是由一个正在运行的过程中产生的,从而生成的个体数量是无限的。这时候就无法得到总体中所有个体的清单,这是无限总体的情形。对于无限总体,由于无法构建一个包含全部个体的抽样框,因此无法抽取一个简单随机样本。

如果从一个无限总体中抽取一个容量为 n 的样本,必须要满足两个条件:
(1) 确保抽取的每个个体来自于同一个总体。
(2) 每一个个体的抽取是独立的。

因此,在无限总体中抽取随机样本时,必须小心并仔细判断,每一种情况可能需要不同的抽取程序。我们通过两个例子来说明其含义。

在质量控制过程中,生成过程是连续的而且产品数量是无限的。抽样总体由正在运行的生产过程生产的全部产品组成,而不仅仅是由那些已经生产的产品组成。因为我们不可能列出一个生产的全部产品的清单,所以认为总体是无限的。更具体地,为判断生产线是否正常运行还是由于机器故障使得生产线的产品的出现问题,一位质量控制检验员定期从生产线上抽取 12 个产品组成一个样本。

在这样一个生产操作中,选取一个随机样本时最关心的是条件(1),为了确保这一条件成立,必须在近似相同的时点选择产品。这样才能避免抽取的某些样本来自生产线正常运行时,而有一些样本是生产线非正常运行时。在诸如这样的一个环节中,设计的生产流程应确保每个样本时独立抽取的,从而满足条件(2)。

▶ 6.1.3 抽样误差

我们把抽样的样本统计量与所要估计的总体参数之间的差值称为抽样误差。抽样误差的大小能够说明抽样样本估计总体是否可行,抽样效果是否理想等问题。常见的抽样误差有均值误差与比例误差。下面通过一个例子来说明误差产生的原因。

某年级 100 名同学的平均体重 $\mu=55\mathrm{kg}$,现随机地抽取 10 名同学为样本,其平均体重 $\bar{x}=52\mathrm{kg}$。若用 52kg 估计 55kg,则误差为 $52-55=-3\mathrm{kg}$,如果重新抽 10 名同学,若测得 $\bar{x}=57\mathrm{kg}$,则其误差为 2kg。这种只抽取部分样本而产生的误差,都被称为抽样误差。

由本例不难看出,抽样误差既是一种随机性误差,也是一种代表性误差。说其是代表性误差,是因为利用总体的部分资料推断总体时,不论样本选取有多么公正,设计多么完善,总还是一部分单位而不是所有单位,产生误差是无法避免的。说其是随机性误差,是指按随机性原则抽样时，由于抽样的不同，会得到不同的抽样观测值，由此产生的误差值各不相同。抽样误差中的代表性误差是抽样调查本身所固有的、无法避免的误差，但随机性误差则可利用大数定律精确地计算并能够通过抽样设计程序加以控制。

6.2 抽样推断

抽样推断的理论基础主要是概率论极限定理中的大数定律与中心极限定理。

1. 大数定律

大数定律是指在随机试验中，每次出现的结果不同，但是大量重复试验出现的结果的平均值却几乎总是接近于某个确定的值。其原因是，在大量的观察试验中，个别的、偶然的因素影响而产生的差异将会相互抵消，从而使观测值的必然规律性显示出来。

例如，观察个别或少数家庭的婴儿出生情况，发现有男有女，没有一定的规律性，但是通过大量的观察就会发现，男婴和女婴占婴儿总数的比重均会趋于50%。

将该定律应用于抽样调查，就会有如下结论：随着样本容量 n 的增加，样本平均数将接近于总体平均数，从而为统计推断中依据样本平均数估计总体平均数提供了理论依据。

2. 中心极限定理

大数定律揭示了大量随机变量的平均结果，但没有涉及随机变量的分布的问题。而中心极限定理说明的是在一定条件下，大量独立随机变量的平均数是以正态分布为极限的。

将该定理应用到抽样调查，就有这样一个结论：如果抽样总体的数学期望 $E(\bar{x})$ 和方差 σ^2 是有限的，无论总体服从什么分布，从中抽取容量为 n 的样本时，只要 n 足够大，其样本平均数的分布就趋于数学期望为 $E(\bar{x})$，方差为 σ^2/n 的正态分布，且相对频数近似服从正态分布。

6.3 抽样分布

抽样分布（sampling distribution）是指样本统计量的概率分布。例如，我们把抽取一个简单随机样本的过程看作一个试验，则样本均值就是试验结果的一个数值描述。从而，样本均值 $\bar{x}$ 是一个随机变量。因此，就像其他随机变量一样，$\bar{x}$ 也有其均值（数学期望）、标准差和概率分布。由于各种 $\bar{x}$ 的可能值是不同简单随机样本的结果，因此，$\bar{x}$ 的概率分布叫作 $\bar{x}$ 的抽样分布。随机变量是统计学研究的对象，抽样是推断统计的基本方法，一般通过描述样本统计量的分布特征，比如样本均值、样本方差、标准差、样本比例等，来推断总体参数的分布特征。

6.3.1 $\bar{x}$抽样分布的形成过程

为了更好地理解抽样分布的概念,我们通过一个例子来具体讨论。

假设一个总体含有 4 个个体,总体 $N=4$。4 个个体的取值分别是 $x_1=1, x_2=2, x_3=3, x_4=4$。从总体中采取重复抽样的方法抽取容量为 $n=2$ 的随机样本。此时,我们注意到,总体分布为均匀分布,即 x_i 取每一个值的概率是相同的。

总体均值:

$$\mu = \frac{\sum_{i=1}^{4} x_i}{N} = \frac{10}{4} = 2.5$$

总体方差:

$$\sigma^2 = \frac{\sum_{i=1}^{4}(x_i - \mu)^2}{4} = \frac{5}{4} = 1.25$$

重复抽样条件下,抽取容量 $n=2$ 为的随机样本共有 $4^2=16$ 个可能的样本。然后计算每个样本的均值 $\bar{x}$ 和方差 s^2,结果见表 6-1。

表 6-1 16 个样本均值 $\bar{x}$ 和方差 s^2

n	样本组	样本均值 $\bar{x}$	样本方差 s^2
1	1,1	1.0	0
2	1,2	1.5	0.5
3	1,3	2.0	2.0
4	1,4	2.5	4.5
5	2,1	1.5	0.5
6	2,2	2.0	0
7	2,3	2.5	0.5
8	2,4	3.0	2.0
9	3,1	2.0	2.0
10	3,2	2.5	0.5
11	3,3	3.0	0
12	3,4	3.5	0.5
13	4,1	2.5	4.5
14	4,2	3	2.0
15	4,3	3.5	0.5
16	4,4	4.0	0

整理样本均值分布,见表 6-2。

表 6-2 样本均值 $\bar{x}$ 的分布

均值 $\bar{x}$	$\bar{x}$ 的个数	$\bar{x}$ 的概率 $P(\bar{x})$
1.0	1	1/16
1.5	2	2/16
2.0	3	3/16
2.5	4	4/16
3.0	3	3/16
3.5	2	2/16
4.0	1	1/16

图 6-1 所示是样本 $\bar{x}$ 的抽样分布。

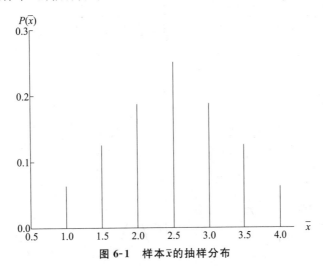

图 6-1 样本 $\bar{x}$ 的抽样分布

上例抽样过程及抽样分布可以概括成图 6-2 所示。

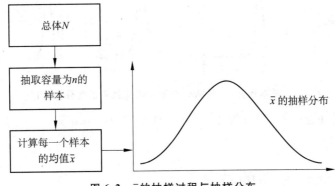

图 6-2 $\bar{x}$ 的抽样过程与抽样分布

在实际应用中,我们不仅关心均值 $\bar{x}$ 的抽样分布,还要知道 $\bar{x}$ 抽样分布的性质,包括 $\bar{x}$ 的均值、标准差和抽样分布的形状等。

6.3.2 $\bar{x}$ 抽样分布的形式

均值 $\bar{x}$ 的抽样分布形式与样本容量 n 的大小有关。如果总体服从正态分布，那么，无论样本容量的大小，样本均值的抽样分布都服从于正态分布。

假定一个总体的分布未知或者是非正态分布的，抽样后分布是一种怎样的形态呢？根据中心极限定理，随着样本容量的增大，不论原来的总体是否服从正态分布，样本均值的抽样分布都将趋于正态分布，其分布的数学期望为总体均值 μ，方差为总体方差的 $1/n$。这里所谓的 n 充分大，一般为 $n \geq 30$。图 6-3 显示随着样本容量的增大，均值抽样分布趋于正态分布的过程。

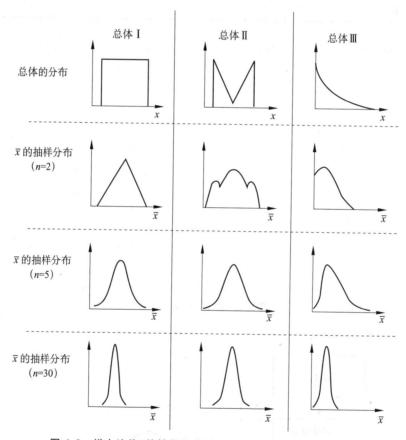

图 6-3 样本均值 $\bar{x}$ 的抽样分布随 n 变化趋于正态分布的过程

如果总体不是正态分布，当 n 为小样本时，样本均值的分布则不是正态分布，这时就不能按正态分布来推断总体均值。

6.3.3 $\bar{x}$ 抽样分布的特征

讨论样本均值和总体均值的关系。

我们已计算出总体均值为

$$\mu = \frac{\sum_{i=1}^{4} x_i}{N} = \frac{10}{4} = 2.5$$

总体方差为

$$\sigma = \frac{\sum_{i=1}^{4}(x_i - \mu)^2}{4} = \frac{5}{4} = 1.25$$

我们把抽样 $\bar{x}$ 的均值称为数学期望,记作 $E(\bar{x})$。以表 6-1 数据为例,有数学期望:

$$E(\bar{x}) = \frac{\sum_{i=1}^{16} \bar{x}_i}{n} = \frac{40}{16} = 2.5$$

样本均值的方差为

$$\sigma_{\bar{x}}^2 = \frac{\sum_{i=1}^{n}[\bar{x}_i - E(\bar{x})]^2}{n} = \frac{10}{16} = 0.625$$

由计算结果可知,样本均值的数学期望等于总体均值,即 $E(\bar{x}) = \mu$。

在重复抽样的条件下,样本均值的方差为总体方差的 $1/n$,即 $\sigma_{\bar{x}}^2 = \frac{1}{n}\sigma^2$。

在不重复抽样的条件下,样本均值的方差则需要用修正系数 $\frac{N-n}{N-1}$ 去修正重复抽样均值的方差,即 $\sigma_{\bar{x}}^2 = \frac{\sigma^2}{n}\left(\frac{N-n}{N-1}\right)$。

这些结论,可以通过表 6-1 进行了验证。当 N 很大时,则抽样比 n/N 趋小,其修正系数 $\frac{N-n}{N-1}$ 趋于 1,此时在计算样本均值的方差时可由 $\sigma_{\bar{x}}^2 = \frac{1}{n}\sigma^2$ 来计算。

如果均值的抽样分布服从均值为 μ、标准差为 $\frac{\sigma}{\sqrt{n}}$ 的正态分布,即 $\bar{x} \sim N\left(\mu, \frac{\sigma^2}{n}\right)$,则等价的有 $\frac{\bar{x} - \mu}{\sigma/\sqrt{n}} \sim N(0,1)$。

6.4 参数估计

由样本提供的信息对总体的分布和分布的特征进行估计是统计推断的基本问题。如果总体的分布类型已知,而其参数未知,由样本统计量对总体的未知参数作出推断,这就是参数估计。参数估计主要包括参数的点估计和区间估计。假设总体包含未知参数 $\theta, x_1, x_2, x_3, \cdots$,是从该总体抽取的一个样本,依据合理的原理构造统计量,以此作为参数 θ 的估计,那么这个统计量就是 θ 的一个估计量或点估计量,常常用 $\hat{\theta}$ 表示 θ 的点估计。需要说明的是估计量是随机变量,估计值是具体数值,多用于实际应用和计算。估计值 $\hat{\theta}$ 虽然给人一个明确的数量概念,但还是不够的,因为它只是参数 θ 的一种近似值,而点估计本身既没有反映这种近似的精确度,又没有体现误差范围及在该误差范围内的可能性(即概率)。解决点估计的这一问题的一种方法是区间估计。

在点估计的基础上,根据样本统计量构造出一个随机区间,该随机区间包含未知参数的概率为某一事先指定的值,这样的区间称为参数的置信区间或区间估计,置信区间的一个或两个端点是随机的。当置信区间的端点由实际样本数据计算出来之后,它就成为一个固定的区间,和前面类似,这个具体的区间就是置信区间观测值或区间估计值。置信区间可以分为双侧置信区间和单侧置信区间。双侧置信区间的两个端点都是随机的,而单侧置信区间只有一个端点是随机的。

▶ 6.4.1 点估计与区间估计

点估计(point estimate)是用样本统计量 $\hat{\theta}$ 的某个取值直接作为总体参数 θ 的估计值。比如,用样本均值 $\bar{x}$ 直接作为总体均值 μ 的估计值,用样本比例 p 直接作为总体比例 π 的估计值,用样本方差 s^2 直接作为总体方差 σ^2 的估计值。假定要估计一个班学生考试成绩的平均分数,根据抽出的一个随机样本计算的平均分数为 80 分,用 80 分作为全班平均考试分数的一个估计值,这就是点估计。如果要估计一批产品的合格率,根据抽样结果合格率为 96%,将 96% 直接作为这批产品合格率的估计值,这也是一个点估计。

虽然在重复抽样条件下,点估计的均值等于总体均值。但由于样本是随机的,抽出一个具体的样本得到的估计值很可能不同于总体真值。在用点估计值代表总体参数值的同时,还必须给出点估计值的可靠性,也就是说,我们必须能说明点估计值与总体参数的真实值接近的程度。但一个点估计量的可靠性是由它的抽样标准误差来衡量的,这表明一个具体的点估计值无法给出估计的可靠性度量,因此就不能完全依赖于一个点估计值,而是围绕点估计值构造总体参数的一个区间,这就是区间估计。

区间估计(interval estimate)是在点估计的基础上给出总体参数估计的一个范围。总体参数的估计区间通常是由样本统计量加减抽样误差而得到的。与点估计不同,进行区间估计时,根据样本统计量的抽样分布可以对样本统计量与总体参数的接近程度给出一个概括度量。下面的例子说明了如何在点估计的基础上构造一个区间估计。

为了计算 $\sigma_{\bar{x}}$,我们必须知道总体 σ。为了强调 $\sigma_{\bar{x}}$ 与 σ 的不同,我们称 $\bar{x}$ 的标准差 $\sigma_{\bar{x}}$ 为均值的标准误差(standard error),即 $\sigma_{\bar{x}} = \dfrac{\sigma}{\sqrt{n}}$。由此可知,样本均值 $\bar{x}$ 落在总体均值 μ 的两侧各为一个标准差范围内的概率是 0.6826,两个标准差范围内的概率为 0.9544,三个标准差范围内的概率是 0.9972。如图 6-4 所示。

实际上,此时可以求出样本均值 $\bar{x}$ 落在总体均值 μ 的两侧任何一个抽样标准差值范围的概率。但实际估计时,情况恰好相反。$\bar{x}$ 是已知的,而 μ 是未知的,也正是将要估计的。由于 $\bar{x}$ 与 μ 的距离是对称的,如果某个样本的平均值落在 μ 的两个标准差范围之内。反过来,μ 也被包括在以 $\bar{x}$ 为中心左右的两个标准差范围之内,因此约有 95% 的样本均值会落在 μ 的两个标准差的范围内。也就是说,约有 95% 的样本均值所构造的两个标准误差的区间会包括 μ。简单地说,如果抽取 100 个样本来估计总体的均值,

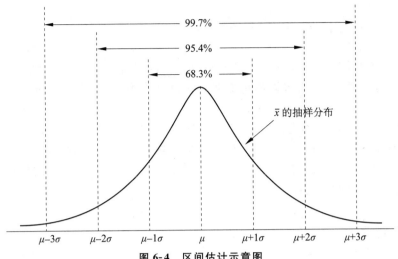

图 6-4 区间估计示意图

由 100 个样本所构造的 100 区间中,约有 95 个区间包含总体均值,而另外 5 个区间则不包括总体均值。

在某种程度上,我们确信这个区间包含真正的总体参数,由样本统计量所构造的总体参数的估计区间,称为置信区间(confidence interval),区间的最小值称为置信下限,最大值称为置信上限。也就是说,由 100 个样本构造的总体参数的 100 个置信区间中,有 95% 的区间包含了总体参数的真值,而 5% 则没有包含,则 95% 这个值被称为置信水平。

如果将构造置信区间的步骤重复多次,置信区间中包含总体参数真值的次数所占的比率,称为置信水平(confidence level)。在构造置信区间时,可以用所希望的任意值作为置信水平。比较常用的置信水平及正态分布曲线下右侧面积为 $\alpha/2$ 时的 z 值($z_{\alpha/2}$)见表 6-3。

表 6-3 常用置信水平的 $z_{\alpha/2}$

置信水平/%	α	$\alpha/2$	$z_{\alpha/2}$
90	0.10	0.05	1.645
95	0.05	0.025	1.96
99	0.01	0.005	2.58

有关置信区间可表示为:

6.4.2 评价估计量的标准

对于同一个总体参数,可以有多个不同的估计方法和估计量。例如,要估计一种新型高效节能灯泡的平均使用寿命,可以随机抽取 5 个灯泡作为样本,进行测试后得到下列数据(小时):4 900、4 950、5 100、5 260、5 340。

那么,这一样本的样本均值为 $\bar{x}=5\ 110$ 小时,样本中位数 $M_e=5\ 100$ 小时。此时,我们有了两个估计量:样本均值和样本中位数,究竟应该选择哪一个作为灯泡总体平均使用寿命的估计量呢?这就需要有评价估计优良的标准。一般地说,一个好的估计量应具备三个标准:无偏性、有效性和一致性。

1. 无偏性

无偏性是指估计量抽样分布的数学期望等于总体参数的真值。假定总体参数为 θ,$\hat{\theta}$ 为它的估计量,如果 $E(\hat{\theta})=\theta$,则称 $\hat{\theta}$ 为 θ 的无偏估计量。无偏性的含义是指,$\hat{\theta}$ 是一个随机变量,由估计量算出的估计值有时可能偏高,有时可能偏低,但这些估计值的平均值等于总体参数的真值。在平均意义下,无偏性表示没有系统误差。

可以证明:在重复抽样的条件下,样本均值 $\bar{x}$ 是总体均值 μ 的无偏估计量;样本方差是总体方差的 $1/n$,即 $\sigma_{\bar{x}}^2=\sigma^2/n$。注意,样本标准差不是总体标准差的无偏估计量。

图 6-5 给出了点估计无偏和有偏的情形。

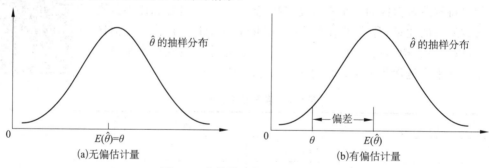

图 6-5 点估计无偏和有偏的例子

2. 有效性

一个无偏的估计量并不意味着它就非常接近被估计的参数,它还必须与总体参数的离散程度比较小。对同一总体参数的两个无偏点估计量,离散程度较小的估计量相对而言是较为有效的。离散程度是用方差度量的,假定有两个由于估计总体参数的无偏估计值,分别用 $\hat{\theta}_1$ 和 $\hat{\theta}_2$ 表示,它们的抽样分布的方差分别用 $D(\hat{\theta}_1)$ 和 $D(\hat{\theta}_2)$ 表示。如果 $\hat{\theta}_1$ 的方差小于 $\hat{\theta}_2$,即 $D(\hat{\theta}_1)<D(\hat{\theta}_2)$,就称 $\hat{\theta}_1$ 是比 $\hat{\theta}_2$ 更有效的一个估计量。在无偏条件下,估计量的方差越小,估计值也就越有效。

对于一个正态总体 $\bar{x}\sim N(\mu,\sigma^2/n)$,从中抽取一个容量为 n 的简单随机样本,可以证明:样本均值 $\bar{x}$ 和样本中位数 M_e 都是总体均值 μ 的无偏估计量。而且,作为总体均值的无偏估计量,样本均值 $\bar{x}$ 比样本中位数 M_e 更加有效,如图6-6所示。

3. 一致性

一致性又称相合性,是指随着样本容量的增大,估计量越来越接近总体参数的真值。在说明抽样分布的性质时,给出了样本均值的抽样分布的标准差

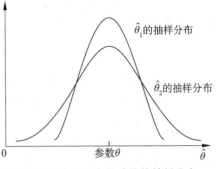

图6-6 两个无偏点估计值的抽样分布

为 $\sigma_{\bar{x}} = \sigma/\sqrt{n}$。由于 $\sigma_{\bar{x}}$ 与样本容量大小有关,样本容量越大,$\sigma_{\bar{x}}$ 的值就越小,大样本给出的估计量更接近总体均值 μ。从这个意义上说,样本均值是总体均值的一个一致估计量。如果一个估计量是一致估计量,那么可以通过增加样本容量来提高估计的精度和可靠性。可以证明,样本均值 $\bar{x}$ 是总体均值 μ 的一致估计量;样本比例 $\bar{p}$ 是总体比例 π 的一致估计量;样本方差 s^2 是总体方差 σ^2 的一致估计量;样本标准差 s 是总体标准差 σ 的一致估计量。

6.5　总体均值的区间估计

在对总体均值进行区间估计时,需要考虑总体是否为正态分布,总体方差是否已知,用于构造估计量的样本是大样本还是小样本等几种情况。

▶ 6.5.1　方差已知情形下的总体均值区间估计

当总体服从正态分布且方差 σ^2 已知,或者非正态总体但抽样是大样本时,根据中心极限定理和样本均值的抽样分布的性质可知,样本均值 $\bar{x}$ 服从于正态分布。数学期望为总体均值 μ,方差为 σ^2/n。而样本均值经过标准化以后的随机变量则服从标准正态分布,即:

$$z = \frac{\bar{x} - \mu}{\sigma/\sqrt{n}} \sim N(0,1)$$

构造的总体均值 μ 的置信区间为

$$\bar{x} \pm z_{\alpha/2} \frac{\sigma}{\sqrt{n}}$$

上式中 $\bar{x} - z_{\alpha/2} \frac{\sigma}{\sqrt{n}}$ 称为置信下限;$\bar{x} + z_{\alpha/2} \frac{\sigma}{\sqrt{n}}$ 称为置信上限。

α 是预先确定的一个概率值,它是总体均值不包括在置信区间的概率。

$z_{\alpha/2} \frac{\sigma}{\sqrt{n}}$ 是估计总体均值时的边际误差,也称为估计误差或误差范围。这就是说,总体均值的置信区间由两部分组成:点估计值和描述估计量精度的误差值。

如果总体服从正态分布,但方差 σ^2 未知,或总体非正态分布,但抽样是大样本,那么,这时的总体均值的置信区间可写为

$$\bar{x} \pm z_{\alpha/2} \frac{s}{\sqrt{n}}$$

下面的例子讨论了总体标准差已知情形下的总体均值的区间估计。

Mailing 公司是一家方便食品生产商,以袋装食品为主,每天的产量大约是 8 000 袋左右。按规定每袋的重量应为 100 克,为了对产品质量进行监测,企业质检部门经常进行抽检,以分析每袋重量是否符合要求。表 6-4 是某批产品中抽取的 25 个样本数据。质检部门关心的问题是这批产品是否符合包装的质量要求。

表 6-4　25 袋食品的抽样包装重量

112.5	101.0	103.0	102.0	100.5	102.6	107.5	95.0	108.8	115.6	100.0	123.5	102.0
101.6	102.2	116.6	95.4	97.8	108.6	105.0	136.8	102.8	101.5	98.4	93.3	

已知产品重量的分布服从正态分布,且总体标准差为 10 克。对产品的抽样均值构造一个置信区间,置信水平为 95%,以此来判断产品包装是否符合质量要求。

样本均值为

$$\bar{x} = \frac{\sum x_i}{n} = \frac{2\,634}{25} = 105.36$$

由 $\sigma=10, n=25$,查附录表 1 标准正态分布表得:

$$z_{\alpha/2}(0.05) = 1.96$$

构造置信水平为 $1-\alpha = 95\%$ 的置信区间:

$$\bar{x} \pm z_{\alpha/2} \frac{\sigma}{\sqrt{n}} = 105.36 \pm 1.96 \times \frac{10}{\sqrt{25}} = (101.44, 109.28)$$

因此,该批袋装食品平均重量 95% 的置信区间为 101.44~109.28 克。

6.5.2　方差未知情形下的总体均值区间估计

在建立总体均值区间估计时,我们通常并没有关于总体标准差的一个好估计。在这种情形下,必须利用样本估计 μ 和 σ 两个未知参数。当利用 s 估计 σ 时,边际误差和总体均值的区间估计都是以 t 分布的概率分布为依据进行的。虽然 t 分布的数学推导是以假设抽样总体服从正态分布为依据的,但是研究表明,在许多总体分布显著偏离正态分布的情形下,利用 t 分布的效果还是相当不错的。当总体的分布不是正态分布时,我们给出了利用 t 分布的准则。

t 分布是由一些相似的概率分布组成的分布族,一个特定的 t 分布依赖于被称为自由度 (degrees of freedom) 的参数。但自由度分别为 1,2,3,…时,有且仅有唯一的 t 分布与之相对应,t 分布与标准正态分布之间的差别变得越来越小。图 6-7 给出了自由度分别为 10 和 20 时的 t 分布与标准正态分布的关系。我们注意到,随着自由度的增大,t 分布的变量幅度减小,与标准正态分布也越来越相似。我们还注意到,t 分布的均值为 0。

在 σ 未知的情形下,为了计算总体均值 μ 的区间估计,用样本 s 估计 σ,用 t 分布 $t_{\alpha/2}$ 的值

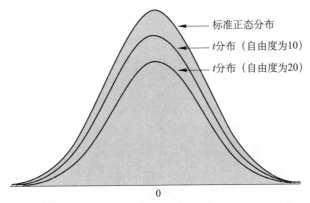

图 6-7　自由度为 10 和 20 的 t 分布与标准正态分布的比较

代替 $z_{\alpha/2}$。于是，边际误差为 $t_{\alpha/2}s/\sqrt{n}$。利用边际误差，当 σ 未知时，总体均值区间估计公式如下：

$$\bar{x}\pm t_{\alpha/2}\frac{s}{\sqrt{n}}$$

由于用 s 作为总体标准差 σ 的估计值，因此在总体均值区间估计中与 t 值相对应的自由度为 $n-1$，样本标准差的计算公式为

$$s=\sqrt{\frac{\sum_{i=1}^{n}(x_i-\bar{x})^2}{n-1}}$$

在下面的例子中，我们在小样本情形下考虑如何建立总体均值的区间估计。

KONI 公司正在考虑使用一种新型的计算机辅助软件来培训设备维修员。为了对这种软件有一个全面的评估，生产负责人要求维修员完成该计算机辅助培训所需要的总体均值进行估计。选取了 20 名维修员组成一个小样本，样本中的每一个员工都完成培训计划。每人所需的培训时间见表 6-5。图 6-8 是样本数据的直方图。根据直方图，总体的分布是怎么样的呢？首先，样本数据不能支持我们做出总体服从正态分布的结论，但是，我们也没有发现任何偏斜或者异常值方面的证据。因此，根据上述讨论的提示，我们的结论是，对于这 20 名员工组成的样本，以 t 分布为依据进行区间估计似乎是可以接受的。

表 6-5　20 名员工样本培训时间

52	59	54	42	44	50	42	48	55	54
60	55	44	62	62	57	45	46	43	56

样本均值和标准差的计算如下：

$$\bar{x}=\frac{\sum x_i}{n}=\frac{1\,030}{20}=51.5(\text{天})$$

$$s=\sqrt{\frac{\sum_{i=1}^{n}(x_i-\bar{x})^2}{n-1}}=\sqrt{\frac{889}{20-1}}=6.84(\text{天})$$

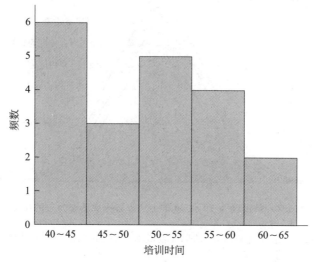

图 6-8 员工样本培训时间直方图

对于 95% 的置信区间,我们利用附录表 2(为了计算方便,编制了一个 t 分布表,以供查阅)和自由度 $n-1=19$,得到 $t_{0.025}=2.039$,根据总体均值区间估计公式,有

$$\bar{x} \pm t_{a/2}\frac{s}{\sqrt{n}} = 51.5 \pm 2.039\left(\frac{6.84}{\sqrt{20}}\right) = 51.5 \pm 3.2$$

总体的点估计为 51.5 天,边际误差为 3.2 天,95% 的置信区间为 48.3~54.7 天。

利用样本数据的直方图了解总体分布时,并不总是能得到令人信服的结论。但是,在许多情形下,它给出了仅有的可利用的信息。通常,利用直方图和经验方法来判断是否可用 t 分布来进行区间估计。

6.6 假设检验

假设检验是抽样推断的一个重要内容。所谓假设检验,就是事先对总体参数或总体分布形式做出一个假设,然后利用样本信息来判断原假设是否合理,即判断样本信息与原假设是否有显著差异,从而决定应接受或者拒绝原假设。比如,对于某机器设备,生产工艺改变后,要检验新工艺对产品的某个主要指标是否有影响时,就需要抽样检验总体的某个参数(如均值、方差等)是否等于改变工艺前的参数值,这类问题就属于假设检验问题。

假设检验可分为两类,一是参数假设检验;二是非参数检验或自由分布检验,主要是总体分布形式的假设检验。本书只讨论几种重要的参数检验。

6.6.1 假设检验一般问题

1. 假设检验的基本思想

先通过一个例子来说明假设检验的基本思想。

某企业生产一种零件,过去的大量资料表明,零件的平均长度为 4 厘米,标准差为 0.1 厘米。改革工艺后,抽查了 100 个零件,测得样本平均长度为 3.94 厘米。那么,工艺改革前后零件的长度是否发生了显著的变化?

这是关于工艺改革前后零件的平均长度(总体平均数)是否等于 4 厘米的检验问题。我们知道,样本平均长度与原平均长度出现差异不外乎两种可能:

一是改革后的总体平均长度不变,但由于抽样的随机性使样本平均数与总体平均数之间存在抽样误差。

二是由于工艺条件的变化,使总体平均数发生了显著的变化。

因此可以这样推断:如果样本平均数与总体平均数之间的差异不大,未超出抽样误差范围,则认为总体平均数不变;反之,如果样本平均数与总体平均数之间的差异超出了抽样误差范围,则认为总体平均数发生了显著的变化。

由上面例子可以看出,假设检验是对调查人员所关心的却又是未知的总体参数先做出假设,然后抽取样本,利用样本提供的信息对假设的正确性进行判断的过程。

2. 假设检验的步骤

(1) 提出原假设和备择假设。对每个假设检验问题,一般可同时提出两个相反的假设:原假设和备择假设。原假设又称零假设,是正待检验的假设,记为 H_0;备择假设是拒绝原假设后可供选择的假设,记为 H_1。原假设和备择假设是相互对立的,检验结果二者必取其一。接受 H_0 则必须拒绝 H_1;反之,拒绝 H_0 则必须接受 H_1。

原假设和备择假设不是随意提出的,应根据所检验问题的具体背景而定。常常是采取"不轻易拒绝原假设"的原则,即把没有充分理由则不能轻易否定的命题作为原假设,而相应地把没有足够把握就不能轻易肯定的命题作为备择假设。

一般地,假设有三种形式:

① $H_0: \mu = \mu_0$;$H_1: \mu \neq \mu_0$。这种形式的假设检验称为双侧检验。

② $H_0: \mu = \mu_0$;$H_1: \mu < \mu_0$(或 $H_0: \mu \geq \mu_0$;$H_1: \mu < \mu_0$)。这种形式的假设检验称为左侧检验。

③ $H_0: \mu = \mu_0$;$H_1: \mu > \mu_0$(或 $H_0: \mu \leq \mu_0$;$H_1: \mu > \mu_0$)。这种形式的假设检验称为右侧检验。

左侧检验和右侧检验统称为单侧检验。采用哪种假设,要根据所研究的实际问题而定。如果对所研究问题只需判断有无显著差异或要求同时注意总体参数偏大或偏小的情况,则采用双侧检验。如果所关心的是总体参数是否比某个值偏大(或偏小),则宜采用单侧检验。在本节讨论的例子中,如果我们在乎的是零件长度是否比原来有所缩短,则可采用单侧检验,即 $H_0: \mu = 4$ 厘米(或 $\mu \geq 4$ 厘米);$H_1: \mu < 4$ 厘米。

(2) 选择适当的统计量,并确定其分布形式。在参数的假设检验中,如同在参数估计中一样,要借助于样本统计量进行统计推断。用于假设检验问题的统计量称为检验统计量。在具体问题里,选择什么统计量作为检验统计量,需要考虑的因素与参数估计相同。例如,用于进行检验的样本是大样本还是小样本,总体方差已知还是未知,等等。在不同的条件下应选择不同的检验统计量。

(3) 选择显著性水平 α,确定临界值。显著性水平表示 H_0 为真时拒绝 H_1 的概率。假设检验是围绕对水平假设内容的审定而展开的。如果原假设正确且我们接受了(同时也就拒绝了替换假设),或原假设错误且我们拒绝了(同时也就接受了替换假设),这表明我们做出了正确的决定。但是,由于假设检验是根据样本提供的信息进行推断的,也就有犯错误的可能。有这样一种情况,原假设正确,而我们却把它当成错误的加以拒绝。犯这种错误的概率用 α 表示,统计上把 α 称为假设检验中的显著性水平(significant level),也就是决策中所面临的风险。所以,显著性水平是指当原假设为正确时人们却把它拒绝了的概率或风险。这个概率是由人们确定的,通常取 $\alpha=0.05$ 或 $\alpha=0.01$,这表明,当做出接受原假设的决定时,其正确的可能性(概率)为95%或99%。即拒绝原假设所冒的风险,用 α 表示。假设检验应用小概率事件实际极少发生的原理,这里的小概率就是指 α。给定了显著性水平 α,就可由有关的概率分布表查得临界值,从而确定 H_0 的接受区域和拒绝区域。临界值就是接受区域和拒绝区域的分界点。

对于不同形式的假设, H_0 的接受区域和拒绝区域也有所不同。双侧检验的拒绝区域位于统计量分布曲线的两侧;左侧检验的拒绝区域位于统计量分布曲线的左侧;右侧检验的拒绝区域位于统计量分布曲线的右侧,如图 6-9 所示。

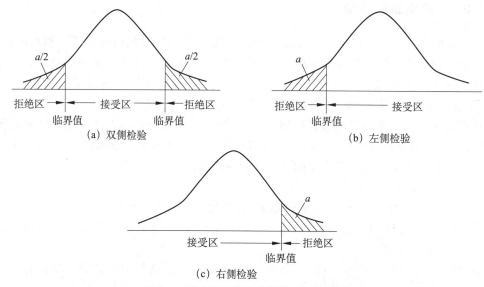

图 6-9 假设检验的接受区域和拒绝区域

(4) 做出结论。根据样本资料计算出检验统计量的具体值,并用于与临界值比较,做出接受或拒绝原假设 H_0 的结论。如果检验统计量的值落在拒绝区域内,说明样本所描述的情况与原假设有显著性差异,应拒绝原假设;反之,则接受原假设。

3. 假设检验的小概率原理

假设检验的基本思想是应用小概率的原理。所谓小概率原理,是指发生概率很小的随机事件在一次实验中是几乎不可能发生的。根据这一原理,可以做出是否接受原假设的决定。例如,有一个厂商声称其产品的合格率很高,可以达到 99%,那么从一批产品(如 100 件)中随机抽取 1 件,这一件恰好是次品的概率就非常小,只有 1%。如果厂商的宣称是真的,随机抽取 1 件是次品的情况就几乎是不可能发生的。但如果这种情况确实发生了,我们就有理由怀疑原来的假设,即产品中只有 1% 次品的假设是否成立,这时就可以推翻原来的假设,可以做出厂商的宣称是假的这样一个推断。我们进行推断的依据就是小概率原理。当然,推断也可能会犯错误,即这 100 件产品中确实只有 1 件是次品,而恰好在一次抽取中被抽到了。所以这个例子中犯这种错误的概率是 1%,也就是说我们在冒 1% 的风险做出厂商宣称是假的这样一个推断。由此也可以看出,这里的 1% 正是前面所说的显著性水平。

6.6.2 总体均值、比例的假设检验

1. 总体方差已知时对正态总体均值的假设检验

设总体 $X \sim N(\mu, \sigma^2)$,总体方差 σ^2 为已知,$(x_1, x_2, \cdots, x_n)$ 为总体的一个样本,样本平均数为 $\bar{x}$。现在的问题是对总体均值 μ 进行假设检验。$H_0 : \mu = \mu_0$(或 $\mu < \mu_0, \mu > \mu_0$)。

根据抽样分布定理,样本平均数 $\bar{x}$ 服从 $N(\mu, \sigma^2/n)$,所以,如果 H_0 成立时,检验统计量 U 及其分布为:

$$U = \frac{\bar{x} - \mu_0}{\sigma/\sqrt{n}} \sim N(0, 1)$$

利用服从正态分布的统计量 U 进行的假设检验称为 U 检验法。根据已知的总体方差、样本容量 n 和样本平均数 $\bar{x}$,计算出检验统计量 U 的值。对于给定的检验水平,查正态分布表可得临界值,将所计算的 U 值与临界值比较,便可做出检验结论。

假定某厂生产的产品的使用寿命服从正态分布 $N(1\,020, 100^2)$。现从最近生产的一批产品中随机抽取 16 件,测得样本平均寿命为 1 080 小时。试在 0.05 的显著性水平下判断这批产品的使用寿命是否有显著提高?

根据题意,提出假设:

$$H_0 : \mu = 1\,020; H_1 : \mu > 1\,020$$

检验统计量:

$$U = \frac{\bar{x} - \mu_0}{\sigma/\sqrt{n}} = \frac{1\,080 - 1\,020}{100/\sqrt{16}} = 2.4$$

由 $\alpha = 0.05$,查表得临界值 $U_{0.05} = 1.645$。

由于 $U = 2.4 > U_\alpha = 1.645$,因此应拒绝 H_0 而接受 H_1,即这批产品的使用寿命确有显著提高。

2. 总体方差未知时对正态总体均值的假设检验

设总体 $X \sim N(\mu, \sigma^2/n)$，但总体方差 σ^2 未知，此时对总体均值的检验不能用上述 U 检验法，因为此时的检验统计量 U 中包含了未知参数 σ^2。为了得到一个不含未知参数的检验统计量，很自然会用总体方差的无偏估计量——样本方差 s^2 来代替 σ^2，于是得到 T 统计量。根据上节内容已知道，检验统计量 T 及其分布为

$$T = \frac{\bar{x} - \mu_0}{s/\sqrt{n}} \sim t(n-1)$$

利用服从 t 分布的统计量去检验总体均值的方法称为 T 检验法。其具体做法是：根据题意提出假设（与 U 检验法中的假设形式相同）；构造检验统计量 T 并根据样本信息计算其具体值；对于给定的检验水平 α，由 t 分布表查得临界值；将所计算的 t 值与临界值比较，做出检验结论。

双侧检验时，若 $T > t_{\alpha/2}$，则拒绝 H_0，接受 H_1。
左侧检验时，若 $T < t_{\alpha/2}$，则拒绝 H_0，接受 H_1。
右侧检验时，若 $T > t_{\alpha/2}$，则拒绝 H_0，接受 H_1。

假定某厂生产的某种电子元件服从均值为 200 小时，标准差未知的正态分布。通过改变部分生产工艺后，抽得 10 件做样本得数据（小时）：

202, 209, 213, 198, 206, 210, 195, 208, 200, 207

检验目的是考察电子元件的平均值数据是否有所提高。因此，可建立如下假设：

$$H_0: \mu = 200; \quad H_1: \mu > 200$$

根据已知数据求得

$$\bar{x} = 204.8, \quad S = 5.789$$

检验统计量：

$$T = \frac{\bar{x} - \mu_0}{S/\sqrt{n}} = \frac{204.8 - 200}{5.789/\sqrt{10}} = 2.622$$

由 $\alpha = 0.05$，查表得临界值 $t_\alpha(n-1) = t_{0.05}(10-1) = 1.8331$。

由于 $|T| = 2.622 > t_\alpha(n-1) = 1.8331$，因此拒绝 H_0 接受 H_1，即可以接受"在新工艺下，这种电子元件的平均值有所提高的假设"。

T 检验法适用于小样本情况下总体方差未知时对正态总体均值的假设检验。随着样本容量 n 的增大，t 分布趋近于标准正态分布。所以大样本情况下（$n > 30$），总体方差未知时对正态总体均值 μ 的假设检验通常近似采用 U 检验法。同理，大样本情况下非正态总体均值的检验也可用 U 检验法。因为，根据大样本的抽样分布定理，总体分布形式不明或为非正态总体时，样本平均数趋近于正态分布。这时，检验统计量 U 中的总体标准差 σ 用样本标准差 S 来代替。

3. 总体比例的假设检验

由比例的抽样分布定理可知，样本比例服从二项分布，因此可由二项分布来确定对总

体比例进行假设检验的临界值,但其计算往往十分烦琐。大样本情况下,二项分布近似服从正态分布。因此,对总体比例的检验通常是在大样本条件下进行的,根据正态分布来近似确定临界值,即采用 U 检验法。其检验步骤与均值检验时的步骤相同,只是检验统计量不同。

首先提出待检验的假设:
$$H_0:P=P_0;H_1:P\neq P_0(或\ P<P_0,P>P_0)$$

检验统计量为:
$$U=\frac{p-P_0}{\sqrt{\frac{p(1-p)}{n}}}\sim N(0,1)$$

假定在检查某企业的主要生产线时,被告知性能良好生产稳定,产品合格率可达 99%。随机抽查了 200 件产品,其中 195 件产品合格,判断厂方的宣称是否可信?($\alpha=10\%$)

可建立如下假设:
$$H_0:P=0.99;H_1:P\neq 0.99$$

样本比例:
$$p=\frac{m}{n}=\frac{195}{200}=0.975$$

由于样本容量相当大,因此可近似采用 U 检验法。
$$U=\frac{p-P_0}{\sqrt{\frac{p(1-p)}{n}}}=\frac{0.975-0.99}{\sqrt{\frac{0.975\times 0.025}{200}}}=-1.359$$

给定 $\alpha=0.1$,查正态分布表得 $\mu_{\alpha/2}=\mu_{0.05}=1.645$。

由于 $|U|<\mu_{\alpha/2}$,应接受原假设,即认为厂方的宣称是可信的。

拓展阅读

Excel 在区间估计和假设检验中的应用示例

一、CONFIDENCE(置信区间)函数

CONFIDENCE(alpha, standard-dev, size)

Alpha(即 α)是用于计算置信度的显著水平参数。置信度等于($1-\alpha$),亦即,如果 α 为 0.05,则置信度为 0.95。

Standard-dev 数据区域的总体标准差,假设为已知(实际中,总体标准差未知时通常用样本标准差代替)。

Size 样本容量(即 n)。

如果假设 α 等于 0.05,则需要计算标准正态分布曲线($1-\alpha=0.95$)之下的临界值,查表知其临界值为 ± 1.96。因此置信区间为 $\bar{x}\pm 1.96\left(\frac{\sigma}{\sqrt{n}}\right)$。

假定对某厂一批产品的质量进行抽样检验为例,抽样数据和要求如下:采用重复抽样抽取样品 200 只,样本优质品率为 85%,试计算当把握程度为 90% 时优质品率的允许误差。

在 Excel 表格中分别在：

B1 单元格中输入样本容量 200；

B2 单元格中输入样本比率 85%；

在 B3 单元格中输入计算样本比率的标准差公式"=SQRT(B2×(1−B))"；

在 B4 单元格输入 α 为 10%；

在 B5 单元格中输入表达式：CONFIDENCE(B4,B3,B1)，即得到 $Z_{\alpha/2}\sqrt{\dfrac{p(1-p)}{n}}$ 等于 4.15%。

CONFIDENCE 函数的应用如图 6-10 和图 6-11 所示。

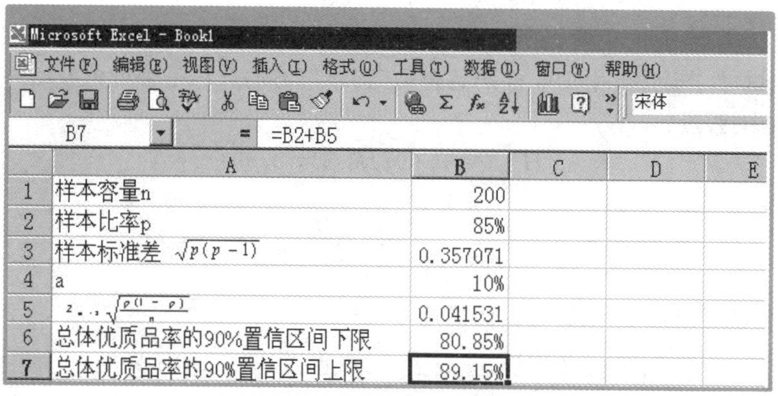

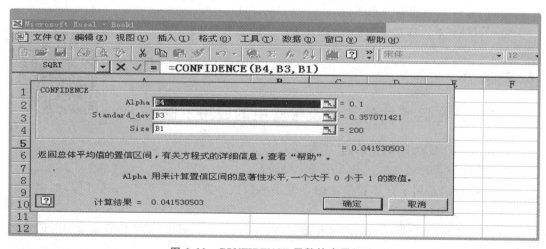

图 6-10　CONFIDENCE 函数的应用（一）

图 6-11　CONFIDENCE 函数的应用（二）

二、方差未知时一个总体均值的 t 检验

将 6.6.2 节 2 的例子中的 10 个样本资料分别输入到 B1:B10 单元格中。

在单元格 B11 中键入公式"=AVERAGE(B1:B10)"并回车得到均值；

在单元格 B12 中键入公式"=STDEV(B1:B10)"并回车得到标准差；

在单元格 B13 中键入公式"=COUNT(B1:B10)"并回车得到样本数；

在单元格 B14 中键入公式"=(B11−200)/(B12/SQRT(B13))"并回车得到 t 值，其中

200 是题目中给出的总体均值;

在单元格 B15 中键入公式"=TINV(0.05,B13-1)"得到 $\alpha=0.05$,自由度=9 的临界值。

从图 6-12 的结果来看,在自由度为 9 时,$t(2.62)>t_{0.05}(2.26)$,因此,拒绝 H_0 假设,接受"在新工艺下,这种电子元件的平均值有所提高"的假设。

图 6-12 t 检验

小 结

本项目我们主要讨论了抽样和抽样分布的概念,说明了如何从有限总体抽取一个简单随机样本和如何从无限总体中抽取一个简单随机样本。利用收集的数据对总体参数进行点估计和区间估计。由不同的样本统计量给出了不同的点估计值。比如总体均值和样本均值的关系,总体方差和样本方差的关系等。我们知道这些统计量都是随机变量,这样一个随机变量的概率分布叫作抽样分布。具体地,我们描述了样本均值 $\bar{x}$ 的抽样分布。在讨论 $\bar{x}$ 的抽样分布特征时,我们证明了样本均值的数学期望 $E(\bar{x})$ 等于总体均值 μ。

本项目还给出了总体均值进行区间估计的方法。点估计值可能是也可能不是总体参数的好估计。利用区间估计可以对估计的精确程度予以度量。总体均值的区间估计采用了以下形式:点估计值±边际误差。我们分别介绍了总体均值估计的两种情形。在 σ 已知情形下,服从正态分布的样本统计量可以对总体分布特征进行较为精确的估计。在 σ 未知情形下,利用小样本数据的标准差 s 对总体进行区间估计时,使用 t 分布对总体进行区间估计。样本容量越大,这个区间估计的近似程度越好。在区间估计时,我们还介绍了置信区间、置信水平等概念,以此来判断区间估计的精确程度。

假设检验是一种统计方法,它利用样本数据来确定是否拒绝关于总体参数值。假设是关于总体参数的两种对立的说法。其中一个叫原假设(H_0),另一个叫备择假设(H_1),并根据实际应用给出了假设规则。当假定总体标准差已知时,总体均值的假设检验过程以标准正态分布为依据;当 σ 未知时,我们用样本标准差 s 估计总体 σ,假设检验过程以 t 分布为依据。在这两种情形下,假设检验结果的质量依赖于总体分布的形式及样本容量。如果总体服从正态分布,则即使在小样本的情形下,这两种假设检验方法也是适用的。在对总体比率进行假设检验时,假设检验程序利用的检验统计量以标准正态分布为依据。

练习

1. 总体均值为 200,标准差为 50。从总体中抽取一个容量为 $n=100$ 的简单随机样本,并利用样本均值估计总体均值。
   (1) $\bar{x}$ 的数学期望是多少?
   (2) $\bar{x}$ 的标准差是多少?
   (3) 试求 $\bar{x}$ 的抽样分布。
   (4) $\bar{x}$ 的抽样分布说明了什么?

2. 假定总体标准差 $\sigma=25$,计算样本容量 $n=50、100、150、200$ 时均值的体标准差 $\sigma_{\bar{x}}$。当样本容量增加时,均值的标准误差如何变化?

3. 汽车保险费的均值为每年 939 元,假定标准差 $\sigma=245$ 元。
   (1) 对某一汽车保险政策,请在下面的样本容量下,分别计算简单随机样本的样本均值和总体均值±25 元以内的概率是多少?$n=30、50、100、400$。
   (2) 当试图估计总体均值时,大样本的好处是什么?

4. 为了估计一个有 4 000 名雇员的总体平均年龄,抽取 40 名雇员组成一个简单随机样本。
   (1) 在计算均值的标准偏差时,是否要用有限总体修正系数? 为什么?
   (2) 假定总体标准差 $\sigma=8.2$ 年,分别使用有限总体修正系数和不用有限总体修正系数计算标准误差。当 $n/N \leqslant 0.05$ 时,忽略有限总体修正系数的合理性何在?

5. 对自由度 16 的 t 分布,求下列区域内的概率。
   (1) 2.120 右侧;(2) 1.337 左侧;(3) −1.746 左侧;(4) 2.583 右侧;(5) −2.120~2.120;(6) −1.746~1.746。

6. 下面的样本数据来自一个正态总体:10、8、12、15、13、11、6、5。
   (1) 总体均值的点估计值是多少?
   (2) 总体标准差的点估值是多少?
   (3) 在 95% 的置信水平下,总体均值估计的边际误差是多少?
   (4) 总体均值的 95% 的置信区间是多少?

7. 研究人员对 369 名有工作的父母的一项调查表明,他们当中有 200 名承认由于工作的原因使得他们与子女相处的时间太少了。
   (1) 有工作的父母总体中,由于工作原因使得他们与子女相处时间太少的父母占总体比率的点估计是多少?
   (2) 当置信水平为 95% 时,边际误差为多少?
   (3) 有工作的父母总体中,由于工作原因使得他们与子女相处时间太少的父母占总体比率 95% 的区间估计是多少?

8. 某市 50 岁及 50 岁以上人口有 9 200 万,他们占整个可支配收入的 50%,据相关机构估计,这一年龄段用于消费支出人均是 1 873 元。假设这一估计的样本由 80 人组成,并且标准差为 550 元。

(1) 当置信水平为 95% 时的边际误差是多少?

(2) 这一年龄段用于消费支出均值的 95% 的置信区间是多少?

(3) 估计 50 岁及 50 岁以上人消费总支出是多少?

(4) 如果这一年龄段用于消费支出是右偏的,那么你预计消费支出的中位数是大于还是小于 1 873 元?

项目 7

相关与回归分析

> > > **实践中的统计**

联盟数据系统

在飞速发展的客户关系管理行业中,联盟数据系统(ADS)可为顾客提供交易代理、信贷服务和营销服务等一系列服务。ADS的顾客群集中在零售业、加油站、便利店、交通运输四大行业。ADS在各地有140 000台零售店终端机,每年处理超过25亿宗交易业务。ADS代理了49种贴有零售商标签的服务计划,差不多有7 200万消费者持有参加计划的优惠卡,这使得ADS公司在信用服务行业中排名前列。

作为营销服务的手段之一,ADS设计了直接向顾客投递宣传品的促销活动。由于它的数据库储存了1亿多名顾客消费习惯的信息,因此ADS把那些最有可能的顾客作为促销目标,通过直接向他们邮寄宣传品达到获得收益的目的。公司的分析发展部门运用回归分析方法,建立了能度量并预测顾客对促销活动反应的模型。一些回归模型预测了顾客收到促销品后购买商品的概率,另一些回归模型则预测了这些顾客购买商品所花费的金额。

在某一项特定的促销活动中,零售连锁店的目标是吸引新顾客。为了预测此项促销活动的效果,ADS的分析师从顾客信息数据库中选取了一个样本,向样本中的每一个顾客发放了促销宣传材料,然后将样本顾客对此项活动反馈的数据收集起来并加以处理。样本数据不但包括顾客由于促销活动而购买商品的金额,而且还包括各种各样的、有助于预测销售额的顾客特定变量。顾客特定变量是指顾客在过去39个月里从相关商店中购买商品的总金额,该变量对预测顾客购买商品的金额将会起到很大的作用。ADS的分析师建立了一个购买商品与金额之间关系的估计回归方程:$\hat{y}=26.7+0.002\,05x$。

式中,$\hat{y}$代表购买商品的总金额;x代表过去从相关商店中购买商品的金额。

利用这一方程,我们能够预测出:一位在过去39个月里从相关商店中购买了10 000元的顾客,对于直接向其邮寄宣传品的反应将是消费47.20元。

本项目中,我们将学习如何分析各个变量之间的关系和建立估计的回归方程。例如,一位市场销售经理考虑了投入广告费用和销售收入之间的关系后,才有可能尝试去预测一个给定水平的广告费用,能带来多少销售收入。相关与回归分析(correlation and regression)就是处理这些变量之间关系的一种统计方法。通过相关分析,可以判断两个或两个以上的变量之间是否存在相关关系,相关关系的方向、形态及相关关系的密切程度。利用回归方程对具有相关关系现象间数量变化的规律性进行测定,并进一步进行估计和预测。现在,相关与回归分析已经广泛应用于企业管理、商业决策、金融分析等许多领域。

7.1 相关分析

7.1.1 相关分析的概念与类型

1. 相关分析的概念

自然界的各种现象之间相互联系、相互制约、相互依存,某些现象发生变化时,另一现象也随之发生变化。比如，商品价格的变化会刺激或抑制商品销售量的变化；劳动力素质的高低会影响企业的效益；直接材料、直接人工的价格变化对产品销售成本有直接的影响，居民收入的高低会影响消费需求等。研究这些现象之间的依存关系，找出它们之间的变化规律，是对搜集、整理过的统计数据进行数据分析，为客观、科学的统计提供依据。

现象间的依存关系大致可以分成两种类型：一类是函数关系，另一类是相关关系。

简单地说，函数关系指变量之间是一种严格的确定性的依存关系。表现为某一现象发生变化另一现象也随之发生变化，而且有确定的值与之相对应。例如，银行的一年期存款利率为年息 1.98%，存入的本金用 x 表示，到期本息用 y 表示，则 $y=x+1.98\%x$（不考虑利息税）；再如，某种股票的成交额 Y 与该股票的成交量 X、成交价格 P 之间的关系可以用 $Y=PX$ 来表示，这都是函数关系。

相关关系是指客观现象之间确实存在的，但数量上不是严格对应的依存关系。在这种关系中，对于某一现象的每一数值，可以有另一现象的若干数值与之相对应。例如成本的高低与利润的多少有密切关系，但某一确定的成本与相对应的利润却是不确定的。这是因为影响利润的因素除了成本外，还有价格、供求关系、消费喜好等因素及其他偶然因素的影响。再如，生育率与人均 GDP 的关系也属于典型的相关关系：人均 GDP 高的国家，生育率往往较低，但二者没有唯一确定的关系，这是因为除了经济因素外，生育水平还受教育水平、城市化水平及不易测量的民族风俗、宗教和其他随机因素的共同影响。

具有相关关系的某些现象可表现为因果关系，即某一或若干现象的变化是引起另一现象变化的原因，它是可以控制、给定的值，将其称为自变量；另一个现象的变化是自变量变化的结果，它是不确定的值，将其称为因变量。如资金投入与产值之间，前者为自变量，后者为因变量。但具有相关关系的现象并不都表现为因果关系，如生产费用和生产量、商品的供求与价格等。这是由于相关关系比因果关系包括的范围更广泛。

相关关系和函数关系既有区别，又有联系。有些函数关系往往因为有观察或测量误差及各种随机因素的干扰等原因，在实际中常常通过相关关系表现出来；而在研究相关关系时，对其数量间的规律性了解得越深刻的时候，则相关关系越有可能转化为函数关系或借助函数关系来表现。

2. 相关关系的类型

现象之间的相关关系从不同的角度可以区分为不同类型。

（1）按照相关关系涉及变量（或因素）的多少分为：

① 单相关。又称一元相关，是指两个变量之间的相关关系，如广告费支出与产品销售量之间的相关关系。

② 复相关。又称多元相关，是指三个或三个以上变量之间的相关关系，如商品销售额与居民收入、商品价格之间的相关关系。

③ 偏相关。在一个变量与两个或两个以上的变量相关的条件下，当假定其他变量不变时，其中两个变量的相关关系称为偏相关。例如，在假定商品价格不变的条件下，该商品的需求量与消费者收入水平的相关关系即为偏相关。

(2) 按照相关形式不同分为：

① 线性相关。又称直线相关，是指当一个变量变动时，另一变量随之发生大致均等的变动，从图形上看，其观察点的分布近似地表现为一条直线；例如，人均消费水平与人均收入水平通常呈线性关系。

② 非线性相关。一个变量变动时，另一变量也随之发生变动，但这种变动不是均等的，从图形上看，其观察点的分布近似地表现为一条曲线，如抛物线、指数曲线等，因此也称曲线相关。例如，工人在一定数量界限内加班加点，产量增加，但一旦超过一定限度，产量反而可能下降，这就是一种非线性关系。

(3) 按照相关现象变化的方向不同分为：

① 正相关。当一个变量的值增加或减少，另一个变量的值也随之增加或减少。如工人劳动生产率提高，产品产量也随之增加；居民的消费水平随个人所支配收入的增加而增加。

② 负相关。当一个变量的值增加或减少时，另一变量的值反而减少或增加。如商品流转额越大，商品流通费用越低；利润随单位成本的降低而增加。

(4) 按相关程度分为：

① 完全相关。当一个变量的数量完全由另一个变量的数量变化所确定时，二者之间即为完全相关。例如，在价格不变的条件下，销售额与销售量之间的正比例函数关系即为完全相关，此时相关关系便成为函数关系，因此也可以说函数关系是相关关系的一个特例。

② 不相关。又称零相关，当变量之间彼此互不影响，其数量变化各自独立时，则变量之间为不相关。例如，股票价格的高低与气温的高低一般情况下是不相关的。

③ 不完全相关。如果两个变量的关系介于完全相关和不相关之间，称为不完全相关。由于完全相关和不相关的数量关系是确定的或相互独立的，因此统计学中相关分析的主要研究对象是不完全相关。

7.1.2 相关关系的测定

要判别现象之间有无相关关系，一是定性分析，二是定量分析。

定性分析是依据研究者的理论知识、专业知识和实践经验，对客观现象之间是否存在相关关系，以及有何种相关关系做出判断。并可在定性认识的基础上，编制相关表、绘制相关图，以便直观地判断现象之间相关的方向、形态及大致的密切程度。

1. 相关表

相关表是一种统计表。它是直接根据现象之间的原始资料，将一变量的若干变量值按从小到大的顺序排列，并将另一变量的值与之对应排列形成的统计表。

表 7-1 是某财务软件产品的广告投入与销售额的关系，统计人员随机选择 10 家代理商进行观察，搜集到年广告投入费和月平均销售额的数据。

表 7-1 广告费与月平均销售额相关表　　　　单位：万元

年广告费投入	月均销售额	年广告费投入	月均销售额
12.5	21.2	34.4	43.2

续表

年广告费投入	月均销售额	年广告费投入	月均销售额
15.3	23.9	39.4	49.0
23.2	32.9	45.2	52.8
26.4	34.1	55.4	59.4
33.5	42.5	60.9	63.5

从表中可以直观地看出，随着广告投入的增加，销售量增加，两者之间存在一定的正相关关系。

2. 散点图

散点图又称相关图，它是用直角坐标系的 x 轴代表自变量，y 轴代表因变量，将两个变量间相对应的变量值用坐标点的形式描绘出来，用于表明相关点分布状况的图形。根据表7-1的数据绘制相关图。

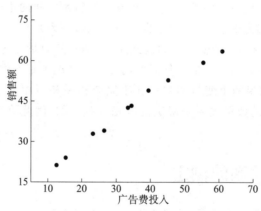

图 7-1　广告投入与销售额的散点图

从散点图可以直观地看出，年广告费投入与月平均销售额之间相关密切，且有线性正相关关系。

相关表和相关图可反映两个变量之间的相互关系及其相关方向，但无法确切地表明两个变量之间相关的程度。著名统计学家卡尔·皮尔逊设计了统计指标——相关系数。相关系数是用以反映变量之间相关关系密切程度的统计指标。相关系数的平方称为判定系数。

相关系数用 r 表示，它的公式为

$$r = \frac{n\sum xy - \sum x \sum y}{\sqrt{n\sum x^2 - \left(\sum x\right)^2}\sqrt{n\sum y^2 - \left(\sum y\right)^2}} \tag{7-1}$$

相关系数的值介于 -1 与 $+1$ 之间，即 $-1 \leqslant r \leqslant +1$。其性质如下：

当 $r>0$ 时，表示两变量正相关；$r<0$ 时，两变量为负相关。

当 $|r|=1$ 时，表示两变量为完全线性相关，即为函数关系。

当 $r=0$ 时,表示两变量间无线性相关关系。

当 $0<|r|<1$ 时,表示两变量存在一定程度的线性相关。且 $|r|$ 越接近 1,两变量间线性关系越密切;$|r|$ 越接近于 0,表示两变量的线性相关越弱。

一般可按三级划分:$|r|<0.4$ 为低度线性相关;$0.4\leqslant|r|<0.7$ 为显著性相关;$0.7\leqslant|r|<1$ 为高度线性相关。

根据表 7-1 的资料,可计算相关系数,见表 7-2。

表 7-2 相关系数计算表

序号	x 广告投入	y 销售额	x^2	y^2	xy
1	12.5	21.2	156.25	449.44	265.00
2	15.3	23.9	234.09	571.21	365.67
3	23.2	32.9	538.24	1 082.41	763.28
4	26.4	34.1	696.96	1 162.81	900.24
5	33.5	42.5	1 122.25	1 806.25	1 423.75
6	34.4	43.2	1 183.36	1 866.24	1 486.08
7	39.4	49.0	1 552.36	2 401.00	1 930.60
8	45.2	52.8	2 043.04	2 787.84	2 386.56
9	55.4	59.4	3 069.16	3 528.36	3 290.76
10	60.9	63.5	3 708.81	4 032.25	3 867.15
合计	346.2	422.5	14 304.52	19 687.81	16 679.09

$$r = \frac{n\sum xy - \sum x \sum y}{\sqrt{n\sum x^2 - (\sum x)^2}\sqrt{n\sum y^2 - (\sum y)^2}}$$

$$= \frac{10 \times 16\ 679.09 - 346.2 \times 422.5}{\sqrt{10 \times 14\ 304.52 - 346.2^2}\sqrt{10 \times 19\ 687.81 - 422.5^2}}$$

$$= 0.994\ 2$$

相关系数为 0.994 2,说明广告投入费与月平均销售额之间有高度的线性正相关关系。

这里需要指出的是,相关系数有一个明显的缺点,即它接近于 1 的程度与数据组数 n 相关,这容易给人一种假象。因为,当 n 较小时,相关系数的波动较大,对有些样本相关系数的绝对值易接近于 1;当 n 较大时,相关系数的绝对值容易偏小。特别是当 $n=2$ 时,相关系数的绝对值总为 1。因此在样本容量 n 较小时,我们仅凭相关系数较大就判定变量 x 与 y 之间有密切的线性关系是不妥当的。

7.1.3 相关分析中应注意的问题

1. 相关系数不能解释两变量间的因果关系

相关系数只是表明两个变量间互相影响的程度和方向,它并不能说明两变量间是否有因果关系,以及何为因,何为果,即使是在相关系数非常大时,也并不意味着两变量间具有显著的因果关系。例如,根据一些研究,发现抽烟与学习成绩有负相关关系,但不能由此推断是抽烟导致了成绩差。

因与果在很多情况下是可以互换的。如研究发现收入水平与股票的持有额正相关,并且可以用收入水平作为解释股票持有额的因素,但是否存在这样的情况,你赚的钱越多,买的股票也越多;而买的股票越多,赚的钱也就越多。何为因?何为果?众所周知,经济增长与人口增长相关,可是究竟是经济增长引起人口增长,还是人口增长引起经济增长呢?不能从相关系数中得出结论。

2. 警惕虚假相关导致的错误结论

有时两变量之间并不存在相关关系,但却可能出现较高的相关系数。

如存在另一个共同影响两变量的因素。在时间序列资料中往往就会出现这种情况,有人曾对教师薪金的提高和酒价的上涨作了相关分析,计算得到一个较大的相关系数,这是否表明教师薪金提高导致酒的消费量增加,从而导致酒价上涨呢?经分析,事实是由于经济繁荣导致教师薪金和酒价的上涨,而教师薪金增长和酒价之间并没有什么直接关系。

原因的混杂也可能导致错误的结论。如有人做过计算,发现在美国经济学学位越高的人,收入越低,笼统地计算学位与收入之间的相关系数会得到负值。但分别对大学、政府机构、企业各类别计算学位与收入之间的相关系数得到的则是正值,即对同一行业而言,学位高,收入也高。

另外,注意不要在相关关系据以成立的数据范围以外,推论这种相关关系仍然保持。雨下得多,农作物长得好,但雨量太大,却可能损坏庄稼。又如,广告投入多,销售额上涨,利润增加,但盲目加大广告投入,却未必使销售额再增长,利润还可能减少。正相关达到某个极限,就可能变成负相关。这个道理似乎人人都明白,但在分析问题时却容易忽视。

7.2 一元线性回归分析

7.2.1 回归分析

"回归"一词是由英国生物学家 F. Galton 在研究人体身高的遗传问题时首先提出的。根据遗传学的观点,子辈的身高受父辈影响,以 X 记父辈身高,Y 记子辈身高。虽然子辈身高一般受父辈影响,但同样身高的父亲,其子身高并不一致,因此,X 和 Y 之间存在一种相关关系。一般而言,父辈身高者,其子辈身高也高,以此推论,祖祖辈辈遗传下来,身高必然向两极分化,而事实上并非如此,显然有一种力量将身高拉向中心,即子辈的身高有向中心回归的特点。"回归"一词即源于此。虽然这种向中心回归的现象只是特定领域里的结论,并不具有普遍性,但从它所描述的关于 X 为自变量,Y 为不确定的因变量这种变量间的

关系看,和我们现在的回归含义是相同的。不过,现代回归分析虽然沿用了"回归"一词,但内容已有很大变化,它是一种应用于许多领域的广泛的分析研究方法,在经济理论研究和实证研究中也发挥着重要的作用。

回归分析通过一个变量或一些变量的变化解释另一变量的变化。其主要内容和步骤是,首先根据理论和对问题的分析判断,将变量分为自变量和因变量;其次,设法找出合适的数学方程式(即回归模型)描述变量间的关系;由于涉及的变量具有不确定性,接着还要对回归模型进行统计检验;统计检验通过后,最后是利用回归模型,根据自变量去估计、预测因变量。

回归有不同种类,按照自变量的个数分,有一元回归和多元回归。只有一个自变量的称为一元回归,有两个或两个以上自变量的称为多元回归;按照回归曲线的形态分,有线性(直线)回归和非线性(曲线)回归。实际分析时应根据客观现象的性质、特点、研究目的和任务选取回归分析的方法。我们仅讨论一元线性回归分析。

▶ 7.2.2 相关与回归分析的关系

相关分析是回归分析的基础和前提,回归分析则是相关分析的深入和继续。相关分析需要依靠回归分析来表现变量之间数量相关的具体形式,而回归分析则需要依靠相关分析来表现变量之间数量变化的相关程度。只有当变量之间存在高度相关时,进行回归分析寻求其相关的具体形式才有意义。如果在没有对变量之间是否相关及相关方向和程度做出正确判断之前,就进行回归分析,很容易造成"虚假回归"。与此同时,相关分析只研究变量之间相关的方向和程度,不能推断变量之间相互关系的具体形式,也无法从一个变量的变化来推测另一个变量的变化情况,因此,在具体应用过程中,只有把相关分析和回归分析结合起来,才能达到研究和分析的目的。

二者的区别主要体现在以下三个方面:

(1)在相关分析中涉及的变量不存在自变量和因变量的划分问题,变量之间的关系是对等的;而在回归分析中,则必须根据研究对象的性质和研究分析的目的,对变量进行自变量和因变量的划分。因此,在回归分析中,变量之间的关系是不对等的。

(2)在相关分析中所有的变量都必须是随机变量;而在回归分析中,自变量是给定的,因变量才是随机的,即将自变量的给定值代入回归方程后,所得到的因变量的估计值不是唯一确定的,而会表现出一定的随机波动性。

(3)相关分析主要是通过一个指标即相关系数来反映变量之间相关程度的大小,由于变量之间是对等的,因此相关系数是唯一确定的。而在回归分析中,对于互为因果的两个变量(如人的身高与体重、商品的价格与需求量),有可能存在多个回归方程。

需要指出的是,变量之间是否存在"真实相关",是由变量之间的内在联系所决定的。相关分析和回归分析只是定量分析的手段,通过相关分析和回归分析,虽然可以从数量上反映变量之间的联系形式及其密切程度,但是无法准确判断变量之间内在联系的存在与否,也无法判断变量之间的因果关系。因此,在具体应用过程中,一定要始终注意把定性分析和定量分析结合起来,在准确的定性分析的基础上展开定量分析。

7.3 估计的线性回归方程

对于具有线性相关关系的两个变量,由于有随机因素的干扰,两变量的线性关系中应包括随机误差项 ε,即有:

$$y = \beta_0 + \beta_1 x + \varepsilon \tag{7-2}$$

对于 x 某一确定的值,其对应的 y 值虽有波动,但随机误差的期望值为零,即 $E(\varepsilon) = 0$,因而从平均意义上说,是一个期望值,记 y 为 $E(y)$,总体线性回归方程为:

$$y = E(y) = \beta_0 + \beta_1 x \tag{7-3}$$

我们可通过样本观测值计算 β_0、β_1,用它对(7-2)式中的参数作出估计,即求样本回归方程,用它对总体线性回归方程进行估计。样本回归直线方程又称一元线性回归方程,其表达形式为:

$$\hat{y} = b_0 + b_1 x \tag{7-4}$$

式中,$\hat{y}$ 表示因变量的估计值(回归理论值);b_0、b_1 是待定参数,其中 b_0 是回归直线的起始值(截距),即 x 为 0 时的 $\hat{y}$ 值,从数学意义上理解,它表示在没有自变量 x 的影响时,其他各种因素对因变量 y 的平均影响;b_1 是回归系数(直线的斜率),表示自变量 x 每变动一个单位时,因变量 y 平均变动 b_1 个单位。

线性回归方程中的待定参数是根据样本数据求出的,方法是最小二乘法。

$$\begin{cases} b_1 = \dfrac{n\sum x_i y_i - \sum x_i \sum y_i}{n\sum x_i^2 - (\sum x_i)^2} \\ b_0 = \bar{y} - b_1 \bar{x} \end{cases} \tag{7-5}$$

当 b_0、b_1 求出后,一元线性回归方程 $\hat{y} = b_0 + b_1 x$ 便可确定。

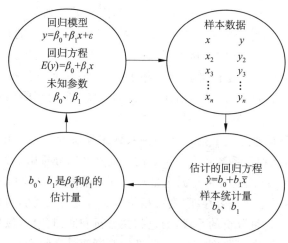

图 7-2 线性回归的估计步骤

下面的例子讨论了如何利用样本数据集建立回归方程并进行预测。

MEIDI 电器有限公司收集了 2014 年 1~10 月产量与制造费用数据。分析制造费用对产量之间的数量关系。首先,我们假定回归方程 x 为产量,y 为制造费用。计算过程见表 7-3。

表 7-3 成本回归分析计算表

月份	x 产量(件)	y 制造费用(元)	x^2	y^2	xy
1	36 000	52 500	129 600	275 625	189 000
2	40 500	54 300	164 025	294 849	219 915
3	42 700	56 400	182 329	318 096	240 828
4	45 800	61 500	209 764	378 225	281 670
5	46 000	58 500	211 600	342 225	269 100
6	48 500	61 300	235 225	375 769	297 305
7	52 300	63 800	273 529	407 044	333 674
8	54 000	66 000	291 600	435 600	356 400
9	55 800	67 050	311 364	449 570.3	374 139
10	59 000	68 900	348 100	474 721	406 510
合计	480 600	610 250	2 357 136	3 751 724	2 968 541

由表 7-3 中数据和式(7-5)得,$b_0 = 24\ 821.62$,$b_1 = 0.753\ 171$。故有制造费用对产量的回归方程 $y = 24\ 827.62 + 0.753\ 171x$。

如果我们相信,应用最小二乘法估计的回归方程能满意地描述 x、y 之间的关系,那么对于一个已知的 x 值,去统计预测 y 的值将是合理的。

7.4 回归估计标准误差

回归方程的一个重要作用在于根据自变量的已知值估计因变量的理论值(估计值)。而理论值 $\hat{y}$ 与实际值 y 存在着差距,这就产生了推算结果的准确性问题。如果差距小,说明推算结果的准确性高;反之,则低。为此,分析理论值与实际值的差距很有意义。为了度量 y 的实际水平和估计值离差的一般水平,可计算估计标准误差。估计标准误差是衡量回归直线代表性大小的统计分析指标,它说明观察值围绕着回归直线的变化程度或分散程度。

通常用 S_e 代表估计标准误差,其计算公式为:

$$S_e = \sqrt{\frac{\sum(y-\hat{y})^2}{n-2}} \tag{7-6}$$

用表 7-3 的数据说明估计平均误差的计算方法,可列出计算表 7-4。

表 7-4 估计平均误差计算表

月份	x	y	$\hat{y}$	$y - \hat{y}$	$(y - \hat{y})^2$
1	36 000	52 500	51 941.76	558.24	311 629.3

续表

月份	x	y	$\hat{y}$	$y-\hat{y}$	$(y-\hat{y})^2$
2	40 500	54 300	55 331.03	−1 031.03	1 063 023.0
3	42 700	56 400	56 988.01	−588.05	345 750.4
4	45 800	61 500	59 322.83	2 177.17	4 740 050
5	46 000	58 500	59 473.47	−973.47	947 641
6	48 500	61 300	61 356.4	−56.40	3 180.4
7	52 300	63 800	64 218.44	−418.44	175 094.9
8	54 000	66 000	65 498.83	501.17	251 167.9
9	55 800	67 050	66 854.54	195.46	38 204.37
10	59 000	68 900	69 264.69	−364.69	132 996.3

由式(7-6)可得

$$S_e = \sqrt{\frac{\sum (y-y_c)^2}{n-2}} = \sqrt{\frac{8\,008\,738}{8}} = 1\,000.546$$

结果表明估计标准差是 1 000.546 元。

回归估计标准差与之前讨论的标准差的计算方法是一致的，两者都是反映平均差异程度和表明代表性的指标。一般标准差反映的是各变量值与其平均数的平均差异程度，表明其平均数对各变量值的代表性强弱；回归标准误差反映的是因变量各实际值与其估计值之间的平均差异程度，表明其估计值对各实际值的代表性强弱，其值越小，估计值 y_c（或回归方程）的代表性越强，用回归方程估计或预测的结果越准确。上述的计算结果 1 000.546 元表明实际成本总额与估计的成本总额之间的平均相差 1 000.546 元。

7.5 判定系数

回归分析表明，因变量 y 的实际值（观察值）有大有小、上下波动，对每一个观察值来说，波动的大小可用离差 $(y_i-\bar{y})$ 来表示。离差产生的原因有两个方面：一是受自变量 x 变动的影响，二是受其他因素的影响（包括观察或实验中产生的误差的影响）。n 个观测值总的波动大小用总离差平方和 $\sum (y_i-\bar{y})^2$ 表示。

从图 7-3 可以看出，每个观察点的离差可以分解为两部分：

$$y-\bar{y}=(y_i-\hat{y})+(\hat{y}-\bar{y}) \qquad (7-7)$$

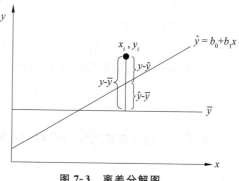

图 7-3 离差分解图

其中，$(y_i-\hat{y})$ 为剩余离差，$(\hat{y}-\bar{y})$ 为回归离差。

将上式两边平方，然后对所有的 n 点求和，则有：

$$\sum(y-\bar{y})^2 = \sum[(y_i-\hat{y})+(\hat{y}-\bar{y})]^2$$
$$= \sum(y-\hat{y})^2 + 2\sum(y-\hat{y})(\hat{y}-\bar{y}) + \sum(\hat{y}-\bar{y})^2$$

式中，交错的乘积项等于零，因而总离差平方和为：

$$\sum(y-\bar{y})^2 = \sum(y-\hat{y})^2 + \sum(\hat{y}-\bar{y})^2$$

即：

总离差平方和(SST)＝剩余平方和(SSE) ＋ 回归平方和(SSR)

剩余平方和 SSE 又称残差平方和，它反映了自变量 x 对因变量 y 的线性影响之外的一切因素(包括 x 对 y 的非线性影响和测量误差等)对因变量 y 的作用。

回归平方和 SSR 表示在总离差平方和中，由于 x 与 y 的线性关系而引起因变量 y 变化的部分。

判定系数为估计的回归方程提供了一个拟合优度的度量。

对于样本中的第 i 次观测值，因变量的观测值 y_i 和因变量的估计值 $\hat{y}_i$ 之间的离差称为第 i 个残差。残差表示用 $\hat{y}_i$ 估计 y_i 的误差。这些残差或误差的平方和是一个用最小二乘法来极小化的量，也被称为误差平方和，记作 SSE。那么残差或误差的平方和可表示为

$$SSE = \sum(y_i-\hat{y}_i)^2$$

同时，为了度量估计的回归方程的 $\hat{y}_i$ 值与直线 $\bar{y}_i$ 的偏离有多大，我们需要计算另一个平方和，称之为回归平方和，记作 SSR，表示为

$$SSR = \sum(\hat{y}-\bar{y})^2$$

则

$$SST = SSE + SSR$$

如果我们为估计的回归方程给出一个拟合优度的度量，那么，可以假设残差或误差最小为 0，此时的实际观测值刚好落在估计的回归方程直线上。因此我们有理由相信，SSE 越小，SSR 值越接近于 SST；反之，SSE 越大，实际观测值偏离估计的回归方程直线越远，拟合的优度越低。如果用一个比值来度量这个拟合的优度，我们称为判定系数，记作 r^2，以此有：

$$r^2 = SSR/SST$$

r^2 将在 0 和 1 之间取值。如果我们用一个百分数表示判定系数，可以把 r^2 解释为总的离差平方和中能被估计的回归方程解释的百分比。

7.6 利用回归方程进行估计和预测

拟合的回归直线方程经检验具有意义，就可以进行预测。预测是回归模型在统计中的重要应用。

1. 点估计

在表 7-2 产量与制造费用相关讨论中,估计回归方程为 $y=24\,827.62+0.753\,171x$,提供了产量 x 与制造费用 y 之间关系的一种估计。我们可以用回归方程来对给定某一特定 x 值时 y 的值进行点估计,或者预测某一特定 x 值的 y 值。例如,假定 11 月份产量是 60 000 件,运用回归方程,我们可以得到:

$$y=24\,827.62+0.753\,171\times 60\,000=70\,017.88(元)$$

因此,当产量为 60 000 件时,制造费用的点估计值是 70 017.88 元。

2. 区间估计

对于预测问题,除了知道点估计的预测值外,还希望知道预测的精度,因为点估计不能给出与估计有关的任何准确信息。比如研究产量与制造费用的关系,可建立回归方程 $y=a+bx$,当已知产量 $x=x_0$ 时,要预测制造费用,即计算出点估计值 $\hat{y}_0$,而仅知道这一数值意义不大,我们往往更希望能给出一个预测值的变动范围,即进行区间估计。而这一预测值范围比只给 $\hat{y}_0$ 更可信。这个问题也就是对于给定的显著水平 α,找一个区间 (T_1,T_2),使对应于某特定的 x_0 的实际值 y_0 以 $1-\alpha$ 的置信概率被区间 (T_1,T_2) 所包含。且可以证明置信概率为 $(1-\alpha)$ 的预测区间为

$$(\hat{y}_0-Sy_0\sqrt{F_\alpha(1,n-2)},\hat{y}_0+Sy_0\sqrt{F_\alpha(1,n-2)})$$

$$Sy_0=\sqrt{S_e^2\left[1+\frac{1}{n}+\cdot\frac{(x_0-\bar{x})^2}{\sum(x-\bar{x})^2}\right]}$$

为 $\hat{y}_0$ 的标准差,$F_\alpha(1,n-2)$ 为 F 分布表查得的临界值。

令:

$$\Delta=Sy_0\sqrt{F_\alpha(1,n-2)}$$

则预测区间为 $(\hat{y}_0-\Delta,\hat{y}_0+\Delta)$。

从上式可看到,对于给定的显著性水平 α,为了提高预测精度,样本容量 n 应越大越好,采集数据 $x_1,x_2,\cdots,x_n$ 不能太集中。在进行预测时,所给的 x_0 不能偏离 $\bar{x}$ 太大,太大时,预测效果肯定不好。统计预测时,当时间序列数据发生了较大变化,即要预测未来太远时,x 的取值 x_0 肯定距当时建模时采集样本的 $\bar{x}$ 相差太大,因此再用原模型去预测肯定不准。

当样本量 n 较大,或 $|x_0-\bar{x}|$ 较小时,我们可用近似的预测区间。置信水平为 0.95 与 0.99 的近似预测分别为

$$(\hat{y}_0-2S_e,\hat{y}_0+2S_e)$$

$$(\hat{y}_0-3S_e,\hat{y}_0+3S_e)$$

对于表 7-3 的数据,$x=60\,000$ 时点估计值的计算结果,现以 $1-\alpha=0.95$ 的置信水平进行区间估计,则:

$$\hat{y}_0-2S_e=70\,017.88-2\times 1\,000.546=68\,016.788(元)$$

$$\hat{y}_0+2S_e=70\,017.88-2\times 1\,000.546=72\,018.972(元)$$

即在置信水平为95%的条件下,预测区间为(68 016.788,72 018.972)。

在统计过程中,有时也会遇到一个变量受多种变量因素的共同作用。如在进行制造费用的分析时,可能受到机器工作小时和直接人工工时的共同影响,这时可根据若干历史时期的产量、成本资料,经分析、计量后,确定变动趋势 $y=a+b_1x_1+b_2x_2$。这就是多元线性回归分析法。本书对此不再介绍,只提醒读者,在进行多元分析时,也要进行各种检验,检验通过后才能进行分析预测。

回归分析方法的应用要特别注意定性分析与定量分析相结合。当现阶段的实际情况与建模时所用数据资料的背景发生较大变化时,不能机械地死套公式,这时要重新收集数据,尽可能用近期数据,以便对模型进行修改。另外,在应用回归方程作预测时,一般适用于内插预测,不大适用于外推预测。如需扩大使用范围,应有充分的理论依据或进一步的试验根据。

拓展阅读

Excel 在相关与回归分析中的应用

一、相关图的绘制

将本章表7-1中的资料建立 Excel 工作表,如图7-4所示。

图 7-4 Excel 工作表

制作相关图的步骤如下:
(1) 选择区域 A1:B11。
(2) 单击 Excel 图表向导。
(3) 在"图表类型"中选择"XY 散点图",如图7-5所示。
(4) 在"子图表类型"中选择第一种散点图,并单击"下一步",即可得到散点图。
(5) 单击"完成"按钮,并对图形进行修饰编辑,最后得到如图7-6所示广告投入与月平均销售额之间的散点图。

二、相关系数

在 Excel 中,相关系数函数和相关系数宏提供了两种计算相关系数的方法。

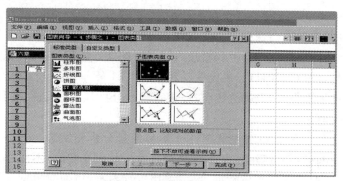

图 7-5 选择图表类型

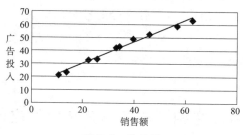

图 7-6 散点图

（一）相关系数函数

在 Excel 中，CORREL 函数和 PERSON 函数提供了计算两个变量之间的相关系数的方法，这两个函数是等价的。与相关系数有关的函数还有 RSQ（相关系数的平方，即判定系数 r^2）和 COVAR（协方差函数）。

在这里我们以 CORREL 函数和表 7-1 中资料为例，介绍利用函数计算相关系数的方法。

（1）首先，单击 Excel 函数图钮 fx，选择"统计"函数。

（2）在"统计"函数中单击 CORREL，进入函数向导。

（3）在 Array1 中输入第一个变量"广告投入"的数据区域 A2:A11，在 Array2 中输入第二个变量"月均销售额"的数据区域 B2:B11，即可在当前光标所在单元格显示函数的计算结果。如图 7-7 所示。

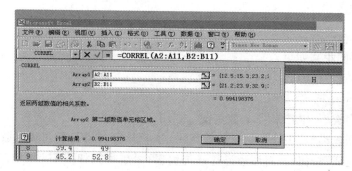

图 7-7 CORREL 函数向导

（二）相关系数宏

在 Excel 数据分析宏中，Excel 专门提供了计算相关系数宏过程。利用此宏过程，可以计算多个变量之间的相关矩阵。

仍然以表 7-1 中资料为例,利用相关系数宏计算相关系数矩阵的过程如下:

(1) 单击 Excel"工具"菜单,选择"数据分析"过程。

(2) 在"数据分析"过程中,选择"相关系数"过程。如图 7-8 所示。

(3) 在"输入区域"中输入两个变量所在区域 A2:B11,数据以列排列,输出区域选择在同一工作表中的 D1:E5 区域里。计算结果如图 7-9 所示。

图 7-8 "相关系数"对话框

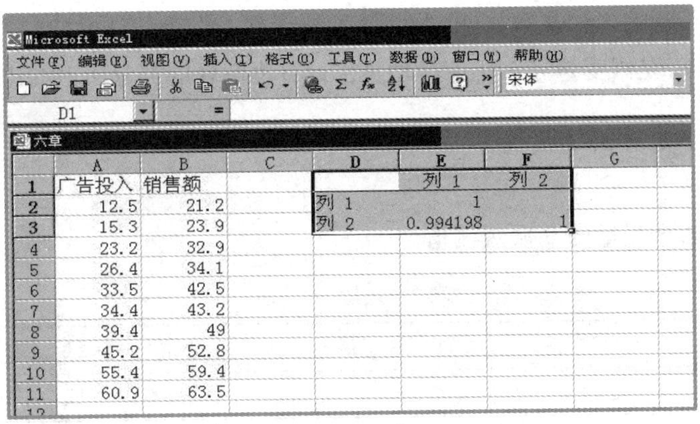

图 7-9 计算结果

三、回归分析宏

除了回归分析宏外,Excel 虽然提供了 9 个函数用于建立回归模型和回归预测。这 9 个函数列于表 7-5 中。但 Excel 提供的回归分析宏仍然具有更方便的特点。仍以表 7-1 中广告投入与销售额的关系资料为例,利用一元线性回归方程确定两个变量之间的定量关系。

表 7-5 用于回归分析的工作表函数

函数名	定义
INTERCEPT	一元线性回归模型截距的估计值
SLOPE	一元线性回归模型斜率的估计值
RSQ	一元线性回归模型的判定系数(r^2)
FORECAST	依照一元线性回归模型的预测值
STEYX	依照一元线性回归模型的预测值的标准误差

续表

函数名	定义
TREND	依照多元线性回归模型的预测值
GROWTH	依照多元指数回归模型的预测值
LINEST	估计多元线性回归模型的未知参数
LOGEST	估计多元指数回归模型的未知参数

小结

本项目介绍了测度两变量之间关系的相关系数。相关系数提供了线性但不一定是因果关系的一个度量,可以用$-1\sim 1$之间的一个系数来描述。两个变量之间较高的相关系数,并不意味着一个变量的变化会引起另一个变量的变化。并通过检验来判定两个变量之间的关系是否显著。

本项目讨论了回归分析如何用于确定一个因变量 y 怎样依赖一个自变量 x。在建立了回归模型 $y=\beta_0+\beta_1 x+\varepsilon$。线性回归方程 $E(y)=\beta_0+\beta_1 x$ 描述了 y 的平均值或期望值是如何依赖 x 变化的。我们利用样本数据和最小二乘法建立了估计的回归方程 $\bar{y}=b_0+b_1 x$。实际上,b_0 和 b_1 是用来估计模型的未知参数 β_0 和 β_1 的样本统计量。作为估计的回归方程拟合优度的一个度量,判定系数 r^2 是因变量 y 中的变异性被估计方程解释的部分所占的比例。

练习

1. 表 7-6 是两个变量的 5 次观测值。

表 7-6 题 1 表

x_i	6	11	15	21	27
y_i	6	9	6	17	12

(1) 绘制这些数据的散点图。
(2) 通过散点图观察 x 和 y 之间存在何种关系?
(3) 计算并解释相关系数。
(4) 建立估计回归方程。

2. 表 7-7 是一组女运动员的身高(英寸)和体重(磅)的数据。

表 7-7 题 2 表

身高	68	64	62	65	66
体重	132	108	102	115	128

(1) 以身高为自变量,绘制这些数据的散点图。
(2) 根据散点图,说明两变量之间存在什么关系?
(3) 尝试画一条通过这些数据的直线,来近似身高的体重之间的关系。

(4) 计算 b_0、b_1 的值,建立估计回归方程。

(5) 假定一名运动员的身高是 63 英寸,你估计她的体重是多少?

3. 调查机构分析了一组大学生毕业后的资薪收入和在校学习成绩的相关数据,给出了这组数据的估计回归方程是 $\hat{y}=1\,790.5+581.1x$。数据见表 7-8。

表 7-8　题 3 表

平均成绩 x	月薪 y	平均成绩 x	月薪 y
2.6	3 300	3.2	3 500
3.4	3 600	3.5	3 900
3.6	4 000	2.9	3 600

(1) 计算 SST、SSR 和 SSE 的值。

(2) 计算判定系数 r^2,请对拟合优度做出评述。

(3) 计算样本的相关系数。

项目 8

时间序列分析及预测

>>> **实践中的统计**

职业健康诊所火灾损失的评估

职业健康诊所(Nevada Occupational Health Clinic)是一家私人医疗诊所。这个诊所专攻工业医疗,并且在该地区经营已经超过15年。2012年初,该诊所进入了增长的阶段。在其后的26个月里,该诊所每个月的账单收入从57 000美元增长到超过300 000美元。直至2017年4月6日,当诊所的主建筑物被烧毁时,诊所一直经历着持续性的增长。

诊所的保险单包括实物财产和设备,也包括出于正常商业经营的中断而引起的收入损失。确定实物财产和设备在火灾中的损失额,受理财产的保险索赔要求是一个相对简单的事情。但是确定在进行重建诊所的7个月中,收入的损失额是很复杂的,它涉及业主和保险公司之间的讨价还价。对如果没有发生火灾,诊所的账单收入"将会有什么变化"的计算,没有预先制定的规则。为了估计失去的收入,诊所用一种预测方法,来测算在7个月的停业期间将要实现的营业增长。在火灾前的账单收入的实际历史资料,将为拥有线性趋势和季节成分的预测模型提供基础资料。这个预测模型使诊所得到损失收入的一个准确的估计值,这个估计值最终被保险公司所接受。

这是一个时间数列分析方法在保险业务中的成功案例。这个案例中的时间序列分析方法的统计思想对现代经济管理同样具有重要的启迪和现实意义。例如对于企业销售收入和销售成本的预测,我们当然要观察过去的实际资料,根据这些历史资料,我们可以对其发展水平、发展速度进行分析,也可能得到销售的一般水平或趋势,如销售收入随时间增长或下降的趋势。对这些资料的进一步观察,还可能显示一种季节轨迹,如每年的销售高峰出现在第三季度,而销售低谷出现在第一季度以后。通过观察历史资料,可以对过去的销售轨迹有较好的了解,因此对产品的未来销售情况,可以做出较为准确、公正的判断。时间数列分析,能反映客观事物的发展变化,能揭示客观事物随时间演变的趋势和规律。

8.1 时间数列及分析方法

任何现象,随着时间的推移,都会呈现出一种在时间上的发展和运动过程;时间数列分析,是指从时间的发展变化角度,研究客观事物在不同时间的发展状况,探索其随时间推移的演变趋势和规律,揭示其数量变化和时间的关系,预测客观事物在未来时间上可能达到的数量和规模。时间数列分析的依据是时间数列(又称动态数列)。我们把同一现象在不同时间上的相继观察值排列而成的数列称为时间数列或时间序列。从表8-1可以看出,时间序列形式上包含两部分:一是现象所属的时间,二是现象在不同时间上的观察值,这两部分是任何一个时间数列所应具备的两个基本要素。现象所属的时间可以是年份、季度、月份或其他任何时间形式。现象的观察值根据表现形式不同有绝对数、相对数和平均数,因此,从观察表现形式上看,时间序列可分为绝对数时间数列、相对数时间数列和平均数时间数列。

表 8-1 中国国内生产总值及相关指标的时间序列数据

年份	国内生产总值(亿元)	第三产业占GDP比重(%)	年底总人口(万人)	职工平均货币工资(元)
1990	18 547.9	31.3	114 333	2 140
1991	21 617.9	33.4	115 823	2 340
1992	26 638.1	34.3	117 171	2 711
1993	34 634.4	32.7	118 517	3 371
1994	46 759.4	31.9	119 850	4 538
1995	58 478.1	30.7	121 121	5 500
1996	67 884.6	30.1	122 889	6 210
1997	74 462.6	30.9	123 626	6 470
1998	78 345.2	32.1	124 810	7 479
1999	81 910.9	33.0	125 909	8 346

资料来源:《中国统计年鉴》,中国统计出版社,2001.

8.1.1 时间序列类型

1. 绝对数时间数列

绝对数时间数列又称总量指标数列,是指将反映现象总规模、总水平的某一总量指标在不同时间上的观察数值按时间先后顺序排列起来所形成的数列。总量指标数列是计算相对指标和平均指标,进行各种时间数列分析的基础。

按其指标所反映时间状况的不同,总量指标数列又分为时期数列(见表8-1第2栏)和时点数列(见表8-1第4栏)。时期数列中所排列的指标为时期指标,各时期上的数值分别反映现象在这一段时期内所达到的总规模、总水平,是现象在这一段时期内发展过程的累积总量。观察值具有可加性及数值大小与所属时期长短有密切联系的特点。时点数列中所排列的指标为时点指标,各时点上的数值分别反映现象在各该时点上所达到的总规模、总水平,是现象在某一时点上的数量表现。观察值具有时间上的不可加性及各时点上观察值大小与相邻两时点间间隔长短无密切联系的特点。

2. 相对数和平均数时间数列

相对数和平均数时间数列又称为相对指标和平均指标数列。指将反映现象相对水平、平均水平的某一相对指标或平均指标在不同时间上的观察值按时间先后顺序排列起来所形成的数列(见表8-1的第3栏和第5栏)。不论是相对指标还是平均指标,其共同点都是由总量指标派生而来,反映一种对比或平均的概念;不同时间上的相对数或平均数不能相加,即相加以后没有意义。

3. 编制时间数列应注意的问题

编制时间数列的目的，是为了进行时间数列分析，因而，保证数列中各项观察值具有可比性，是编制时间数列的基本原则。所谓可比性，是要求各观察值所属时间、总体范围、经济内容、计算方法、计算价格、计量单位等可比。具体含义如下：

（1）各项观察值所属时间可比。即要求各观察值所属时间的一致性。对时期数列而言，由于各观察值的大小与所属时期的长短直接相关，因此各观察值所属时间的长短应该一致，否则不便于对比分析。对于时点数列，虽然两时点间间隔长短与观察值无明显关系，但为了更好地反映现象的发展变化状况，两时点间的间隔也应尽可能相等。

（2）各项观察值总体范围可比。这是就所属空间范围而言，如地区范围、隶属范围、分组范围等。当时间数列中某些观察值总体范围不一致时，必须进行适当调整使其一致，否则前后期指标数值不能直接对比。

（3）各项观察值经济内容可比。指标的经济内容是由其理论内涵所决定的，随着社会经济条件的变化，有些指标的经济内容发生了变化。对于名称相同而经济内涵不一致的指标，尤其要注意这一点，务必使各时间上的观察值内涵一致，否则也不具备可比性。例如，我国的工业总产值指标，有的年份包括了乡村企业的工业产值，有的年份则不包括。

（4）各项观察值的计算方法可比。对于指标名称总体范围和经济内容都相同的指标计算方法不同也会导致数值差异，有时甚至是极大的差异。例如国内生产总值（GDP），按照生产法、支出法、分配法计算的结果就有差异。因此，同一时间数列中，各个时期（时点）指标值的计算方法要统一。如果从某一时期，计算方法做了重大改变，那么发布资料必须注明，以便动态比较时进行调整。

（5）计算价格和计量单位可比。统计指标的计算价格种类很多，有现行价格和不变价格之分。不变价格为了适应客观经济条件的变化也在不断调整，形成了多个时期的不变价格，编制时间序列遇到前后时期所用的计算价格不同，就需要进行调整，使其统一。对于实物指标的时间序列，则要求计量单位保持一致，否则也要进行调整。

8.1.2 时间数列常用分析方法

时间数列分析最常用的方法有两种，一是指标分析法，二是构成因素分析法。

1. 时间数列指标分析法

所谓指标分析法，是指通过计算一系列时间数列分析指标，包括发展水平、平均发展水平、增减量、平均增减量、发展速度、平均发展速度、增减速度、平均增减速度等来揭示现象的发展状况和发展变化程度。

2. 时间数列构成因素分析法

这种方法是将时间数列看作是由长期趋势、季节变动、循环变动和不规则变动几种因素所构成,通过对这些因素的分解分析,揭示现象随时间变化而演变的规律,并在揭示这些规律的基础上,假定事物今后的发展趋势遵循这些规律,从而对事物的未来发展做出预测。

时间数列的这两种基本分析方法,各有不同的特点和作用,各揭示不同的问题和状况,分析问题时应视研究的目的和任务,分别采用或综合应用。

8.2 时间数列的水平分析

时间数列水平分析指标有发展水平、平均发展水平、增减量、平均增减量四种。

8.2.1 发展水平

在时间序列中,用 $t_i(i=1,2,\cdots,n)$ 表示现象所属的时间,a_i 表示现象在不同时间上的观察值。$a_i(i=1,2,\cdots,n)$ 也称为现象在时间 t_i 上的发展水平,它表示现象在某一时间上所达到的一种数量状态。若观察的时间范围为 $t_1,t_2,\cdots,t_n$,相应的观察值表示为 $a_1,a_2,\cdots,a_n$,其中 a_1 称为最初发展水平,a_n 称为最末发展水平。若将整个观察时期内的各观察值与某个特定时期 t_0 作比较时,时间 t 可表示为 $t_0,t_1,\cdots,t_n$,相应的观察值表示为 $a_0,a_1,\cdots,a_n$,其中 a_0 称为基期水平,a_n 称为报告期水平。

8.2.2 平均发展水平

平均发展水平是现象在时间 $t_i(i=1,2,\cdots,n)$ 上取值的平均数,又称为序时平均数或动态平均数。它可以概括性地描述出现象在一段时期内所达到的一般水平。序时平均数作为一种平均数,与静态平均数有相同点,即它们都抽象了现象的个别差异,以反映现象总体的一般水平。但二者又有明显的区别,主要表现在序时平均数抽象的是现象在不同时间上的数量差异,因而它能够从动态上说明现象在一定时期内发展变化的一般趋势;静态平均数抽象的是总体各单位某一数量标志值在同一时间上的差异,因此,它是从静态上说明现象总体各单位的一般水平。由于不同时间序列中观察值的表现形式不同,序时平均数有不同的计算方法。

1. 绝对数时间数列的序时平均数

绝对数时间数列序时平均数的计算方法是最基本的,它是计算相对数或平均数时间数列序时平均数的基础。绝对数时间数列有时期数列和时点数列之分,序时平均数的计算方法也有所区别。

(1)时期数列的序时平均数,其计算公式为

$$\bar{a} = \frac{a_1 + a_2 + \cdots a_n}{n} = \frac{\sum a}{n} \tag{8-1}$$

式中,$\bar{a}$ 为序时平均数,n 为观察值的个数。

例如,对表 8-1 中的国内生产总值时间序列,计算年平均国内生产总值。

根据时期数列序时平均数公式有

$$\bar{a} = \frac{\sum a}{n} = \frac{18\,547.9 + 21\,617.9 + \cdots + 81\,910.9}{10} = 50\,927.9(亿元)$$

(2) 由时点数列计算序时平均数。在社会经济统计中一般是将一天看作一个时点,即以"一天"作为最小时间单位。这样时点数列可认为有连续时点和间断时点数列之分;而间断时点数列又有间隔相等与间隔不等之别。其序时平均数的计算方法略有不同,分述如下:

连续时点数列计算序时平均数。在统计中,对于逐日排列的时点资料,视其为连续时点资料。这样的连续时点数列,其序时平均数公式可按式(8-1)计算,即:

$$\bar{a} = \frac{\sum a}{n} \tag{8-2}$$

例如,存款(贷款)平均余额指标,通常就是由报告期内每日存款(贷款)余额之和除以报告期日历数而求得。

另一种情形是,资料登记的时间单位仍然是 1 天,但实际上只在指标值发生变动时才记录一次。此时需采用加权算术平均数的方法计算序时平均数,权数是每一指标值的持续天数。

计算公式如下:

$$\bar{a} = \frac{\sum af}{\sum f} \tag{8-3}$$

例如,表 8-2 是某商品 5 月的库存量数据,计算 5 月份平均日库存量。

表 8-2 某种商品 5 月库存资料

日期	1～4	5～10	11～20	21～26	27～31
库存量(台)	50	55	40	35	30

根据式(8-3),该商品 5 月份平均日库存量为

$$\bar{a} = \frac{\sum af}{\sum f} = \frac{50 \times 4 + 55 \times 6 + 40 \times 10 + 35 \times 6 + 30 \times 5}{4 + 6 + 10 + 6 + 5} = 42(台)$$

间断时点数列计算序时平均数。实际统计工作中,很多现象并不是逐日对其时点数据进行统计,而是隔一段时间(如一月、一季度、一年等)对其期末时点数据进行登记。这样得到的时点数列称为间断时点数列。如果每隔相同的时间登记一次,所得数列称为间隔相等的间断时点数列;如果每两次登记时间的间隔不尽相同,所得数列称为间隔不等的间断时点数列。当其时点资料是以月度、季度、年度为时间间隔单位,我们已不可能像连续时点资料那样求得准确的时点平均数。这种情况下,我们可以根据资料所属时间的间隔特点,选用不同的计算公式。对于间隔相等的资料,采用"首末折半";对于间隔不等的资料,采用"间隔加权"的方法计算序时平均数。

某商业企业 2014 年第二季度某种商品的库存量见表 8-3,计算该商品第二季度月平均

库存量。

表 8-3 某商业企业 2014 年第二季度某商品库存量

月　份	3月末	4月末	5月末	6月末
库存量（百件）	66	72	64	68

4 月平均库存量 $=\dfrac{66+72}{2}=69$（百件）

5 月平均库存量 $=\dfrac{72+64}{2}=68$（百件）

6 月平均库存量 $=\dfrac{64+68}{2}=66$（百件）

第二季度平均库存量 $=\dfrac{69+68+66}{3}=67.67$（百件）

为简化计算过程，上述计算步骤可表示为

第二季度平均库存量 $=\dfrac{\dfrac{66+72}{2}+\dfrac{72+64}{2}+\dfrac{64+68}{2}}{3}=\dfrac{\dfrac{66}{2}+72+64+\dfrac{68}{2}}{3}$

$=67.67$（百件）

根据上述计算过程可推导出计算公式为

$$\bar{a}=\dfrac{\dfrac{a_1+a_2}{2}+\dfrac{a_2+a_3}{2}+\cdots+\dfrac{a_{n-1}+a_n}{2}}{n-1}$$

$$=\dfrac{\dfrac{a_1}{2}+a_2+\cdots+a_{n-1}+\dfrac{a_n}{2}}{n-1} \tag{8-4}$$

该公式形式上表现为首末两项观察值折半，故称为"首末折半法"。这种方法适用于间隔相等的间断时点数列求序时平均数。

表 8-4 列示了我国 1990～1999 年年末人口的部分年份资料，计算年平均人口数。

表 8-4　中国 1990～1999 年部分年份年末人口数

年份	1990	1992	1995	1998	1999
年底总人口（万人）	114 333	117 171	121 121	124 810	125 909

对资料进行观察分析，属间隔不等的间断时点资料，采用"间隔加权"方法。

$$\bar{a}=\dfrac{\dfrac{(a_1+a_2)}{2}f_1+\dfrac{(a_2+a_3)}{2}f_2+\cdots+\dfrac{(a_{n-1}+a_n)}{2}f_{n-1}}{f_1+f_2+\cdots+f_{n-1}}$$

$$=\dfrac{\dfrac{114\,333+117\,171}{2}\times 2+\dfrac{117\,171+121\,121}{2}\times 3+\dfrac{121\,121+124\,810}{2}\times 3+\dfrac{124\,810+125\,989}{2}\times 1}{9}$$

$=120\,355.33$（万人） \hfill (8-5)

2. 相对数或平均数时间数列的序时平均数

相对数和平均数是两个有联系的相对数对比求得,用符号表示即 $c=\dfrac{a}{b}$。因此,由相对数或平均数数列计算序时平均数,不能直接根据该相对数或平均数数列中各项观察值简单平均计算(即不应当用 $\bar{c}=\sum c/n$ 的公式),而应当先分别计算构成该相对数或平均数数列的分子数列和分母数列的序时平均数,再对比求得。用公式表示为

$$\bar{c}=\dfrac{\bar{a}}{\bar{b}} \tag{8-6}$$

例如,表 8-5 是某企业 2014 年第四季度职工人数数据,计算工人占职工人数的平均比重。

表 8-5 某企业 2014 年四季度职工人数资料

月份	9月末	10月末	11月末	12月末
工人人数/人	342	355	358	364
职工人数/人	448	456	469	474
工人占职工比重/%	76.34	77.85	76.33	76.79

$$\bar{c}=\dfrac{\bar{a}}{\bar{b}}=\dfrac{a_1/2+a_2+a_3+\cdots+a_n/2}{b_1/2+b_2+b_3+\cdots+b_n/2}$$
$$=\dfrac{342/2+355+358+364/2}{448/2+456+469+474/2}=76.91\%$$

表 8-6 是某企业下半年劳动生产率数据,计算平均月劳动生产率和下半年平均职工劳动生产率。

表 8-6 某企业下半年劳动生产率资料

月份	6月	7月	8月	9月	10月	11月	12月
总产值/万元(a)	87	91	94	96	102	98	91
月末职工人数/人(b)	460	470	480	480	490	480	450
劳动生产率/(元/人)(c)	1 948	1 957	1 979	2 000	2 103	2 021	1 957

从表 8-6 可以看到,劳动生产率的分子总产值是时期指标,分母职工人数是时点指标,计算平均月劳动生产率应用下列公式:

$$\bar{c}=\dfrac{\bar{a}}{\bar{b}}=\dfrac{(\sum a)/n}{(b_1/2+b_2+b_3+\cdots b_n/2)/(n-1)}$$

代入表中数据:

$$\bar{c}=\dfrac{(91+94+96+102+98+91)/6}{(460/2+470+480+480+490+480+450/2)/(7-1)}=2\ 003.5(元/人)$$

若计算下半年平均职工劳动生产率,则有两种计算形式。一种是用下半年平均月劳动生产率乘月份个数 n,即 $n\bar{c}=2\ 003.5\times 6=12\ 021(元/人)$ 得出,另一种则采用下列公式计算:

$$\bar{c} = \frac{\sum a}{(b_1/2 + b_2 + b_3 + \cdots + b_n/2)/(n-1)}$$

代入表中数据

$$\bar{c} = \frac{91+94+96+102+98+91}{(460/2+470+480+480+490+480+450/2)/(7-1)} = 12\,021(元/人)$$

8.2.3 增减量

增减量是报告期水平与基期水平之差,用以说明现象在一定时期内增减的绝对数量。由于所选择基期的不同,增减量可分为逐期增减量和累积增减量。

逐期增减量是报告期水平与其前一期水平之差,说明本期较上期增减的绝对数量,用公式表示为:

$$a_i - a_{i-1} \quad (i=1,2,\cdots,n) \tag{8-7}$$

累积增减量是报告期水平与某一固定基期水平之差,说明报告期与某一固定时期相比增减的绝对数量。用公式表示为

$$a_i - a_0 \quad (i=1,2,\cdots,n) \tag{8-8}$$

逐期增减量与累积增减量之间存在一定的关系:各逐期增减量的和等于相应时期的累积增减量;两相邻时期累积增减量之差等于相应时期的逐期增减量。用公式分别表示为

$$\sum_{i=1}^{n}(a_i - a_{i-1}) = a_n - a_0 \tag{8-9}$$

$$a_i - a_0 - (a_{i-1} - a_0) = a_i - a_{i-1}(i=1,2,\cdots,n)$$

具体计算实例见表 8-7。

表 8-7 1990~1999 年国内生产总值   单位:亿元

年 份	1990	1991	1992	1993	1994	1995	1996	1997	1998	1999
国内生产总值	18 547.9	21 617.9	26 638.1	34 634.4	46 759.4	58 478.1	67 884.6	74 462.6	78 345.2	81 910.9
逐期增长量	—	3 070	5 020.2	7 996.3	12 125	11 718.7	9 406.5	6 578	3 882.6	3 565.7
累积增长量	—	3 070	8 090.2	16 086.5	28 211.5	39 930.2	49 336.7	55 914.7	59 797.3	63 363

8.2.4 平均增减量

平均增减量是观察期各逐期增减量的序时平均数,用于描述现象在观察期内平均每期增减的数量。它可以根据逐期增减量求得,也可以根据累积增减量求得。计算公式为

$$平均增减量 = \frac{\sum_{i=1}^{n}(a_i - a_{i-1})}{n} = \frac{a_n - a_0}{n} \tag{8-10}$$

其中,n 为逐期增减量个数。

根据表 8-7 资料,计算国内生产总值平均增长量:

$$国内生产总值平均增长量 = \frac{3\,070 + \cdots + 3\,565.7}{9} = \frac{63\,363}{9} \approx 7\,040.3(亿元)$$

8.3 时间数列速度指标分析

时间数列的速度指标有发展速度、增减速度、平均发展速度、平均增减速度。

8.3.1 发展速度

发展速度是报告期发展水平与基期发展水平之比,用于描述现象在观察期内相对的发展变化程度。

由于采用的基期不同,发展速度可以分为环比发展速度和定基发展速度。环比发展速度是报告期水平与前一时期水平之比,说明现象逐期发展变化的程度;定基发展速度是报告期水平与某一固定时期水平之比,说明现象在整个观察期内总的发展变化程度。

设时间序列的观察值为 $a_i,(i=1,2,\cdots,n)$,发展速度为 R,环比发展速度和定基发展速度的一般形式可以写为

环比发展速度:
$$R_i = \frac{a_i}{a_{i-1}} (i=1,\cdots,n) \tag{8-11}$$

定基发展速度:
$$R_i = \frac{a_i}{a_0} (i=1,\cdots,n) \tag{8-12}$$

环比发展速度与定基发展速度之间存在着重要的数量关系:观察期内各个环比发展速度的连乘积等于相应时期的定基发展速度;两个相邻的定基发展速度,用后者除以前者,等于相应时期的环比发展速度。即:

$$\prod \frac{a_i}{a_{i-1}} = \frac{a_n}{a_0} （\prod 为连乘符号） \tag{8-13}$$

$$\frac{a_i}{a_0} \div \frac{a_{i-1}}{a_0} = \frac{a_i}{a_{i-1}} \tag{8-14}$$

利用上述关系,可以根据一种发展速度去推算另一种发展速度。

8.3.2 增减速度

增减速度也称增减率,是增减量与基期水平之比,用于说明报告期水平较基期水平的相对增减程度。它可以根据增减量求得,也可以根据发展速度求得。其基本计算公式为

$$增减速度 = \frac{增减量}{基期水平} = \frac{报告期水平 - 基期水平}{基期水平} = 发展速度 - 1 \tag{8-15}$$

从上式可以看出,增减速度等于发展速度减1,但各自说明的问题是不同的。发展速度说明报告期水平较基期发展到多少;而增减速度说明报告期水平较基期增减多少(扣除了基数)。当发展速度大于1时,增减速度为正值,表示现象的增长程度;当发展速度小于1时,增减速度为负值,表示现象的降低程度。

由于采用的基期不同,增减速度也可分为环比增减速度和定基增减速度。前者是逐期

增减量与前一时期水平之比,用于描述现象逐期增减的程度;后者是累积增减量与某一固定时期水平之比,用于描述现象在观察期内总的增减程度。

设增减速度为 G,环比增减速度和定基增减速度的公式可写为

环比增减速度: $$G_i = \frac{a_i - a_{i-1}}{a_{i-1}} = \frac{a_i}{a_{i-1}} - 1 (i = 1, 2, \cdots, n) \tag{8-16}$$

定基增减速度: $$G_i = \frac{a_i - a_0}{a_0} = \frac{a_i}{a_0} - 1 (i = 1, 2, \cdots, n) \tag{8-17}$$

需要指出,环比增减速度与定基增减速度之间没有直接的换算关系。在由环比增减速度推算定基增长速度时,可先将各环比增长速度加 1 后连乘,再将结果减 1,即得定基增减速度。

以表 8-1 数据为例,计算过程见表 8-8。

表 8-8 国内生产总值发展速度计算表

年份		2004	2005	2006	2007	2008	2009	2010	2011	2012	2013
国内生产总值		18 547.9	21 617.9	26 638.1	34 634.4	46 759.4	58 478.1	67 884.6	74 462.6	78 345.2	81 910.9
增减量	逐期	—	3 070	5 020.2	7 996.3	12 125	11 718.7	9 406.5	6 578	3 882.6	3 565.7
	累积	—	3 070	8 090.2	16 086.5	28 211.5	39 930.2	49 336.7	55 914.7	59 797.3	63 363.0
发展速度(%)	环比	—	116.6	123.2	130.0	135.0	125.1	116.1	109.7	105.2	104.6
	定基	—	116.6	143.6	186.7	252.1	315.3	366.0	401.5	422.4	441.6
增减速度(%)	环比	—	16.6	23.2	30.0	35.0	25.1	16.1	9.7	5.2	4.6
	定基	—	16.6	43.6	86.7	152.1	215.3	266.0	301.5	322.4	341.6

8.3.3 平均发展速度

平均发展速度是各个时期环比发展速度的平均数,用于描述现象在整个观察期内平均发展变化的程度。

计算平均发展速度的常用方法是水平法。水平法又称几何平均法,它是根据各期的环比发展速度采用几何平均法计算出来的。计算公式为

$$\bar{R} = \sqrt[n]{\frac{a_1}{a_0} \times \frac{a_2}{a_1} \times \cdots \times \frac{a_n}{a_{n-1}}} = \sqrt[n]{\frac{a_n}{a_0}} \tag{8-18}$$

式中,$\bar{R}$ 为平均发展速度;n 为环比发展速度的个数,它等于观察数据的个数减 1。

已知国内生产总值 1990~1999 年环比发展速度见表 8-8,计算平均发展速度。

根据式(8-18)得

$$\begin{aligned}\bar{R} &= \sqrt[9]{116.6\% \times 123.2\% \times \cdots \times 104.6\%} \\ &= \sqrt[9]{441.6\%} \\ &= 117.9\%\end{aligned}$$

从水平法计算平均发展速度的公式中可以看出,$\bar{R}$ 实际上只与序列的最初观察值 a_0 和最末观察值 a_n 有关,而与其他各观察值无关,这一特点表明,水平法旨在考察现象在最后一

期所达到的发展水平。因此,如果我们所关心的是现象在最后一期应达到的水平,采用水平法计算平均发展速度比较合适。

8.3.4 平均增减速度

平均增减速度说明现象逐期增减的平均程度。平均增减速度($\bar{G}$)与平均发展速度仅相差一个基数,即:

$$\bar{G}=\bar{R}-1 \tag{8-19}$$

平均增减速度为正值,表明现象在某段时期内逐期平均递增的程度,也称为平均递增率;若为负值,表明现象在某段时间内逐期平均递减的程度,也称为平均递减率。

8.3.5 速度指标的分析与应用

对于大多数时间序列,特别是有关社会经济现象的时间序列,我们经常利用速度来描述其发展的数量特征。尽管速度在计算与分析上都比较简单,但实际应用中,有时也会出现误用乃至滥用速度的现象。因此,在应用速度分析实际问题时,应注意以下几方面的问题:

(1)当时间序列中的观察值出现0或负数时,不宜计算速度。比如,假如某企业连续5年的利润额分别为5万元、2万元、0万元、-3万元、2万元,对这一序列计算速度,要么不符合数学公理,要么无法解释其实际意义。在这种情况下,适宜直接用绝对数进行分析。

(2)在有些情况下,不能单纯就速度论速度,要注意速度与基期绝对水平的结合分析。我们先看一个例子。

假定有两个生产条件基本相同的企业,各年的利润额及有关的速度值见表8-9。

表8-9 甲、乙两个企业的有关资料

年份	甲企业		乙企业	
	利润额(万元)	增长率(%)	利润额(万元)	增长率(%)
2013	500	—	60	—
2014	600	20	84	40

如果不看利润额的绝对值,仅就速度对甲、乙两个企业进行分析评价,可以看出乙企业的利润增长速度比甲企业高出1倍。如果就此得出乙企业的生产经营业绩比甲企业要好得多,这样的结论就是不切实际的。因为速度是一个相对值,它与对比的基期值的大小有很大关系。大的速度背后,其隐含的增长绝对值可能很小;小的速度背后,其隐含的增长绝对值可能很大。这就是说,由于对比的基点不同,可能会造成速度数值上的较大的差异,进而造成速度上的虚假现象。上述例子表明,由于两个企业的生产起点不同,基期的利润额不同,才造成了二者速度上的较大差异。从利润的绝对额来看,两个企业的速度每增长1%所增加的利润绝对额是不同的。在这种情况下,我们需要将速度与绝对水平结合起来进行分析,通常要计算增长1%的绝对值来弥补速度分析中的局限性。

增长1%绝对值表示速度每增长1%而增加的绝对数量,其计算公式为

$$\text{增长1\%绝对值} = \frac{\text{逐期增长量}}{\text{环比增长速度} \times 100} = \frac{\text{前期水平}}{100} \tag{8-20}$$

根据表8-9的资料计算,甲企业速度每增长1%,增加的利润额为5万元,而乙企业则为0.6万元,甲企业远高于乙企业。这说明甲企业的生产经营业绩不是比乙企业差,而是更好。

8.4 长期趋势的预测

8.4.1 时间数列的模型

编制时间数列,进行时间数列分析,除了考察现象发展过程中的水平和速度,还需要用数学模型来对时间数列作一些在定性认识基础上的定量分析,找出制约现象发展的基本因素或主要原因。时间数列的变动主要受以下四大因素的变动影响:

(1) 长期趋势(T)。指社会经济现象按一定方向不断长期发展变化(向上或向下发展)的趋势。

(2) 季节变动(S)。指社会经济现象随着季节的更替而发生的有固定规律性的变动。

(3) 循环变动(C)。也称波浪式变动,指反复高低变化的一种变动。

(4) 偶然变动(I)。也称不规则变动,指由于自然或社会的偶然因素引起的社会经济现象的变动。

若设Y代表时间数列的各项数值,则上述因素对时间数列的影响可用下面两个数学模型来表示:

$$Y = T + S + C + I \text{ 或 } Y = T \cdot S \cdot C \cdot I$$

其中最常用的是乘法模型。乘法模型的基本假设是,四个因素是由不同的原因形成的,但相互之间存在一定的关系,它们对事物的影响是相互的,因此时间序列中各观察值表现为各种因素的乘积。利用乘法模型可以将四个因素很容易地从时间序列中分离出来,因而乘法模型在时间序列分析中被广泛应用。本节及之后各节介绍的时间序列构成分析方法,也均以乘法模型为例。

长期趋势是时间序列的主要构成要素,它是指现象在较长时期内持续发展变化的一种趋向或状态。通过对时间序列长期趋势变动的分析,可以掌握现象活动的规律性,并对其未来的发展趋势做出判断或预测。测定长期趋势的分析方法有许多,如时距扩大法、半数平均法、部分平均法、移动平均法、最小二乘法等。由于后两种方法较常用,故主要介绍移动平均法和最小二乘法。通过这两种方法的介绍,以熟悉测定长期趋势的基本方法及各自的特点。

8.4.2 移动平均法

移动平均法是趋势变动分析的一种较简单的常用方法。该方法的基本思想和原理是,通过扩大原时间序列的时间间隔,并按一定的间隔长度逐期移动,分别计算出一系列移动平

均数,这些平均数形成的新的时间序列对原时间序列的波动起到一定的修匀作用,削弱了原序列中短期偶然因素的影响,从而呈现出现象发展的变动趋势。该方法可以用来分析预测销售情况、库存、股价或其他趋势。该方法又可分为简单移动平均法和加权移动平均法两种。

1. 简单移动平均法

它是直接用简单算术平均数作为移动平均趋势值的一种方法。

设移动间隔长度为 K,则移动平均数序列可以写为

$$\bar{Y}_i = \frac{Y_i + Y_{i+1} + \cdots + Y_{i+k-1}}{K} \tag{8-21}$$

式中,$\bar{Y}_i$ 为移动平均趋势值;K 为大于 1 小于 n 的正整数。

某公司 2014 年前各月的销售额资料见表 8-10,分别计算 3 个月、5 个月的移动平均趋势值,并进行比较。

表 8-10 某公司 2014 年各月销售额   单位:万元

月份	实际销售额	趋势值($k=3$)	趋势值($k=5$)
1	28	—	
2	30	31	—
3	35	34	34.4
4	37	38	37.6
5	42	41	41.4
6	44	45	44.0
7	49	47	46.6
8	48	49	48.6
9	50	50	52.4
10	52	55	58.0
11	63	64	—
12	77		

根据简单移动平均公式,当 $k=3$ 时,移动平均趋势值 $Y_1=31$;$k=5$ 时,$Y_1=34.4$,其余各期同理,结果见表 8-10。

2. 加权移动平均预测法

这是在简单移动平均法的基础上给近期数据以较大的权数,给远期的数据以较小的权数,计算加权移动平均数作为下一期的移动平均趋势值的一种方法。公式为

$$\bar{Y}_i = \frac{Y_i f_i + Y_{i+1} f_{i+1} + \cdots + Y_{i+k-1} f_{i+k-1}}{f_i + f_{i+1} + \cdots + f_{i+k-1}} \tag{8-22}$$

仍以表 8-10 中的已知数据为例,设 $k=3$,则:

$$Y_1 = \frac{28 \times 1 + 30 \times 2 + 35 \times 3}{6} = 32.17$$

其余类推。

3. 利用移动平均法分析趋势变动时要注意的几个问题

(1) 移动间隔的长度应长短适中。分析表 8-10 中各列数据,不难看出,通过移动平均所得到的移动平均数数列,要比原始数据序列匀滑,并且 5 项移动平均数数列又比 3 项移动平均数数列匀滑,因此,为更好地消除不规则波动,达到修匀的目的,可以适当增加移动的步长。移动的步长越大,所得趋势值越少,个别观察值影响作用就越弱,移动平均序列所表现的趋势越明显,但移动间隔过长,有时会脱离现象发展的真实趋势;若移动间隔越短,个别观察值的影响作用就越大,有时又不能完全消除序列中短期偶然因素的影响,从而看不出现象发展的变动趋势。一般来说,如果现象的发展具有一定的周期性,应以周期长度为移动间隔的长度。若时间序列是季度资料,应采用 4 项移动平均。

(2) 在利用移动平均法分析趋势变动时,要注意应把移动平均后的趋势值放在各移动项的中间位置。

比如,3 项移动平均的趋势值应放在第 2 项对应的位置上,5 项移动平均的趋势值应放在第 3 项对应的位置上,其余类推。因此,若移动间隔长度 k 为奇数时,一次移动即得趋势值;若 k 为偶数时,需将第一次得到的移动平均值再作一次 2 项移动平均,才能得到最后的趋势值。因此,该趋势值也可以叫移正趋势值。

例如,若 $k=4$ 时:

$$\overline{Y}_1 = \frac{28 + 30 + 35 + 37}{4} = 32.5$$

$$\overline{Y}_2 = \frac{30 + 35 + 37 + 42}{4} = 36$$

故:

$$\overline{Y} = \frac{32.5 + 36}{2} = 34.25$$

需要说明的是,对于只包含趋势和不规则变动的数列,如果移动平均的目的只是为了得到数列的趋势估计值,也可以将移动平均值直接对准第 N 期的后一期,例如,三项移动平均时,第一个移动平均值对准第三期,第二个移动平均值对准第四期,以此类推;四项移动平均时,第一个移动平均值对准第四期,第二个移动平均值对准第五期,以此类推。EXCEL 中移动平均法程序即是这样处理的。

8.4.3 指数平滑法

指数平滑法是用过去时间数列值的加权平均数作为趋势值,它是加权移动平均法的一种特殊情形。其基本形式是根据本期的实际值 Y_t 和本期的趋势值 $\hat{Y}_t$,分别给以不同权数 α 和 $1-\alpha$,计算加权平均数作为下期的趋势值 $\hat{Y}_{t+1}$。基本指数平滑法模型如下:

$$\hat{Y}_{t+1} = \alpha Y_t + (1-\alpha)\hat{Y}_t \qquad (8\text{-}23)$$

式中,$\hat{Y}_{t+1}$ 表示时间数列 $t+1$ 期趋势值,Y_t 表示时间数列 t 期的实际值,$\hat{Y}_t$ 表示时间数列 t 期的趋势值,α 为平滑常数($0<\alpha<1$)。

若利用指数平滑法模型进行预测,从基本模型中可以看出,只需一个 t 期的实际值 Y_t,一个 t 期的趋势值 $\hat{Y}_t$ 和一个 α 值,所用数据量和计算量都很少,这是移动平均法所不能及的。

表 8-11 是某公司 2014 年前 8 个月销售数据,用指数平滑法进行长期趋势分析。已知 1 月份预测值为 150.8 万元,α 分别取 0.2 和 0.8。

表 8-11　某公司 2000 年各月销售额预测表　　　　　　　　　单位:万元

月份	实际销售额	一次指数平滑预测数	
		$\alpha=0.2$	$\alpha=0.8$
1	154	150.80	150.80
2	148	151.44	153.36
3	142	150.75	149.07
4	151	149.00	143.41
5	145	149.40	149.48
6	154	148.52	145.90
7	157	149.62	152.38
8	151	151.10	156.08
9	—	151.08	152.02

一次指数平滑法比较简单,但也有问题,从表 8-11 中也可看出,α 值和初始值的确定是关键,它们直接影响着趋势值误差的大小。通常对于 α 和初始值的确定可按以下方法。

1. α 值的确定

选择 α,一个总的原则是使预测值与实际观察值之间的误差最小。从理论上讲,α 取 $0\sim1$ 之间的任意数据均可以。具体如何选择,要视时间序列的变化趋势来定。

(1) 当时间序列呈较稳定的水平趋势时,应取小一些,如 $0.1\sim0.3$,以减小修正幅度,同时各期观察值的权数差别不大,预测模型能包含更长时间序列的信息。

(2) 当时间序列波动较大时,宜选择居中的 α 值,如 $0.3\sim0.5$。

(3) 当时间序列波动很大,呈现明显且迅速的上升或下降趋势时,α 应取大些,如 $0.6\sim0.8$,以使预测模型灵敏度高些,能迅速跟上数据的变化。

(4) 在实际预测中,可取几个 α 值进行试算,比较预测误差,选择误差小的那个 α 值。

2. 初始值的确定

如果资料总项数 N 大于 50,则经过长期平滑链的推算,初始值的影响变得很小了,为了简便起见,可用第一期水平作为初始值。但是如果 N 小到 15 或 20,则初始值的影响较大,可以选用最初几期的平均数作为初始值。

指数平滑法适用于预测呈长期趋势变动和季节变动的评估对象。指数平滑法可分为一次指数平滑法和多次指数平滑法。本节中介绍的是一次指数平滑法的应用。

▶ 8.4.4 数学曲线拟合法

假定有一个多年的数据序列,为了算出逐年的趋势值,可以考虑对原始数据拟合一条数学曲线。例如,假如趋势是线性的,就可以用最小平方法拟合直线方程;如果趋势是指数曲线型的,则可考虑拟合指数曲线方程。在用数学曲线拟合法测定趋势值时首先要解决的问题是曲线方程的选择。选择曲线方程有两个途径:一是在以时间 t 为横轴,变量 Y 为纵轴的直角坐标图上作时间序列数值的散点图,根据散点的分布形状来确定应拟合的曲线方程;二是对时间序列的数值作一些分析,根据分析的结果来确定应选择的曲线方程。选择合适的方程,是评估人员在分析预测时应特别注意的问题。下面我们结合一些典型和常用的趋势曲线来讨论曲线方程的选择和拟合。

1. 直线趋势的拟合

根据线性函数的特性:

$$\Delta Y_t = Y_{t+1} - Y_t = a + b(t+1) - a - bt = b$$

如果一个多年的数据序列,其相邻两年数据的一阶差近似为一常数,就可以配合一直线:$Y_t = a + bt$,然后,用最小平方法来求解参数 a、b。

由所求的趋势线 $y_c = a + bt$,可求得

$$\sum(y-\hat{y})^2 = \sum(y-a-bt)^2 = 最小值$$

在上式中,t 代表时间;a 代表直线趋势方程的起点值;b 代表直线趋势方程的斜率,即 t 每变动一个单位时,长期趋势值增加(或减少)的数值。

令 $Q = \sum(y-a-bt)^2$,为使其最小,则对 a 和 b 的偏导数应等于 0,整理得:

$$\begin{cases} \sum y = na + b\sum x \\ \sum xy = a\sum x + b\sum x^2 \end{cases} \tag{8-24}$$

解得:

$$\begin{cases} b = \dfrac{n\sum xy - \sum x \sum y}{n\sum x^2 - (\sum x)^2} \\ a = \bar{y} - b\bar{x} \end{cases}$$

其中,n 代表时间的项数,$\bar{y} = \sum y/n$,$\bar{x} = \sum x/n$,其他符号所代表的意义不变。

在对时间数列按最小二乘法进行趋势配合的运算时,为使计算更简便些,将各年份(或其他时间单位)简记为 $1,2,3,4,\cdots$,并用坐标移位方法将原点 O 移到时间数列的中间项,使 $\sum t = 0$。当项数 n 为奇数时,中间项为 0,当为偶数时,中间的两项分别设 $-1,1$ 这样间隔便为 2,各项依次设成:$\cdots -5,-3,-1;1,3,5,\cdots$。这样求解公式便可简化为

$$\begin{cases} \sum y = na \\ \sum xy = b\sum x^2 \end{cases} \rightarrow \begin{cases} a = \sum y/n = \bar{y} \\ b = \sum xy/\sum x^2 \end{cases} \tag{8-25}$$

表 8-12 是某游览点历年观光游客资料,用最小平方法进行长期趋势分析如下。

表 8-12 某游览点历年观光游客的最小二乘法计算表

年份	时间 t	游客(百人)y	t^2	ty	y_c
1994	1	100	1	100	99.08
1995	2	112	4	224	112.72
1996	3	125	9	375	126.36
1997	4	140	16	560	140.00
1998	5	155	25	775	153.64
1999	6	168	36	1 008	167.28
2000	7	180	49	1 260	180.92
合 计	28	980	140	4 302	980.00

由表 8-12 得,$\sum t = 28$,$\sum y = 980$,$\sum t^2 = 140$,$\sum ty = 4\,302$,代入公式得:

$$\begin{cases} b = \dfrac{7 \times 4\,302 - 28 \times 980}{7 \times 140 - 28 \times 28} = \dfrac{2\,674}{196} = 13.64 \\ a = 980/7 - 13.64 \times 4 = 140 - 54.56 = 85.44 \end{cases}$$

从而求得直线趋势方程为:

$$y = 85.44 + 13.64t$$

把各 t 值代入上式,便求得相对应的趋势值 y,见表 8-12 的右栏。这里需要指出的是:对表 8-12 的游客历年数用直线趋势配合,是因为各年的逐期增长量大体相当,具备了直线型时间数列的特征。表 8-13 是同一资料按简捷公式计算得出的结果。

表 8-13 某游览点历年观光游客的最小二乘法计算表(按简捷公式计算)

年份	时间 t	游客(百人)y	t^2	ty	y_c
1994	-3	100	9	-300	99.08
1995	-2	112	4	-224	112.72
1996	-1	125	1	-125	126.36
1997	0	140	0	0	140.00
1998	1	155	1	155	153.64
1999	2	168	4	336	167.28
2000	3	180	9	540	180.92
合 计	0	980	28	382	980.00

由简捷公式得：

$$\begin{cases} a = \dfrac{980}{7} = 140 \\ b = \dfrac{382}{28} = 13.64 \end{cases}$$

即：

$$y_c = 140 + 13.64t$$

将各 t 值代入上式，便求得各年的趋势值 y_c。

最小二乘法在对原数列作长期趋势的测定时，通过趋势值 y_c 来修匀原数列，得到比较接近原值的趋势值。利用所求的直线趋势方程还能对近期的数列做出预测，例如，根据表 8-16 求出直线趋势方程，代入 $t = 4$，便能预测 2001 年的游客人数，即：

$$y_c = 140 + 13.64 \times 4 = 194.56（\text{百人}）$$

特别要提醒注意的是，这里的直线方程 $Y = a + bt$，不涉及变量 t 与变量 Y 之间的任何因果关系，也没有考虑误差的任何性质，因此它仅仅是一个直线拟合公式，并不是什么回归模型。还需要指出的是，作为较长期的一种趋势，利用所拟合的数学方程式进行预测时，必须假定趋势变化的因素到预测年份仍然起作用。注意，由于例题只是为了说明分析计算的方法，因此为简便起见，一般选用的数据都比较少，实际应用时，数据应丰富些方能更好地反映长期趋势。

2. 指数趋势线的拟合

由于指数曲线具有如下特性：

$$Y = Y_t = ab^t,\ Y_{t+1} = ab^{t+1},\ \frac{Y_{t+1}}{Y_t} = \frac{ab^{t+1}}{ab^t} = b$$

因此，当时间序列的各期数值大致按某一相同比率增长时，可以考虑配合指数方程。联系常用的复利公式：$P_n = P_0(1+r)^n$，令：$Y_t = P_t, a = P_0, b = 1+r, n = t$，则复利公式与指数方程完全一致，可见指数曲线是一种常用的典型趋势线。

例如，某企业 2009～2014 年的销售量依次为 53、72、96、129、171、232 万件，试求该企业销售量的长期趋势。

解：由于这个时间序列的环比序列为

$Y_2/Y_1 = 72/53 = 1.358, Y_3/Y_2 = 96/72 = 1.333, Y_4/Y_3 = 129/96 = 1.344,$
$Y_5/Y_4 = 171/129 = 1.326, Y_6/Y_5 = 232/171 = 1.357$

即各年产量几乎按同一比例增长，所以，可以考虑拟合指数曲线 $Y = ae^{bt}$。

首先将上式转换为直线方程，取对数 $\ln Y = \ln a + bt$，令 $Y' = \ln Y, a' = \ln a$，然后利用最小平方法求解参数。具体计算见表 8-14 所示。

表 8-14 指数趋势函数计算表

年份	序号 t	t^2	Y	$Y' = \ln Y$	tY'	趋势值 Y_t
1995	1	1	53	3.97	3.97	53.79
1996	2	4	72	4.23	8.55	71.89
1997	3	9	96	4.56	13.69	96.07

续表

年份	序号 t	t^2	Y	$Y'=\ln Y$	tY'	趋势值 Y_t
1998	4	16	129	4.86	19.44	128.39
1999	5	25	171	5.14	25.71	171.59
2000	6	36	232	5.45	32.68	229.32
合计	21	91	—	28.26	104.04	—

根据上面的结果,有

$$b = \frac{n\sum ty' - \sum t \sum y'}{n\sum t^2 - (\sum t)^2} = 0.29$$

$$a' = \overline{Y}' - b\bar{t} = 3.695$$

$$a = e^{a'} = 40.25$$

因此得到产量的长期趋势函数为 $Y=40.25e^{0.29t}$。将 t 代入方程即得 2009~2014 年销售量的趋势值。若要预测 2015 年产量,则有

$$Y_{2015} = 40.25e^{0.29 \times 7} = 306.47(万件)$$

8.5 季节变动、循环变动因素分析

季节变动是指一些现象由于受自然条件或经济条件的影响在一个年度内随着季节的更替而发生比较有规律的变动,例如,农产品的生产量、某些商品的销售量等,都会因时间的变化而分为农忙农闲、淡季旺季。季节变动往往会给社会生产和人们的经济生活带来一定影响。研究季节变动,就是为了认识这些变动的规律性,以便更好地安排、组织社会生产与生活。

测定季节变动的方法从是否排除长期趋势的影响看,可分为两种:一是不排除长期趋势的影响,直接根据原时间数列来测定;二是依据消除长期趋势后的时间数列来测定。前者常用简单平均法,后者常用移动平均趋势剔除法。但是,不管采用哪种方法,都需具备连续多年的各月(季)资料,以保证所求的季节比率具有代表性,从而能比较客观地描述现象的季节变动。现将两种测定方法介绍如下。

8.5.1 季节变动测定方法

1. 简单平均法

根据月(季)的时间数列,用简单平均法测定季节变动的计算步骤如下:
(1) 分别就每年各月、(季)的数值加总后,计算各年的月(季)的平均数。
(2) 将各年同月(季)的数值加总,计算若干年内同月(季)的平均数。
(3) 根据若干年内每个月的数值总计,计算若干年总的月(季)平均数。

(4) 将若干年内同月(季)的平均数与总的月(季)平均数相比,即求得用百分数表示的各月(季)的季节比率,又可以称为季节指数。

表 8-15　某商店某商品销售量的季节变动分析　　　　　　　　单位:百件

	1月	2月	3月	4月	5月	6月	7月	8月	9月	10月	11月	12月	平均
2011	40	34	36	34	35	32	28	34	34	37	38	40	35.17
2012	38	32	40	32	32	30	30	33	36	36	36	42	34.75
2013	32	36	37	31	31	29	31	33	32	35	37	52	34.67
2014	30	26	35	29	30	28	28	33	32	32	35	36	31.17
合计	140	128	148	126	128	119	117	133	134	140	146	170	1 629
月平均	35	32	37	31.5	32	29.75	29.25	33.25	33.5	35	36.5	42.5	33.937 5
季节比率%	103.13	94.29	109.02	92.82	94.29	87.66	86.19	97.97	98.71	103.13	107.55	125.23	100.00

由表 8-15 的资料可知,某商店某商品销售的季节比率以 12 月的 125.23% 为最高,2 月的 109.02% 为其次;而以 7 月的 86.19% 为最低,6 月的 87.66% 为次低。

$$月份季节比率=\frac{一月份某商品销售平均数}{各月平均商品销售平均数}$$

$$=\frac{35}{33.9375}\times 100\%=103.13\%$$

其余各月的季节比率依次类推。至于表 8-15 右下角的 100% 是将各月的季节比率加总后除一年的 12 个月份数求得的。

2. 移动平均趋势剔除法

移动平均趋势剔除法是利用移动平均法先消除原时间数列中的长期趋势的影响,然后再来测定它的季节变动,其计算步骤及方法如下:

(1) 根据时间数列中各年按月(季)的数值计算其 12 个月的(若是季资料则为 4 个季的)移动平均数。

由于是偶数项移动平均,趋势值 y_c 要分两步求得。

(2) 用时间数列中各月(季)的数值(y)与其相对应的趋势值(y_c)对比,计算 y/y_c 的百分比数值。

(3) 把 y/y_c 的百分比数值按月(季)排列,计算出各年同月(季)的总平均数,这个平均数就是各月(季)的季节比率。

(4) 把各月(季)的季节比率加起来,其总计数应等于 1 200%(若为季资料其总计数应等于 400%),如果不符,还应把 1 200% 与实际加总的各月季节比率相比求出校正系数,把校正系数分别乘上各月的季节比率。这样求得的季节比率就是一个剔除了长期趋势影响后的季节比率。

显然,季节变动分析中的两种方法各有特点,前者计算简便,但所求出的季节比率包含长期趋势的影响。后者计算较繁,但却得到了一个反映现象发展过程中的季节变动的缩影——剔除长期趋势后的季节比率。

8.5.2 循环变动的测定

循环变动各个时期有不同的原因,变动的程度也有自己的特点,这和季节变动基于大体相同的原因和相对稳定的周期形成对照,所以不能用测定季节变动的方法来研究循环变动。通常用剩余法测定循环变动的程度。基本思想是:对各期时间数列资料用长期趋势和季节比率消除趋势变动和季节变动,而得反映循环变动与不规则变动的数列,然后再采用移动平均法消除不规则变动,便可得出反映循环变动程度的各期循环变动系数。

$$Y = T \cdot S \cdot C \cdot I$$

$$\frac{Y}{T \cdot S} = \frac{T \cdot S \cdot C \cdot I}{T \cdot S} = C \cdot I$$

将 $C \cdot I$ 数列进行移动平均修匀,则修匀后的数列即为各期循环变动的系数。

测定循环变动的程度,认识经济波动的某些规律,预测下一个循环变动可能产生的各种影响,以便充分利用有利因素,避免不利因素,对于保持国民经济持续稳定的发展有重要的意义。但是循环变动预测和长期趋势预测不同,循环变动主要属于景气预测,在很大程度上要依靠经济分析,仅仅对历史资料的统计处理是不够的。

拓展阅读

Excel 在时间序列分析中的示例

Excel 在"数据分析"选项中提供了三种时间序列计算方法,即常用的移动平均法、指数平滑法和回归法,利用这些方法可以计算出估计值、标准差、残差和拟合图。同时,如果配合使用 Excel 的"数据分析"选项功能可以完成数学曲线拟合法。

一、移动平均法

以本章表 8-10 的数据为例,相关移动平均宏计算移动平均趋势的过程如下:

(1)第一步,在 Excel 工作表 B2:B13 区域中输入"某公司 2000 年各月销售额"资料。

(2)第二步,在 Excel "工具栏"菜单中选择"数据分析"选项,并单击"移动平均"。

(3)在移动平均菜单的"输入区域"中输入 B1:B13,在"间隔"中输入 3 表示进行 3 项移动平均,选择"输出区域",并选择输出为"图表输出"和"标准差"输出,最后单击"确定"按钮。如图 8-1 所示。

图 8-1 分别产生了 3 项移动平均的估计值 C4:C13 和估计的标准差 D6:D12。正如图 8-1 中 C4 单元格的表达式所示,C4 中的表达式 =AVERAGE(B2:B4) 是对 B2:B4 单元计算算术平均数,而 D6 单元格中的表达式 =SQRT(SUMXMY2(B4:B6,C4:C6)/3) 相当于标准差公式:

$$S = \sqrt{\frac{\sum (X - \overline{X})^2}{n}}$$

关于 Excel 中的"移动平均"的计算,需要说明两点:

一是图例说明中的"趋势值",即移动平均值,由于移动平均法是以移动平均值作为趋势估计值,因此也将其称为"趋势值"的。

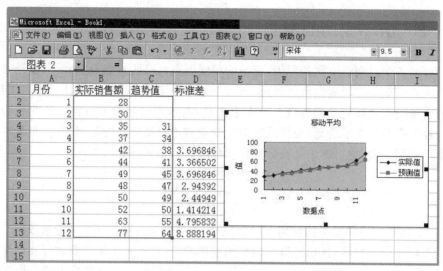

图 8-1 计算结果

二是移动平均值的位置不是在被平均的 N 项数值的中间位置,而是直接排放在这 N 个时期的最后一期,这一点与通常意义上移动平均值应排放在 N 时期的中间时期有所不同。

图还绘制出实际观察值与 3 项移动平均估计值之间的拟合曲线,可以看出,移动平均值削弱了上下波动,如果这种波动不是季节波动而是不规则变动的话,显然,移动平均可以削弱不规则变动。对于该例进行 4 项移动平均的结果与 3 项移动角明显不同。也就是说,当数列有季节周期时,只要移动平均的项数和季节波动的周期长度一致,则移动平均值可以消除季节周期,并在一定程度上消除不规则变动,从而揭示出数列的长期趋势。这一点我们将在季节摆动分析中具体讨论。

二、指数平滑法

仍以表 8-11 中的数据为例,相关指数平滑法宏计算过程如下:

(1) 在 Excel "工具栏" 中选择 "数据分析" 选项,并单击 "指数平滑" 过程。

(2) 在 "指数平滑" 宏菜单的 "输入区域" 中输入 B2:B13,在 "阻尼系数" 输入 0.35。如图 8-2 所示。

(3) 选择 "输出区域",并选择输出为 "图表输出" 和 "标准差" 输出,单击 "确定",移动平均的计算结果如图 8-3 所示。

三、数学曲线拟合法

在 Excel 中虽没有提供数学曲线拟合法的直接计算工具,但是通过配合使用某些宏与函数可以完成直线或曲线趋势的数学拟合。下面介绍直线趋势的拟合。

利用图形向导和添加趋势线可以完成直线趋势的数学拟合。其具体过程如下:

(1) 首先,利用图形向导生成折线图或利用移动平均宏生成折线图。

(2) 其次,在对生成的草图进行必要的修饰后,得到时序图。单击鼠标左键选择折线,然后单击鼠标右键,选择 "添加趋势线" 操作,如图 8-4 所示。

(3) 最后,在 "添加趋势线" 操作中,选择 "线性" 趋势线,如图 8-5 所示,然后单击 "选项" 菜单,在 "选项" 菜单中选择输出 "显示公式" 和 "显示 R 平方值" 两项,如图 8-6 所示。然后单

项目8 时间序列分析及预测

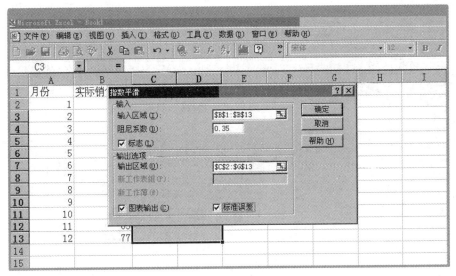

图 8-2 "指数平滑"对话框

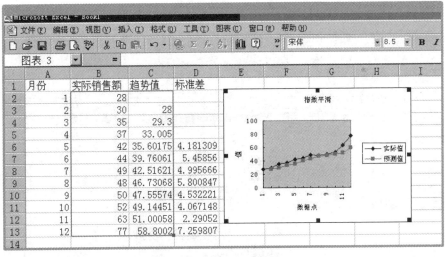

图 8-3 计算结果

击"确定",得到如图 8-7 所示趋势线和直线趋势方程及 R 平方值。

小结

本项目介绍了时间序列分析和预测的基本方法。首先,我们说明了通过绘制时间序列图来确定时间序列的基本模式。数据模式可分为几种类型,包括水平模式、趋势模式和季节模式。以时间序列所呈现的这些模式为依据,讨论了预测方法。

在不同时期和时点数列下,平均发展水平和速度发展指标有不同的计算方法。相对发展水平是了解和观察研究对象发展变化特点的一个重要指标。

对水平模式的时间序列,我们说明了如何用移动平均法和指数平滑法进行预测。移动平均法计算数据值的平均值,然后用这个平均数作为下一个时期的预测值。在指数平滑法

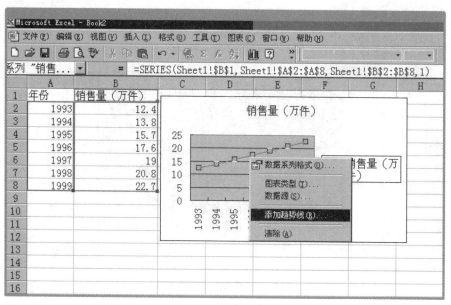

图 8-4　添加趋势线

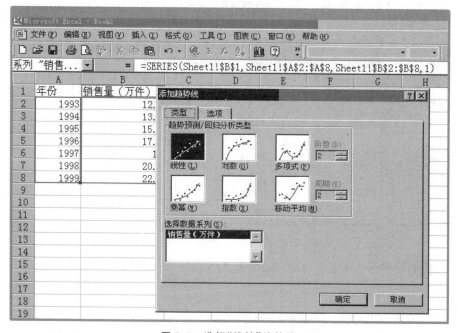

图 8-5　选择"线性"趋势线

中,我们用时间序列数值的加权平均数来计算预测值。当水平模式移动到不同的水平模式时,这些方法也同样适用。

本项目还介绍了如何用时间序列分析方法将一个时间序列分隔或分解为季节和趋势成分,然后得到消除季节影响的时间序列。还介绍了如何计算一个乘法模型的季节指数,如何用季节指数得到消除季节影响的时间序列,以及如何对消除季节影响的数据使用趋势方程来估计趋势成分。当趋势和季节成分同时存在时,建立预测的最后一步是用季节指数调整趋势推测值。

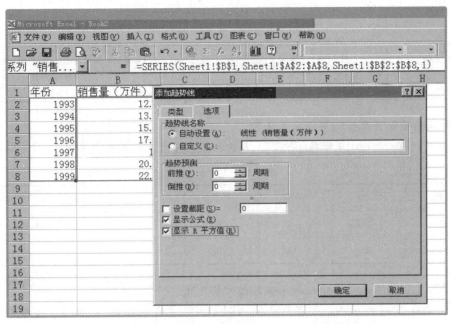

图 8-6 选择"显示公式"和"显示 R 平方值"

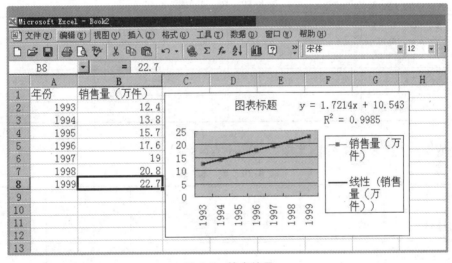

图 8-7 输出结果

1. 某种股票 2014 年各统计时点的收盘价见表 8-16,计算该股票的年平均价格。

表 8-16 题 1 表

统计时点	1月1日	3月1日	7月1日	10月1日	12月31日
收盘价(元)	15.2	14.2	17.6	16.3	15.8

2. 某企业2014年9～12月末职工人数资料见表8-17。

表8-17 题 2 表

日 期	9月30日	10月31日	11月30日	12月31日
月末人数(人数)	1 400	1 510	1 460	1 420

计算该企业第四季度的平均职工人数。

3. 某公司2009～2014年各年底职工人数和工程技术人员数据见表8-18。

表8-18 题 3 表

年 份	2009	2010	2011	2012	2013	2014
职工人数	1 000	1 020	1 085	1 120	1 218	1 425
工程技术人员	50	50	52	60	78	82

试计算工程技术人员占全部职工人数的平均比重。

4. 某企业2014年第四季度各月产值和职工人数见表8-19,试计算该季度平均劳动生产率。

表8-19 题 4 表

月 份	10月	11月	12月
产值(元)	400 000	46 200	494 500
平均职工人数(人)	400	420	430
月平均劳动生产率(元)	1 000	1 100	1 150

5. 某化工企业2010～2014年的产量资料见表8-20。

表8-20 题 5 表

年 份	2010	2011	2012	2013	2014
产量(万吨)	400			484	
环比增长速度(%)	—	5			12.5
定基发展速度(%)	—		111.3		

利用指标间关系将表中所缺数字补充。

6. 某地区2005～2014年粮食总产量见表8-21。

表8-21 题 6 表

年 份	2005	2006	2007	2008	2009	2010	2011	2012	2013	2014
产量(万吨)	230	236	241	246	252	257	262	276	281	286

(1) 绘制数据散点图。
(2) 根据散点图观察该地区粮食产量趋势是否接近于直线型?
(3) 根据散点图画一条与所有观察值距离最近的直线,用最小平方法写出直线趋势方程。
(4) 根据趋势方程,试预测 2015 年的粮食产量。
7. 某专卖店 2012～2014 年各季度销售额资料见表 8-22。

表 8-22 题 7 表

年份	一季度	二季度	三季度	四季度
2012	51	75	87	54
2013	65	67	82	62
2014	76	77	89	73

(1) 采用按季平均法、移动平均趋势剔除法计算季节指数。
(2) 计算 2014 年无季节变动情况下的销售额。

案例

海南 Vintage 海景酒店是一家专门经营海鲜的五星级餐饮企业,开业三年来,已在行业中取得良好声誉。为了更好地规划酒店未来发展,管理人员需要建立一个系统以提前一年预测食品和饮料的每个月的销售额。表 8-23 是酒店开业前 3 年的食品和饮料的销售额(单位:万元)数据。

表 8-23 酒店开业前 3 年的食品和饮料的销售额

月份	第一年	第二年	第三年	月份	第一年	第二年	第三年
1	242	263	282	7	145	157	166
2	235	238	255	8	152	161	174
3	232	247	265	9	110	122	126
4	178	193	205	10	130	130	148
5	184	193	210	11	152	167	173
6	140	149	160	12	206	230	235

对酒店的销售额数据进行分析,请为 Vintage 海景酒店准备一份报告,该报告总结了你的发现、预测和建议,主要包括以下内容:
(1) 时间序列图。对时间序列的基本模式做出判断。
(2) 数据的季节性分析。计算每个月的季节指数,并对季节性的高销售月和低销售月做出判断。季节指数是否具有直观上的意义?请讨论。
(3) 消除时间序列的季节影响。在消除季节影响的时间序列中,是否显现出任何趋势?

(4) 利用时间序列分解法,预测第四年 1~12 月的销售额。

(5) 利用回归分析方法,预测第四年 1~12 月的销售额。

(6) 在你的报告中,给出你的计算汇总数据和图。

假设第四年 1 月的实际销售额为 295 000 元,你的预测误差是多少?如果这个误差比较大,管理层可能会对你的预测值和实际销售额之间的差异产生疑惑,你将如何消除管理层对预测方法的怀疑?请结合相关内容和你的分析给出合理解释。

项目 9

指 数

> **实践中的统计**

中国制造业采购经理指数

2018年12月份,中国制造业采购经理指数(PMI)为49.4%,比上月回落0.6个百分点,低于临界点,制造业景气度有所减弱。

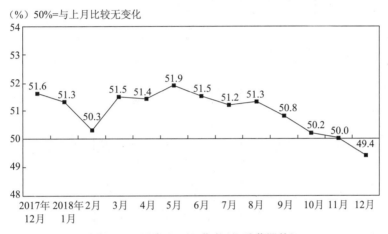

图 9-1　制造业 PMI 指数(经季节调整)

从企业规模看,大型企业PMI为50.1%,比上月回落0.5个百分点,微高于临界点;中、小型企业PMI为48.4%和48.6%,分别比上月下降0.7和0.6个百分点,均位于临界点以下。

从分类指数看,在构成制造业PMI的5个分类指数中,生产指数和供应商配送时间指数高于临界点,新订单指数、原材料库存指数和从业人员指数低于临界点。

生产指数为50.8%,比上月回落1.1个百分点,高于临界点,表明制造业生产继续保持增长。

新订单指数为49.7%,比上月下降0.7个百分点,位于临界点之下,表明制造业企业产品订货量有所减少。

原材料库存指数为47.1%,比上月下降0.3个百分点,位于临界点之下,表明制造业主要原材料库存降幅有所扩大。

从业人员指数为48.0%,比上月下降0.3个百分点,位于临界点之下,表明制造业企业用工量有所减少。

供应商配送时间指数为50.4%,比上月上升0.1个百分点,高于临界点,表明制造业原材料供应商交货时间继续加快。

见表9-1所示。

表 9-1　中国制造业 PMI 及构成指数（经季节调整）　　　　　单位：%

	PMI	PMI 分类指数				
		生产	新订单	原材料库存	从业人员	供应商配送时间
2017 年 12 月	51.6	54.0	53.4	48.0	48.5	49.3
2018 年 1 月	51.3	53.5	52.6	48.8	48.3	49.2
2018 年 2 月	50.3	50.7	51.0	49.3	48.1	48.4
2018 年 3 月	51.5	53.1	53.3	49.6	49.1	50.1
2018 年 4 月	51.4	53.1	52.9	49.5	49.0	50.2
2018 年 5 月	51.9	54.1	53.8	49.6	49.1	50.1
2018 年 6 月	51.5	53.6	53.2	48.8	49.0	50.2
2018 年 7 月	51.2	53.0	52.3	48.9	49.2	50.0
2018 年 8 月	51.3	53.3	52.2	48.7	49.4	49.6
2018 年 9 月	50.8	53.0	52.0	47.8	48.3	49.7
2018 年 10 月	50.2	52.0	50.8	47.2	48.1	49.5
2018 年 11 月	50.0	51.9	50.4	47.4	48.3	50.3
2018 年 12 月	49.4	50.8	49.7	47.1	48.0	50.4

采购经理指数（PMI），是通过对企业采购经理的月度调查结果统计汇总、编制而成的指数，它涵盖了企业采购、生产、流通等各个环节，包括制造业和非制造业领域，是国际上通用的监测宏观经济走势的先行性指数之一，具有较强的预测、预警作用。综合 PMI 产出指数是 PMI 指标体系中反映当期全行业（制造业和非制造业）产出变化情况的综合指数。PMI 通常以 50% 作为经济强弱的分界点，PMI 高于 50% 时，反映经济总体扩张；低于 50%，则反映经济总体收缩。

9.1　指数的概念和分类

9.1.1　指数的概念与性质

1. 指数的概念

指数的编制是从物价的变动产生的。作为一种对比性的统计指标具有相对数的形式，通常表现为百分数。它表明：若把作为对比基准的水平（基数）视为 100，则所要考察的现象水平相当于基数的多少。比如，已知某年全国的零售物价指数为 105%，这就表示：若将基期年份（通常为上年）的一般价格水平看成是 100%，则当年全国的价格水平就相当于

基年的105%,或者说,当年的价格上涨了5%。

从对比性质来看,指数通常是不同时间的现象水平的对比,它表明现象在时间上的变动情况(动态)。此外,指数还可以是不同空间(如不同国家、地区、部门、企业等)的现象水平的对比,或者,是现象的实际水平与计划(规划或目标)水平的对比,这些可以看成是动态对比指数方法的拓展。可见,指数在经济分析上具有十分广阔的应用领域。

统计指数的概念有广义和狭义两种理解。广义指数是泛指社会经济现象数量变动的比较指标,即用来表明同类现象在不同空间、不同时间、实际与计划对比变动情况的相对数;狭义指数仅指反映不能直接相加的复杂社会经济现象在数量上综合变动情况的相对数。例如,要说明一个国家或一个地区商品价格综合变动情况,由于各种商品的经济用途、规格、型号、计量单位等不同,不能直接将各种商品的价格简单对比,而要解决这种复杂经济总体各要素相加问题,就要编制统计指数综合反映它们的变动情况。本项目主要基于统计指数的狭义的概念探讨指数的作用、编制方法及其在统计分析中的运用。

2. 指数的性质

正确应用指数的统计方法,必须要对指数性质有深刻的了解,概括地讲,指数具有以下性质:

(1) 相对性。指数是总体各变量在不同场合下对比形成的相对数,它可以度量一个变量在不同时间或不同空间的相对变化,如一种商品的价格指数或数量指数,这种指数称为个体指数;它也可用于反映一组变量的综合变动,如消费价格指数反映一组指定商品和服务的价格变动水平,这种指数称为综合指数。总体变量在不同时间上对比形成的指数称为时间性指数,在不同空间上对比形成的指数称为区域性指数。

(2) 综合性。指数是反映一组变量在不同场合下的综合变动水平,这是就狭义的指数而言的,它也是指数理论和方法的核心问题。实际中所计算的主要是这种指数。没有综合性,指数就不可能发展成为一种独立的理论和方法论体系。综合性说明指数是一种特殊的相对数,它是由一组变量或项目综合对比形成的。比如,由若干种商品和服务构成的一组消费项目,通过综合后计算价格指数,以反映消费价格的综合变动水平。

(3) 平均性。指数是总体水平的一个代表性数值。平均性的含义有二:一是指数进行比较的综合数量是作为个别量的一个代表,这本身就具有平均的性质;二是两个综合量对比形成的指数反映了个别量的平均变动水平,比如物价指数反映了多种商品和服务项目价格的平均变动水平。

▶ 9.1.2 指数作用

(1) 综合反映社会经济现象总变动方向及变动幅度。在统计实践中,经常要研究多种商品或产品的价格综合变动情况,多种商品的销售量或产品产量的总变动,多种产品的成本总变动,多种股票价格综合变动等。这类问题由于各种商品或产品的使用价值不同,各种股票价格涨跌幅度和成交量不同,所研究总体中的各个个体不能直接相加。指数法的首要任务,就是把不能直接相加总的现象过渡到可以加总对比,从而反映复杂经济现象的总变动方向及变动幅度。

(2)分析现象总变动中各因素变动的影响方向及影响程度。利用指数体系理论可以测定复杂社会经济现象总变动中,各构成因素的变动对现象总变动的影响情况,并对经济现象变化作综合评价。任何一个复杂现象都是由多个因子构成的,如:

$$销售额=价格×销售量$$

又如影响利润总额变化的各种因素有产品产量、产品销售量、产品成本、产品销售价格等。运用指数法编制商品零售价格指数和零售量指数,可分析它们的变动对商品零售总额变动的影响。编制产品产量指数、产品销售量指数、产品成本指数和产品销售价格指数等并分别对它们进行测定,根据各因素变动影响,可综合评价利润总额变动的情况。

(3)反映同类现象变动趋势。编制一系列反映同类现象变动情况的指数形成指数数列,可以反映被研究现象的变动趋势。例如,根据1980~2002年共23年的零售商品价格资料,编制22个环比价格指数,从而构成价格指数数列。这样,就可以揭示价格的变动趋势,研究物价变动对经济建设和人民生活水平的影响程度。

此外,利用统计指数还可以进行地区经济综合评价、对比,研究计划执行情况。

▶ 9.1.3 指数的分类

指数的种类很多,可以按不同的标志作不同的分类。

1. 按其反映对象范围的不同分

(1)个体指数。说明个别事物(例如某种商品或产品等)数量变动的相对数叫做个体指数。个体指数通常记作 K,例如:

个体产品产量指数　　$K_q = \dfrac{Q_1}{Q_0}$

个体产品成本指数　　$K_z = \dfrac{Z_1}{Z_0}$

个体物价指数　　$K_p = \dfrac{P_1}{P_0}$

上式中,Q 代表产量,Z 代表单位产品成本,P 代表商品或产品的单价;下标 1 代表报告期,下标 0 代表基期。

可见,个体指数就是同一种现象的报告期指标数值与基期指标数值对比而得的发展速度指标。

(2)总指数。说明度量单位不相同的多种事物数量综合变动的相对指数叫作总指数。例如工业总产量指数、零售物价总指数等。总指数与个体指数有一定的联系,可以用个体指数计算相应的总指数。用个体指数简单平均求得的总指数,称为简单指数;用个体指数加权平均求得的总指数,称为加权指数。

2. 按其所反映的社会经济现象特征不同分

(1)数量指标指数。简称数量指数,主要是指反映现象的规模、水平变化的指数。例如商品销售量指数、工业产品产量指数等。

(2) 质量指标指数。简称质量指数,是指综合反映生产经营工作质量变动情况的指数。例如物价指数、产品成本指数。

3. 按其采用基期的不同分

(1) 定基指数。将不同时期的某种指数按时间先后顺序排列,形成指数数列。在同一个指数数列中,如果各个指数都以某一个固定时期作为基期,就称为定基指数。

(2) 环比指数。如果各个指数都是以报告期的前一期作为基期,则称之为环比指数。

4. 按其对比内容不同分

(1) 动态指数。由两个不同时期的同类经济变量值对比形成的指数,说明现象在不同时间上发展变化的过程和程度。

(2) 静态指数。包括空间指数和计划完成情况指数两种。空间指数(地域指数)是将不同空间(如不同国家、地区、部门、企业等)的同类现象进行比较的结果,反映现象在不同空间的差异程度。计划完成程度指数是由同一地区、单位的实际指标值与计划指标数值对比而形成的指数,反映计划的执行情况或完成与未完成的程度。

指数方法论主要论述动态指数,动态指数是出现最早、应用最多的指数,也是理论上最为重要的统计指数。静态指数则是动态指数在实际应用中的扩展。

5. 按常用的计算总指数的方法或形式分

(1) 综合指数。从数量上表明不能直接相加的社会经济现象的总指数。

(2) 平均指数。以个体指数为基础,采取平均形式编制的总指数。

▶ 9.1.4 指数基本问题

编制总指数可以考虑两种方式:一是先综合后对比,二是先对比后平均。

1. 先综合后对比的方式

如果我们知道某几种商品价格和销售量资料,研究全部商品的价格和销售量变动情况。首先将各种商品的价格或销售量资料加总起来,然后通过对比得到相应的总指数,这种方法通常称为综合(总和)指数法。此时我们会遇到这样两个问题,一是不同商品的数量和价格不能直接加总,或者说,直接加总的结果没有实际经济含义;二是简单综合法编制的指数明显地受到商品计量单位的影响。因此,简单综合指数难以成为现象变动程度的一种客观测度,因为不同商品的价格或销售量都是"不同度量"的现象,它们构成了不能直接加总的"复杂现象总体",倘若不解决有关现象的同度量问题就将其直接加总,显然难以得到适当的指数计算结果。

2. 先对比后平均的方式

首先将各种商品的价格或销售量资料进行对比(计算个体指数),然后通过个体指数的平均得到相应的总指数,这种方法通常称为"平均指数法"。这样当我们将各种商品的个体指数作简单平均时,没有适当地考虑不同商品的重要性程度。从经济分析的角度看,各种商品的重要性程度是有差异的,简单平均指数不能反映这种差异,因而难以满足分析的要求。

归纳起来,简单综合指数与简单平均指数都存在方法上的缺陷。但是,迄今为止,综合指数法与平均指数法仍然是编制统计指数的两个基本方法。为了运用综合法编制总指数,必须首先考虑被比较的诸现象是否同度量、怎样同度量的问题。因此说编制综合指数的基本问题是"同度量"的问题,解决这一问题的方法就是编制加权综合指数。而为了运用平均法编制总指数,又必须首先考虑被比较诸现象的重要性程度是否相同、怎样衡量的问题(此外,还有选择何种平均数形式的问题)。因此说,编制平均指数的基本问题之一是合理加权的问题,解决这一问题的方法就是编制加权平均数。

9.2 加权指数

9.2.1 加权综合指数

加权综合指数(weighted aggregative index number)是通过加权来测定一组项目的综合变动状况。若所测定的是一组项目的物量变动状况,称为数量指数,如产品产量指数、商品销售量指数等;若所测定的是一组项目的质量变动状况,则称为质量指数,如价格指数、产品成本指数等。但由于权数可以固定在不同时期,因而加权综合指数有不同的计算公式。

1. 基期变量值加权

基期变量值加权是指在计算一组项目的综合指数时,把作为权数的各变量值固定在基期来计算指数。早在 1864 年,德国学者拉斯贝尔斯(Laspeyres)就曾提出用基期消费量加权来计算价格指数,这一指数被称为拉氏指数或 L 式指数。拉氏加权法可推广到其他指数的计算。基期变量值加权的拉氏质量指数和数量指数的一般计算公式为

$$p_{1/0} = \frac{\sum p_1 q_0}{\sum p_0 q_0} \tag{9-1}$$

$$q_{1/0} = \frac{\sum p_0 q_1}{\sum p_0 q_0} \tag{9-2}$$

式中,$p_{1/0}$ 为质量指数;$q_{1/0}$ 为数量指数;p_0 和 p_1 分别为一组项目基期和报告期的质量数值;q_0 和 q_1 分别为一组项目基期和报告期的物量数值。

表 9-2 是粮油连锁店 2013 年和 2014 年三种商品的零售价格和销售量资料。试分别以基期销售量和零售价格为权数,计算三种商品的价格综合指数和销售量综合指数。

表 9-2　粮油连锁店三种商品的价格和销售量

商品名称	计量单位	销售量		单价(元)	
		2013 年	2014 年	2013 年	2014 年
大米	kg	1 200	1 500	1.2	1.3
面粉	kg	1 500	2 000	1.0	1.1
色拉油	kg	500	600	3.2	3.5

假定销售量为 q，零售价格为 p，计算过程见表 9-3。

表 9-3　加权综合指数计算表

商品名称	计量单位	销售量		单价(元)		销售额(元)			
		2013 年 q_0	2014 年 q_1	2013 年 p_0	2014 年 p_1	2013 年 $p_0 q_0$	2014 年 $p_1 q_1$	$p_0 q_1$	$p_1 q_0$
大米	kg	1 200	1 500	1.2	1.3	1 440	1 950	1 800	1 560
面粉	kg	1 500	2 000	1.0	1.1	1 500	2 200	2 000	1 650
色拉油	kg	500	600	3.2	3.5	1 600	2 100	1 920	1 750
合计	—	—	—	—	—	4 540	6 250	5 720	4 960

根据(9-1)式，得价格综合指数为

$$p_{1/0} = \frac{\sum p_1 q_0}{\sum p_0 q_0} = \frac{4\ 960}{4\ 540} = 109.25\%$$

根据(9-2)式，得销售量综合指数为

$$q_{1/0} = \frac{\sum p_0 q_1}{\sum p_0 q_0} = \frac{5\ 720}{4\ 540} = 125.99\%$$

计算结果表明，与 2013 年相比，该粮油连锁店三种商品的零售价格平均上涨了 9.25%，销售量平均上涨了 25.99%。

拉氏指数由于以基期变量值为权数，可以消除权数变动对指数的影响，从而使不同时期的指数具有可比性。但拉氏指数也存在一定的缺陷。比如，物价指数是在假定销售量不变的情况下报告期价格的变动水平，这一指数尽管可以单纯反映价格的变动水平，但不能反映出消费量的变化。从实际生活角度看，人们更关心在报告期销售量条件下价格变动对实际生活的影响。因此，拉氏价格指数在实际中应用得很少。而拉氏数量指数是假定价格不变的条件下报告期销售量的综合变动，它不仅可以单纯反映出销售量的综合变动水平，也符合计算销售量指数的实际要求。因此，拉氏数量指数在实际中应用得较多。

2. 报告期变量值加权

报告期变量值加权是指在计算一组项目的综合指数时，把作为权数的变量值固定在报告期来计算指数。1874 年德国学者帕煦(Paasche)曾提出用报告期物量加权来计算物价指数，这一指数被称为帕氏指数，或简称为 P 式指数。帕氏加权法可推广到其他指数的计算。

报告期变量值加权的帕氏质量指数和数量指数的一般计算公式为

$$p_{1/0} = \frac{\sum p_1 q_1}{\sum p_0 q_1} \tag{9-3}$$

$$q_{1/0} = \frac{\sum p_1 q_1}{\sum p_1 q_0} \tag{9-4}$$

根据表 9-1 中的数据资料,分别以报告期销售量和零售价格为权数计算三种商品的价格综合指数和销售量综合指数。

$$p_{1/0} = \frac{\sum p_1 q_1}{\sum p_0 q_1} = \frac{6\ 250}{5\ 720} = 109.27\%$$

$$q_{1/0} = \frac{\sum p_1 q_1}{\sum p_1 q_0} = \frac{6\ 250}{4\ 960} = 126.01\%$$

计算结果表明,与 1998 年相比,该粮油商店三种商品的零售价格平均上涨了 9.27%。销售量平均上涨了 26.01%。

帕氏指数因以报告期变量值为权数,不能消除权数变动对指数的影响,因而不同时期的指数缺乏可比性。但帕氏指数可以同时反映出价格和消费结构的变化,具有比较明确的经济意义。在实际应用中,常采用帕氏公式计算价格、成本等质量指数。而帕氏数量指数由于包含了价格的变动,意味着按调整后的价格来测定物量的综合变动,这本身不符合计算物量指数的目的,因此帕氏数量指数在实际中应用得较少。

从上面的计算和分析中可以看到,采用不同时期的权数计算结果是有一定差别的。但从实际应用的角度看:计算数量指数时大多采用式(9-2),而计算质量指数时大多采用式(9-3)。

此外,在实际应用中,有时权数既不是固定在基期,也不是固定在报告期,而是固定在某个具有代表性的特定时期。这一加权方法的特点是,权数不受基期和报告期的限制,使指数的编制具有较大的灵活性。特别是在编制若干个时期的多个指数时,可以消除因权数不同而对指数产生的影响,从而使指数具有可比性。

表 9-4 是某公司生产三种产品的有关数据。试以 2010 年不变价格为权数,计算各年的产品产量指数。

表 9-4 某企业生产三种产品的有关资料

商品名称	计量单位	产量			2010 年不变价格(千元)
		2012 年	2013 年	2014 年	
甲	千件	1 000	900	1 100	50
乙	千台	120	125	140	3 500
丙	千箱	200	220	240	300

解: 设 2010 年不变价格为 p_{10},各年产量分别为 q_{12}、q_{13}、q_{14},则各年产量指数为

$$q_{13/12} = \frac{\sum p_{10} q_{13}}{\sum p_{10} q_{12}} = \frac{50 \times 900 + 3\ 500 \times 125 + 300 \times 220}{50 \times 1\ 000 + 3\ 500 \times 120 + 300 \times 200}$$

$$= \frac{548\,500}{530\,000} = 103.49\%$$

$$q_{14/13} = \frac{\sum p_{90}q_{14}}{\sum p_{90}q_{13}} = \frac{50 \times 1\,100 + 3\,500 \times 140 + 300 \times 240}{50 \times 900 + 3\,500 \times 125 + 300 \times 220}$$

$$= \frac{617\,000}{548\,500} = 112.49\%$$

$$q_{14/12} = \frac{\sum p_{90}q_{14}}{\sum p_{90}q_{12}} = \frac{617\,000}{530\,000} = 116.42\%$$

上述产量指数消除了价格变动对产量的影响,单纯反映出各年产量的综合变动状况。这一结果实际上就是按 2010 年不变价格计算的工业总产值发展速度。

3. 综合指数法的特点

从以上关于用综合指数法编制指数的方法和原理可知,它具有如下三个特点:

(1) 借助于同度量因素进行综合对比。在分析复杂社会经济现象综合变动时,不同度量单位的事物不能直接相加,但有时又需要把它们作为一个总体来研究,必须把它们加总起来,这是运用综合指数法首先要解决的问题。

众所周知,人们从事社会生产活动,创造了各种各样的产品,这些不同的产品具有不同的使用价值、不同外形和不同的计量单位,是不能同度量的事物。价格是价值的货币表现。因此在编制指数时,就可用不同的产品或商品流通的量乘以它们相应的价格,借助价格这一媒介,使不能同度量的使用价值转化为能同度量的价值量。这样就可以把两个时期的价值量进行综合对比了。

(2) 同度量因素的时期要固定。运用综合指数法编制总指数时,人们只关心一个因素的变动程度。如工业产品产量总指数只反映各种工业产品产量的总变动;零售价格总指数只反映多种商品零售价格的总变动。这就要求编制指数时,把新加入的媒介因素作为同度量因素加以固定,来测定人们所关心的因素的变动。

(3) 用综合指数法编制总指数,使用的是全面材料,没有代表性误差。例如,用综合指数法编制产品产量指数,要求使用报告期和基期的全部产品产量资料,即利用全面统计资料。全面统计资料只存在着登记误差,而不存在代表性误差。

9.2.2 加权平均指数

加权平均指数(weighted average index number)是以某一时期的总量为权数对个体指数加权平均计算出来的。其中作为权数的总量通常是两个变量的乘积,它可以是价值总量,如商品销售额(销售价格与销售量的乘积)、工业总产值(出厂价格与生产量的乘积),也可以是其他总量,如农产品总产量(单位面积产量与收获面积的乘积)等。而其中的个体指数可以是个体质量指数,也可以是个体数量指数。加权平均指数因权数所属时期的不同,有以下计算形式。

1. 基期总量加权

基期总量加权指数是以基期总量为权数对个体指数加权平均计算出来的。由于这一指数在计算形式上采用了算术平均形式,故也被称为加权算术平均指数。

设基期总量权数为 p_0q_0,个体质量指数为 $\frac{p_1}{p_0}$,个体数量指数为 $\frac{q_1}{q_0}$,则基期总量加权的质量指数和数量指数的一般公式为

$$p_{1/0} = \frac{\sum \frac{p_1}{p_0} p_0 q_0}{\sum p_0 q_0} \tag{9-5}$$

$$q_{1/0} = \frac{\sum \frac{q_1}{q_0} p_0 q_0}{\sum p_0 q_0} \tag{9-6}$$

表 9-5 是某企业生产三种产品的有关资料。试计算三种产品的单位成本总指数和产量总指数。

表 9-5 某企业生产三种产品的有关数据

商品名称	计量单位	总成本(万元)		个体成本指数 (p_1/p_0)	个体产量指数 (q_1/q_0)
		基期(p_0q_0)	报告期(p_1q_1)		
甲	件	200	220	1.14	1.03
乙	台	50	50	1.05	0.98
丙	箱	120	150	1.20	1.10

根据式(9-5)得三种产品的单位成本总指数:

$$p_{1/0} = \frac{\sum \frac{p_1}{p_0} p_0 q_0}{\sum p_0 q_0}$$

$$= \frac{1.14 \times 200 + 1.05 \times 50 + 1.20 \times 120}{200 + 50 + 120}$$

$$= \frac{524.5}{370} = 114.73\%$$

根据式(9-6)得三种产品的产量总指数为

$$q_{1/0} = \frac{\sum \frac{q_1}{q_0} p_0 q_0}{\sum p_0 q_0}$$

$$= \frac{1.03 \times 200 + 0.98 \times 50 \times 1.10 \times 120}{200 + 50 + 120}$$

$$= \frac{387}{370} = 104.59\%$$

计算结果表明,报告期与基期相比,该企业三种产品的单位成本平均提高了 14.73%,三种产品的产量平均提高了 4.59%。

2. 报告期总量加权

报告期总量加权是以报告期总量为权数对个体指数加权平均计算出来的。由于这一指数在计算形式上采取了调和平均形式,故也被称为加权调和平均指数。

设报告期总量权数为 p_1q_1,个体质量指数为 $\frac{p_1}{p_0}$,个体数量指数为 $\frac{q_1}{q_0}$,则报告期总量加权的质量指数和数量指数的一般公式为

$$p_{1/0} = \frac{\sum p_1q_1}{\sum \frac{1}{p_1/p_0}p_1q_1} \tag{9-7}$$

$$q_{1/0} = \frac{\sum p_1q_1}{\sum \frac{1}{q_1/q_0}p_1q_1} \tag{9-8}$$

根据表 9-4 有关数据,用报告期总成本为权数计算三种产品的单位成本总指数和产量总指数。

根据式(9-7)得三种产品的单位成本总指数为

$$p_{1/0} = \frac{\sum p_1q_1}{\sum \frac{1}{p_1/p_0}p_1q_1}$$

$$= \frac{220+50+150}{\frac{220}{1.14}+\frac{50}{1.05}+\frac{150}{1.20}}$$

$$= \frac{420}{365.60} = 114.88\%$$

根据式(9-8)得三种产品的产量总指数为

$$q_{1/0} = \frac{\sum p_1q_1}{\sum \frac{1}{q_1/q_0}p_1q_1} = \frac{220+50+150}{\frac{220}{1.03}+\frac{50}{0.98}+\frac{150}{1.10}}$$

$$= \frac{420}{400.98} = 104.74\%$$

计算结果表明,报告期与基期相比,该企业三种产品的单位成本平均提高了 14.88%,三种产品的产量平均提高了 4.74%。

总量加权指数中的权数除上述介绍的 p_0q_0 和 p_1q_1 外,还可以使用 p_0q_1 和 p_1q_0 等总量形式。但比较常用的是基期总量和报告期总量加权,而且从指数的实际意义和效果来看,基期总量加权多用于计算数量指数,而报告期总量加权则多用于计算质量指数。另外,我们也容易看出,采用上述总量加权的指数公式可以演化成综合指数。因此,当采用 p_0q_0 和 p_1q_1 加权时,加权平均指数实际上是加权综合指数的一种变形。但二者所依据的计算资料是不同的。加权综合指数的计算通常需要掌握全面的资料,实际编制中往往具有一定的困难,而加权平均指数则既可以依据全面的资料来编制,也可以依据非全面资料来编制,也更符合实际数据的要求,因此加权平均指数在实际中是更为广泛。此外,加权平均指数中的权数也可以采取比重形式,其权数(W)可以在一定时期内相对固定

下来,连续使用几年,这就是所谓的固定权数加权的平均指数。例如,我国的商品零售价格指数就是采用固定权数加权的算术平均形式计算的,其权数每年根据住户调查资料作相应的调整。

9.3 指数体系和因素分析

9.3.1 指数体系

1. 指数体系的概念

社会经济现象之间的相互联系、相互影响的关系是客观存在的。有些社会经济现象之间的联系可以用经济方程式表现出来,如:

商品销售额＝商品销售量×商品销售价格
生产总成本＝产品产量×单位产品成本

上述的这种关系,按指数形式表现时,同样也存在这种对等关系。即:

商品销售额指数＝商品销售量指数×商品销售价格指数
生产总成本指数＝产品产量指数×单位产品成本指数

在统计分析中,将一系列相互联系、彼此间在数量上存在推算关系的统计指数所构成的整体称为指数体系。

上述指数体系,按编制综合指数的一般原理,以符号用公式可写成

$$\frac{\sum q_1 p_1}{\sum q_0 p_0} = \frac{\sum q_1 p_0}{\sum q_0 p_0} \times \frac{\sum q_1 p_1}{\sum q_1 p_0}$$

从上面所举的例子中可发现,统计指数体系一般具有两个特征:

(1) 具备三个或三个以上的指数。
(2) 体系中的单个指数在数量上能相互推算。如已知销售额指数、销售量指数,则可推算出价格指数;已知价格指数、销售量指数,则可推出销售额指数。
(3) 现象总变动差额等于各个因素变动差额的和。

2. 指数体系的作用

指数体系主要有以下三方面的作用:

一是指数体系是进行因素分析的根据。即利用指数体系可以分析复杂经济现象总变动中各因素变动影响方向和程度。

二是利用各指数之间的联系进行指数间的相互推算。例如,我国商品销售量总指数往往就是根据商品销售额总指数和价格总指数进行推算的。即:

商品的销售量指数＝销售额指数÷价格指数

三是用综合指数法编制总指数时,指数体系也是确定同度量因素时期的根据之一。因为指数体系是进行因素分析的根据,要求各个指数之间在数量上要保持一定的联系。因此,

编制产品产量指数时,如用基期价格作同度量因素,那么编制产品价格指数时就必须用报告期的产品产量作为同度量因素;如果编制产品产量指数用报告期价格作同度量因素,那么编制产品价格指数时就必须用基期的产品产量作为同度量因素。

9.3.2 复杂总体的因素分析

对于社会经济现象复杂总体的变动,当确定其是由两个或两个以上因素乘积的函数时,可以开展因素分析。对两个因素进行分析称两因素分析,对两个以上因素进行分析称多因素分析。

1. 复杂总体两因素分析

对于复杂总体,由于存在不可同度量问题,因而在进行复杂总体的因素分析时,必须严格遵循综合指数计算的一般原则和方法。

复杂总体总量指标的变动(即总指数),可用如下公式表达:

$$\frac{\sum q_1 p_1}{\sum q_0 p_0}$$

总指数可分解为数量指标综合指数和质量指标综合指数两因素的乘积。指数体系如下:

$$\frac{\sum q_1 p_1}{\sum q_0 p_0} = \frac{\sum q_1 p_0}{\sum q_0 p_0} \times \frac{\sum p_1 q_1}{\sum p_0 q_1}$$

绝对额关系如下:

$$\sum q_1 p_1 - \sum q_0 p_0 = \left(\sum q_1 p_0 - \sum q_0 p_0\right) + \left(\sum p_1 q_1 - \sum p_0 q_1\right)$$

某企业生产几种使用价值和计量单位都不同的产品,报告期和基期总产值及有关数据见表9-6。

表 9-6 某工业企业基期、报告期产值情况表

产品名称	计量单位	产品产量		出厂价格(元)		基期总产值万元	报告期总产值万元	假设总产值万元
		基期	报告期	基期	报告期			
甲	乙	q_0	q_1	p_0	p_1	$q_0 p_0$	$q_1 p_1$	$q_1 p_0$
A	吨	6 000	5 000	110	100	66	50	55
B	台	10 000	12 000	50	60	50	72	60
C	件	40 000	41 000	20	20	80	82	82
合计	—	—	—	—	—	196	204	197

从表9-6数据可以看出,该企业总产值的动态指数为

$$\frac{\sum q_1 p_1}{\sum q_0 p_0} = \frac{204}{196} = 104.08\%$$

报告期总产值比基期增加：

$$\sum q_1 p_1 - \sum q_0 p_0 = 204 - 196 = 8(万元)$$

这个结果是由于产品产量和价格两个因素变动共同引起的。

其中：产品产量变动影响为

$$\frac{\sum q_1 p_0}{\sum q_0 p_0} = \frac{197}{196} = 100.51\%$$

产品产量增加使总产值增加的绝对额为

$$\sum q_1 p_0 - \sum q_0 p_0 = 197 - 196 = 1(万元)$$

产品出厂价格变动影响为

$$\frac{\sum p_1 q_1}{\sum p_0 q_1} = \frac{204}{197} = 103.55\%$$

出厂价格提高使总产值增加的绝对额为

$$\sum p_1 q_1 - \sum p_0 q_1 = 204 - 197 = 7(万元)$$

用相对数表示：$104.08\% = 100.51\% \times 103.55\%$

用绝对额表示：8 万元 = 1 万元 + 7 万元

综上所述，该工业企业报告期的工业总产值比基期增长了 4.08%，增加额为 8 万元，是由于产品产量和出厂价格两因素发生变动共同引起的，其中产品产量增长 0.51%，使总产值增加 1 万元，出厂价格增长 3.55%，使总产值增加 7 万元。

2. 复杂总体的多因素分析

上述某工业企业三种产品总产值的变动，既受产量变动影响，又受出厂价格影响。假如我们把产量因素再分解为职工平均人数和全员劳动生产率，把该企业总产值的变动，分解为三个因素进行分析。

开展复杂总体多因素分析时，要按如下两个原则进行：

首先，把影响复杂总体变动的各个因素，按照数量指标在前，质量指标在后的顺序进行排列。

其次，当分析某一因素对复杂总体变动的影响时，未被分析的后面诸因素要固定在基期水平，而已被分析过的前面诸因素，则要固定在报告期水平。

以表 9-7 资料为例，说明复杂总体的多因素分析方法。

表 9-7　某单位基期、报告期产量及价格情况表

产品名称	计量单位	产品产量				出厂价格（元）	
		职工平均人数（人）		全员劳动生产率			
		基期	报告期	基期	报告期	基期	报告期
甲	乙	T_0	T_1	L_0	L_1	p_0	p_1
A	吨	1 200	1 000	5	5	110	100
B	台	1 000	1 000	10	12	50	60
C	件	800	1 000	50	41	20	20

从表 9-7 可以看出,该企业总产值受到职工平均人数(T)、全员劳动生产率(L)和出厂价格(P)三个因素共同影响。指数体系如下:

$$\frac{\sum T_1 L_1 P_1}{\sum T_0 L_0 P_0} = \frac{\sum T_1 L_0 P_0}{\sum T_0 L_0 P_0} \times \frac{\sum T_1 L_1 P_0}{\sum T_1 L_0 P_0} \times \frac{\sum T_1 L_1 P_1}{\sum T_1 L_1 P_0}$$

绝对额关系如下:

$$\sum T_1 L_1 P_1 - \sum T_0 L_0 P$$
$$= \left(\sum T_1 L_0 P_0 - \sum T_0 L_0 P_0\right) + \left(\sum T_1 L_1 P_0 - \sum T_1 L_0 P_0\right)$$
$$+ \left(\sum T_1 L_1 P_1 - \sum T_1 L_1 P_0\right)$$

根据表 9-6 整理计算的总产值资料见表 9-8。

表 9-8 某企业基期、报告期产值计算表

产品名称	工业总产值(万元)			
	基期	报告期	按报告期平均人数计算的基期总产值	按基期价格计算的报告期总产值
	$T_0 L_0 P_0$	$T_1 L_1 P_1$	$T_1 L_0 P_0$	$T_1 L_1 P_0$
A	66	50	55	55
B	50	72	50	60
C	80	82	100	82
合计	196	204	205	197

该企业工业总产值的动态指数为

$$\frac{\sum T_1 L_1 P_1}{\sum T_0 L_0 P_0} = \frac{204}{196} = 104.08\%$$

报告期工业总产值比基期增加额为

$$\sum T_1 L_1 P_1 - \sum T_0 L_0 P_0 = 204 - 196 = 8(万元)$$

其中,职工平均人数变动影响为

$$\frac{\sum T_1 L_0 P_0}{\sum T_0 L_0 P_0} = \frac{205}{196} = 104.59\%$$

影响绝对额为

$$\sum T_1 L_0 P_0 - \sum T_0 L_0 P_0 = 205 - 196 = 9(万元)$$

全员劳动生产率变动影响为

$$\frac{\sum T_1 L_1 P_0}{\sum T_1 L_0 P_0} = \frac{197}{205} = 96.10\%$$

影响绝对额为

$$\sum T_1 L_1 P_0 - \sum T_1 L_0 P_0 = 197 - 205 = -8(万元)$$

出厂价格变动影响为

$$\frac{\sum T_1 L_1 P_1}{\sum T_1 L_1 P_0} = \frac{204}{197} = 103.55\%$$

影响绝对额为

$$\sum T_1 L_1 P_1 - \sum T_1 L_1 P_0 = 204 - 197 = 7(万元)$$

用相对数表示：104.08% = 104.59% × 96.10% × 103.55%

用绝对额表示：8 万元 = 9 万元 - 8 万元 + 7 万元

综上所述，该企业工业总产值由基期 196 万元增加到报告期的 204 万元，增加了 8 万元，增长率为 4.08%，这一结果是由于职工平均人数、全员劳动生产率和产品出厂价格三个因素共同引起的。其中，平均人数增长 4.59%，使总产值增加 9 万元；全员劳动生产率下降 3.9%，使总产值减少 8 万元；出厂价格增长 3.55%，使总产值增加 7 万元。

三个因素分析弥补了两因素分析的不足，前面我们对该企业总产值变动情况作产量和价格两因素分析时，看到企业增加的 8 万元总产值中，有 1 万元是由于产量增长所致，另外 7 万元是价格增长引起的，给人的印象是两个因素都是增长的，这就把产量上升的真相掩盖了，容易给决策者假象，放松对生产的管理和经济核算，通过多因素分析，再把产量进一步分解为职工平均人数和全员劳动生产率，就可看到，全厂职工平均人数报告期比基期是增加的，但劳动生产率却有所下降，产量影响的 1 万元产值是由职工平均人数增加使总产值增加 9 万元和劳动生产率下降使总产值减少 8 万元所致。问题揭示清楚，便于企业加强管理，提高经济效益。

9.3.3 平均指标指数的因素分析

1. 平均指标指数的含义

从综合指数的定义上可以看出，当一个总量指标可以分解成两个因素的乘积时，就可以计算每一个因素的变动对总量的影响，这就是综合指数的含义。同样地，对于平均指标来讲，我们也可以用上述方法进行分析，因为平均指标也能够分解成两个影响因素。

例如，当研究某企业职工工资水平的变动时，可以计算平均工资：

$$\bar{x} = \frac{\sum xf}{\sum f}$$

式中，x 为每组的工资额；f 为各组的职工人数。

上式还可以写成如下形式：

$$\bar{x} = \sum x \frac{f}{\sum f}$$

式中：$\dfrac{f}{\sum f}$ 为各组职工的比重，即频率。

上式说明，平均工资实际上受两个因素的影响，一个是各组职工的工资水平，另一个是每组职工所占的比重，因此，类似于综合指数的定义，我们按照如下方式定义有关平均指标指数：

$$平均指标指数 = \frac{\bar{x}_1}{\bar{x}_0} \tag{9-9}$$

式中,1 为报告期;0 为基期。

这个指数通常称为可变构成指数(简称可变指数),它反映了平均指标的实际变动情况。

$$固定结构指数 = \frac{\sum x_1 \frac{f_1}{\sum f_1}}{\sum x_0 \frac{f_1}{\sum f_1}} \quad (9-10)$$

这个指数也称为固定构成指数,它反映了由于各组标志值的变动对总平均数的影响。

$$结构变动指数 = \frac{\sum x_0 \frac{f_1}{\sum f_1}}{\sum x_0 \frac{f_0}{\sum f_0}} \quad (9-11)$$

这个指数也称为结构影响指数,它反映了总体内各组结构的变动对总平均数的影响。

2. 因素分析方法

由上述方法定义的有关平均指标指数,构成如下的指数体系:

从相对量角度:

$$\frac{\bar{x}_1}{\bar{x}_0} = \frac{\sum x_1 \frac{f_1}{\sum f_1}}{\sum x_0 \frac{f_1}{\sum f_1}} \times \frac{\sum x_0 \frac{f_1}{\sum f_1}}{\sum x_0 \frac{f_0}{\sum f_0}}$$

即:

$$可变指数 = 固定结构指数 \times 结构变动指数$$

从绝对量角度:

$$\bar{x}_1 - \bar{x}_0 = \left(\sum x_1 \frac{f_1}{\sum f_1} - \sum x_0 \frac{f_1}{\sum f_1} \right) + \left(\sum x_0 \frac{f_1}{\sum f_1} - \sum x_0 \frac{f_0}{\sum f_0} \right)$$

即:

平均指标的增加额＝由于变量水平的变动引起的平均指标的增加额＋由于结构的变动引起的平均指标的增加额

上述公式是对平均指标的变动进行因素分析的基础。

下面通过一个例子来说明平均指标的因素分析方法。

表 9-9 是某企业基期和报告期职工的月工资数据。

表 9-9 某企业职工月工资情况

工人类别	月工资额(元)		职工人数(人)		工资总额(元)		
	基期(x_0)	报告期(x_1)	基期(f_0)	报告期(f_1)	($x_0 f_0$)	($x_1 f_1$)	($x_0 f_1$)
工种 A	700	780	48	40	33 600	31 200	28 000
工种 B	750	810	50	60	37 500	48 600	45 000
工种 C	800	830	80	80	64 000	66 400	64 000
合 计	—	—	178	180	135 100	146 200	137 000

首先,计算平均工资指数,说明平均工资的变动情况:

报告期的平均工资 $\bar{x}_1 = \sum x_1 f_1 / \sum f_1 = 146\,200/180 = 812.2(元)$

基期的平均工资 $\bar{x}_0 = \sum x_0 f_0 / \sum f_0 = 135\,100/178 = 759.0(元)$

$$可变指数 = \frac{\bar{x}_1}{\bar{x}_0} = \frac{812.2}{759.0} = 107.0\%$$

$$\bar{x}_1 - \bar{x}_0 = 812.2 - 759.0 = 53.2(元)$$

其次,计算固定结构指数,说明工资水平的变动情况:

$$固定结构指数 = \frac{\sum x_1 f_1 / \sum f_1}{\sum x_0 f_1 / \sum f_1} = \frac{146\,200/180}{137\,000/180} = \frac{812.2}{761.1} = 106.7\%$$

$$\frac{\sum x_1 f_1}{\sum f_1} - \frac{\sum x_0 f_1}{\sum f_1} = 812.2 - 761.1 = 51.1$$

再计算结构变动指数:

$$结构变动指数 = \frac{\sum x_0 f_1 / \sum f_1}{\sum x_0 f_0 / \sum f_0} = \frac{137\,000/180}{135\,100/178} = 100.3\%$$

$$\sum x_0 \frac{f_1}{\sum f_1} - \sum x_0 \frac{f_0}{\sum f_0} = 761.1 - 759.0 = 2.1(元)$$

上述指数之间的关系如下:

相对量角度:

$$107.0\% = 106.7\% \times 100.3\%$$

绝对量角度:

$$53.2 = 51.1 + 2.1$$

上述计算结果表明:从相对量角度来看,报告期职工平均工资比基期上升了 7.0%,是由于工资水平提高了 6.7% 和结构变动使平均工资上升 0.3% 两个因素共同作用的结果;从绝对量角度来看,每组平均工资提高使总的平均工资上升了 51.1 元,每组结构变动使总的平均工资上升了 2.1 元,两个因素共同作用,导致总的平均工资共增加 53.2 元。

9.4 几种常用的经济指数

指数作为一种重要的经济分析指标和方法,在实践中获得了广泛应用。但在不同场合,往往需要运用不同的指数形式。一般而言,选择指数形式的主要标准应该是指数的经济分析意义,除此而外,有时还要考虑实际编制工作的可行性,以及对指数分析性质的某些特殊要求。现以国内外常见的主要经济指数为例,对指数方法的具体应用加以介绍。

1. 消费者价格指数和零售物价指数

消费者价格指数(又称生活费用指数)是综合反映各种消费品和生活服务价格的变动程

度的重要经济指数,通常简记为 CPI。该指数可以用于分析市场物价的基本动态,调整货币工资以得到实际工资水平,等等。它是政府制定物价政策和工资政策的重要依据,世界各国都在编制这种指数。

我国的消费者价格指数(居民消费价格指数)是采用固定加权算术平均指数方法来编制的。其主要编制过程和特点是:首先,将各种居民消费划分为八大类,包括食品、衣着、家庭设备及用品、医疗保健、交通和通信工具、文教娱乐用品、居住项目及服务项目等,下面再划分为若干个中类和小类;其次,从以上各类中选定 325 种有代表性的商品项目(含服务项目)入编指数,利用有关对比时期的价格资料分别计算个体价格指数;再次,依据有关时期内各种商品的销售额构成确定代表品的比重权数,它不仅包括代表品本身的权数(直接权数),而且还要包括该代表品所属的那一类商品中其他项目所具有的权数(附加权数),以此提高入编项目对于所有消费品的一般代表性程度;最后,按从低到高的顺序,采用固定加权算术平均公式,依次编制各小类、中类的消费价格指数和消费价格总指数:

$$I_q = \frac{\sum i_q \cdot w}{\sum w} = \frac{\sum i_q \cdot w}{100} \tag{9-12}$$

表 9-10 给出了居民消费价格指数计算表。已知各大类、交通工具和通信工具中类及其代表商品(代表规格品)的有关资料(有关数据均为假设)。要求据以编制有关的价格指数,并填充表中空缺的数据。

利用表中资料和公式,依次计算各类别的消费价格指数和消费价格总指数如下:

(1) 计算交通工具和通信工具两个中类的价格指数。

交通工具类指数为:

$$I_p = \frac{\sum i_p \cdot w}{100} = \frac{45.693 + 53.570 + 5.111}{100} = 104.37\%$$

通信工具类指数为:

$$I_p = \frac{\sum i_p \cdot w}{100} = \frac{71.104 + 18.666}{100} = 89.77\%$$

表 9-10 某市居民消费价格指数计算表

类别及品名	规格等级	计量单位	平均价格(元) 基期	平均价格(元) 计算期	指数(%)	权数	指数×权数
总指数	—	—	—	—	102.69	100	—
一、食品类	—	—	—	—	104.15	42	43.743
二、衣着类	—	—	—	—	95.46	15	14.319
三、家庭设备及用品	—	—	—	—	102.70	11	11.297
四、医疗保健	—	—	—	—	110.43	3	3.313
五、交通和通信工具	—	—	—	—	98.53	4	3.941
1. 交通工具	—	—	—	—	104.37	(60)	62.622
摩托车	100 型	辆	8 450	8 580	101.54	〈45〉	45.693

续表

类别及品名	规格等级	计量单位	平均价格(元) 基期	平均价格(元) 计算期	指数(%)	权数	指数×权数
自行车	660m	辆	336	360	107.14	〈50〉	*53.570*
三轮车	普遍	辆	540	552	102.22	〈5〉	*5.111*
2. 通信工具	—	—	—	—	89.77	(40)	*35.908*
电话机	中档	部	198	176	88.88	〈80〉	*71.104*
BP机	中档	部	900	840	93.33	〈20〉	*18.666*
六、文教娱乐用品	—	—	—	—	101.26	5	*5.063*
七、居住项目	—	—	—	—	103.50	14	*14.490*
八、服务项目	—	—	—	—	108.74	6	*6.524*

由此可以进一步计算各中类的"指数×权数"资料,这些结果均以斜体数字填充于表 9-8 中(下同)。

(2) 计算交通和通信工具大类的价格指数。

$$I_p = \frac{\sum i_p \cdot w}{100} = \frac{62.662 + 35.908}{100} = 98.53\%$$

(3) 计算居民消费价格总指数。

$$I_p = \frac{\sum i_p \cdot w}{100}$$
$$= \frac{43\,743 + 14.319 + 11.297 + 3.313 + 3.941 + 5.063 + 14.490 + 6.524}{100}$$
$$= 102.69\%$$

我国的零售物价指数编制程序与消费者价格指数基本相同,也是采用固定加权算术平均指数公式。目前,零售物价指数的入编商品共计 353 项,其中不包括服务项目(但以往包含一部分对农村居民销售的农业生产资料,现已取消),对商品的分类方式也与消费者价格指数有所不同。这些都决定了两种价格指数在分析意义上的差别。消费者价格指数综合反映城乡居民所购买的各种消费品和生活服务的价格变动程度,零售物价指数则反映城乡市场各种零售商品(不含服务)的价格变动程度。

2. 工业生产指数

工业生产指数概括反映一个国家或地区各种工业产品产量的综合变动程度,它是衡量经济增长水平的重要指标之一。世界各国都非常重视工业生产指数的编制,但采用的编制方法却不完全相同。

在我国,工业生产指数是通过计算各种工业产品的不变价格产值来加以编制的。其基本编制过程是:首先,对各种工业产品分别制定相应的不变价格标准(记为 p_c);其次,逐项计算各种产品的不变价格产值,加总起来就得到全部工业产品的不变价格总产值;最后,将不同时期的不变价格总产值加以对比,就得到相应时期的工业生产指数。

记 t 时期的不变价格总产值为 $\sum q_t p_c (t=0,1,2,3,\cdots)$,则该时期的工业生产指数就是固定加权综合指数的形式:

$$I_q = \frac{\sum q_t p_c}{\sum q_0 p_c} \text{ 或 } I_q = \frac{\sum q_t p_c}{\sum q_{t-1} p_c} \tag{9-13}$$

采用不变价格法编制工业生产指数的特点是,只要具备了完整的不变价格产值资料,就能够很容易地计算出有关的生产指数;而且可以在不同层次上(如各地区、各部门、各企业等)进行编制,满足各方面的分析需要。然而,不变价格的制定和不变价格产值的计算本身却是一项非常浩繁的工作,这项工作又必须连续不断地、全面地展开,其难度可想而知。尤其是在市场经济条件下,要在整个工业生产领域内运用不变价格计算完整的产值资料,面临着很多实际问题。因此,我国工业生产指数编制方法的改革势在必行。

与我国的情况不同,在国外,较为普遍地采用平均指形式来编制工业生产指数。计算公式为

$$I_q = \frac{\sum i_q \cdot p_0 q_0}{\sum p_0 q_0} \tag{9-14}$$

其中,i_q 为各种工业品的个体产量指数,$p_0 q_0$ 则为相应产品的基期增加值。编制这种工业生产指目的是为了说明工业增加值中物量因素的综合变动程度,其分析意义与一般的工业总产量指数是有所不同的。

在实践中,为了简化指数的编制工作,常常以各种工业品的增加值比重作为权数,并且将这种比重权数相对固定起来,连续地编制各个时期的工业生产指数:

$$I_q = \frac{\sum i_q \cdot w}{\sum w} \tag{9-15}$$

这里运用了"固定加权算术平均指数"。

3. 股票价格指数

股票作为一种特殊的金融商品,也有价格。广义的股票价格包括票面价格、发行价格、账面价格、清算价格、内在价格、市场价格等。狭义的股票价格,即通常所说的市场价格,也称股票行市。它完全随股市供求行情变化而涨落。股票价格指数是根据精心选择的那些具有代表性和敏感性强的样本股票某时点平均市场价格计算的动态相对数,用于反映某一股市股票价格总的变动趋势。股价指数的单位习惯上用"点"表示,即以基期为100(或1 000),每上升或下降1个单位称为1点。股价指数计算的方法很多,但一般以发行量为权数进行加权综合。其公式为

$$I = \sum p_{1i} q_i / \sum p_{0i} q_i \tag{9-16}$$

式中:p_{1i} 和 p_{0i} 分别为报告期和基期样本股的平均价格;

q_i 为第 i 种股票的报告期发行量(也有采用基期的)。

股价指数是反映证券市场行情变化的重要指标,不仅是广大证券投资者进行投资决策分析的依据,而且也被视为一个地区或国家宏观经济态势的"晴雨表"。世界各地的股票市

场都有自己的股票价格指数。在一个国家里,同一股市往往有不同的股票价格。下面介绍几种常见的股票价格指数。

(1) 道琼斯股价平均数。道琼斯股价平均数(Dow-Jones's Average Index)由美国的道琼斯公司计算并发布。自 1884 年第一次开始发布,迄今已有一个多世纪。它是久负盛名、影响最广泛的一种股票价格指数。

道琼斯股价平均数以在纽约交易所挂牌上市交易的一些著名大公司的股票为编制对象。最初采用简单算术平均方法计算,将采样股票价格总额除以公司数,反映的是每一公司的平均股票价格总额。为了反映每一单位平均股票价格,应将采样股票价格总和除以总股数,但由于考虑到增资和折股等各种非市场因素对股票总股数的影响,因此后来采用除数修正法,即将各种采样股票价格总和除以一个修正后的除数来计算道琼斯股价平均数。除数修正公式为:

$$修正后的新除数 = \frac{非市场因素影响后的各种采样股票理论价格之和}{非市场因素影响前各种采样股票收盘价之和} \times 原先除数$$

$$道琼斯股价平均数 = \frac{采样股票价格总和}{修正后的新除数}$$

人们通常引用的道琼斯股价指数实际是一族平均数,包括:

① 道琼斯工业股价平均数。它由美国 30 家著名工商业公司股票组成采样股。主要用以反映整个工商业股票的价格水平。在许多场合,也被用作道琼斯股价平均数的代表。

② 交通运输业股价平均数。以美国 20 家著名的交通运输公司的股票为采样,其中有 8 家铁路公司、8 家航空公司和 4 家公路货运公司。

③ 公用事业股价平均数。以美国 15 家最大公用事业公司的股票为采样股,反映公用事业类股票的价格水平。

④ 股价综合平均数。以上述三种股价平均数所涉及的共 65 家公司的股票为采样股综合得到的股价平均数,反映整个股票市场价格的变化趋势。

(2) 香港恒生指数。1969 年 11 月 24 日,香港恒生银行编制并首次公开发表香港恒生指数(Heng Seng Index,HSI)。它是香港证券市场上最有代表性的股票价格指数。

香港恒生指数共选择了 33 种具有代表性的股票(成分股)为指数计算对象。其中,金融业 4 种,公用事业 6 种,地产业 9 种,其他行业 14 种。

香港恒生指数是以 1964 年 7 月 31 日为基期,基日指数定为 100。计算公式为

$$即时指数 = \frac{现时成分股的总市值}{上日收市时成分股的总市值} \times 上日收市指数$$

成分股的市值是按股价乘以发行股数计算的。因此,香港恒生指数也是以股票发行量为权数的加权综合指数。

(3) 上海证券交易所股价指数。上海证券交易所股价指数主要有上证综合指数和上证 30 指数。

① 上证综合指数。以 1990 年 12 月 19 日为基日(该日为上证所正式营业之日),基日定为 100,以所有在上海证券交易所上市的股票为编制范围,采用以股票发行量为权数的综合股价指数。计算公式为:

$$上证综合指数 = \frac{报告期市价总值}{基日市价总值} \times 100\%$$

式中：市价总值是股票市价乘发行股数；

基日市价总值也称为除数。

当市价总值出现非交易因素（增股、配股、汇率等）变动时，原除数需修正，以维持指数的连续可比。修正公式为

$$修正后的除数 = \frac{修正后的市价总值}{修正前的市价总值} \times 原除数$$

② 上证30指数。以在上海证券交易所上市的A股中选取最具市场代表性的30种样本股票为计算对象，并以这30家流通股数为权数的加权综合股价指数，取1996年1月至3月的平均流通市值为指数的基期，指数以"点"为单位，基期指数定为1 000点。

(4) 深圳证券交易所股价指数

深圳证券交易所股价指数有深证综合指数和深证成分股指数。

① 深证综合指数。以在深圳证券交易所上市的所有股票为对象编制的指数，1991年4月3日为指数的基日，1991年4月4日公布。深证综合指数是以发行量为权数，纳入指数计算范围的股票称为指数股。指数计算基本公式为

$$指数 = \frac{现时指数股总市值}{基日指数股总市值} \times 100\%$$

若遇股市结构有所变动，其修正是用"连锁"方法计算得到的指数溯源于原有基期，以维持指数的连续性。每日连锁方法的计算公式为

$$今日即时指数 = \frac{今日即时指数股总市值}{经调整的上日指数股收市总市值}$$

② 深证成分股指数。以1994年7月20日为基日，基日指数定为1 000，于1995年1月23日开始发布。深证成分股指数采用流通量为权数，计算公式同深证综合指数。深证成分股指数是从上市公司中挑选出40家具有代表性的成分股计算，成分股选择的一般原则是：a. 有一定上市交易日期；b. 有一定上市规模；c. 交易活跃。此外，结合考虑公司股份的市盈率，公司的行业代表性，地区、板块代表性，公司的财务状况、管理素质等。

4. 产品成本指数

产品成本指数概括反映生产各种产品的单位成本水平的综合变动程度，它是企业或部门内部进行成本管理的一个有用工具。记各种产品的产量为q，单位成本为p，则全部可比产品（即基期实际生产过且计算期仍在生产的产品）的综合成本指数通常采用帕氏公式来编制：

$$P_p = \frac{\sum p_1 q_1}{\sum p_0 q_1} \tag{9-17}$$

该指数的分子与分母之差可以表示，由于单位成本水平的降低（或提高），使得计算期所生产的那些产品的成本总额节约（或超支）了多少。

类似地，在对成本水平实施计划管理的场合，还可以编制相应的成本计划完成情况指数，用于检查有关成本计划的执行情况。其编制方法可以采用派氏公式：

$$P_p = \frac{\sum p_1 q_1}{\sum p_n q_1} \tag{9-18}$$

其中，p_n 为计划规定的单位成本水平。该指数的分子与分母之差，可以说明计划执行过程中所节约或超支的成本总额。

不过，在同时制订了产量计划的条件下，则应该采用拉氏公式编制成本计划完成情况指数：

$$L_p = \frac{\sum p_1 q_n}{\sum p_n q_n} \qquad (9\text{-}19)$$

其中，q_n 为计划规定的产量水平。

该指数可以在兼顾产量计划的前提下来检查成本计划执行情况，即避免由于片面追求完成成本计划而破坏了产量计划。但在企业按照市场需求组织生产，没有制订产量计划，或不要求恪守产量计划指标的情况下，上面的拉氏指数就失效了。

小结

在商业经济活动中，指数是价格及数量变动的重要测度。价格之间的变化是指报告期与基期之比再乘以 100，这个相对的变化值描述了报告期与基期价格之间的变化。通常，编制的综合物价指数中的商品使用了加权的方法进行了测度。

消费者价格指数、工业发展指数和股票指数是应用广泛的经济指数。这些指数会随着时间的推移而变动和调整。

项目 10

质量管理的统计方法

>>> **实践中的统计**

陶氏化学公司的质量管理

1940 年,陶氏化学公司建造了第一个镁生产设施。如今,该公司已成为全球最大的石油化工复合型企业之一。陶氏化学公司的产品包括镁、苯乙烯、塑料、胶粘剂、溶剂、乙二醇等,这些产品很多成为医药、牙膏、水管、家具、塑料制品等产品的基础性原料。陶氏化学年销售额高达 490 亿美元,拥有 200 多个生产制造基地、3 200 多种产品。

陶氏化学公司生产的镁产量占全球总产量的 30% 以上。镁是一种极轻的金属。它用于生产网球拍、旅行箱到合金轮胎等各类产品。该公司的技术部门为了确保产品生产质量,利用统计质量控制方法培训其技术人员和管理人员。

干燥剂的生产是统计质量控制的一个成功应用。在这个应用中,技术人员每隔一定周期抽取产品组成样本,计算每个样本的平均值,并且将它们记录在 $\bar{x}$ 控制图上。利用这种控制图,陶氏化学公司的质量管理专家可以监控产品的生产过程,并随时预警过程的非正常运转。一个实例是,管理人员开始观察样本均值的数值,该数值显示有一次过程的运转在它的设计范围之外。经过对控制图和运转情况的进一步观察,管理人员发现差异可以追溯到某个操作人员。在该操作人员重新培训后,通过记录的 $\bar{x}$ 控制图,可以看到过程的质量已经有了重大改进。

陶氏化学公司在任何使用统计质量控制的地方都可以取得质量的大幅度改进。公司每年节约成本数十万美元,并且不断地发现新的应用。

本项目我们将介绍陶氏化学公司所使用的 $\bar{x}$ 控制图是如何构造的。控制图是统计质量控制的一部分,它被称为统计过程控制。

国家质量管理协会对质量是这样定义的:"质量是产品和服务的所有性质和特征,这些性质和特征使得该产品和服务能够满足特定的需要。"换句话说,质量可以测量产品或服务满足顾客需要的程度。很多企业意识到在全球化竞争的今天,它们必须追求高水平的质量。因此,对质量的检验和维护有必要在方法上加以重视。

今天,作为高绩效组织基础的顾客驱动视角改变了质量问题所包含的范围,从简单地排除生产线上的缺陷产品到建立广泛的公司战略。扩大质量的范围自然导致全面质量(Total Quality,TQ)的概念。

全面质量是以人为本的管理系统,其目的在于不断降低实际成本以持续提升顾客满意度。全面质量管理是一种全面系统的方法和高水平战略的组成部分,它横跨职能与部门运转,从上到下,包括全体员工,通过前向后延伸将质量管理扩展到供应链与消费领域。全面质量强调学习和适应并将持续改变作为组织成功的关键。不管全面质量在不同组织中是如何实现的,它主要依据三个基本原理:以顾客为中心;将参与精神与团队合作贯穿整个组织;以不断改进和学习为中心。

10.1 质量管理的内涵

质量管理是指在质量方面指挥和控制组织的协调的活动。在质量方面的指挥和控制活动,通常包括制定质量方针和质量目标及质量策划、质量控制、质量保证和质量改进。

1. 质量方针和质量目标

质量方针是指由组织的最高管理者正式发布的该组织总的质量宗旨和质量方向。质量方针是企业经营总方针的组成部分,是企业管理者对质量的指导思想和承诺。企业最高管理者应确定质量方针并形成文件。质量方针的基本要求应包括供方的组织目标和顾客的期望和需求,也是供方质量行为的准则。

质量目标是组织在质量方面所追求的目的,是组织质量方针的具体体现,目标既要先进,又要可行,便于实施和检查。

2. 质量策划

质量策划是质量管理的一部分,致力于制定质量目标并规定必要的运行过程和相关资源以实现质量目标。质量策划的幕后关键是制定质量目标并设法使其实现。质量目标在质量方面所追求的目的,其通常依据组织的质量方针制定。并且通常对组织的相关职能和层次分别规定质量目标。

3. 质量控制

质量控制是质量管理的一部分,致力于满足质量要求。作为质量管理的一部分,质量控制适用于对组织任何质量的控制,不仅仅限于生产领域,还适用于产品的设计、生产原料的采购、服务的提供、市场营销、人力资源的配置,涉及组织内几乎所有活动。

质量控制的目的是保证质量,满足要求。为此,要解决要求(标准)是什么、如何实现(过程)、需要对哪些过程进行控制等问题。质量控制是一个设定标准(根据质量要求)、测量结果,判定是否达到了预期要求,对质量问题采取措施进行补救并防止再发生的过程,质量控制不是检验。总之,质量控制是一个确保生产出来的产品满足要求的过程。

4. 质量保证

质量保证是质量管理的一部分,致力于提供质量要求会得到满足的信任。质量保证定义的关键词是"信任",对达到预期质量要求的能力提供足够的信任。这种信任是在订货前建立起来的,如果顾客对供方没有这种信任则不会与之订货。质量保证不是买到不合格产品以后保修、保换、保退。保证质量、满足要求是质量保证的基础和前提,质量管理体系的建立和运行是提供信任的重要手段。因为质量管理体系将所有影响质量的因素,包括技术、管理和人员方面的,都采取了有效的方法进行控制,因而具有减少、消除,特别是预防不合格的机制。组织规定的质量要求,包括产品的、过程的和体系的要求,必须完全反映顾客的需求,才能给顾客以足够的信任。因此,质量保证要求,即顾客对供方的质量体系要求往往需要证实,以使顾客具有足够的信任。

5. 质量改进

质量改进是质量管理的一部分,致力于增强满足质量要求的能力。作为质量管理的一部分,质量改进的目的在于增强组织满足质量要求的能力,由于要求可以是任何方面的,因此,质量改进的对象也可能会涉及组织的质量管理体系、过程和产品,可能会涉及组织的方方面面。同时,由于各方面的要求不同,为确保有效性、效率或可追溯性,组织应注意识别需要改进的项目和关键质量要求,考虑改进所需的过程,以增强组织体系或过程实现产品并使其满足要求的能力。

10.2 全面质量管理

10.2.1 全面质量管理

全面质量管理是指企业全体员工及管理层同心协力,综合运用管理技术、专业技术和科学方法,经济地开发、研制、生产和销售用户满意的产品的管理活动。

1. 全面质量管理的特点

(1) 管理的对象是全面的。不仅要管好产品质量,而且要管好产品赖以形成的工作质量。它要求保证质量、功能,及时交货,服务周到,一切使用户满意。

(2) 质量管理的范围是全面的。即实行过程的质量管理,要求把形成产品质量的设计试制过程、制造过程、辅助生产过程、使用过程都管起来,以便全面提高产品质量。

(3) 参加质量管理的人员是全面的。它要求企业各业务部门、各环节的全体职工都参加质量管理。

(4) 管理质量的方法是全面的。在质量分析和质量控制时必须以数据为科学依据,以统计质量控制方法为基础,全面综合运用各种质量管理方法;实行组织管理、专业技术和数理统计结合,充分发挥在质量管理中的作用。

2. 全面质量管理的要求

(1) 一切为用户服务。在全面质量管理中,必须树立以用户为中心、为用户服务的思想。为用户服务就是要使产品的质量和服务质量尽量满足用户的要求,产品质量的好坏,最终应以用户的满意程度为标准。需要指出的是,这里所说的"用户"有其特定的含义,它不只是指产品的直接用户,而且包括企业内部前后工序、前后工段或车间,以及任何一件工作的执行者与工作结果的受用者之间的关系。下道工序是上道工序的用户,下一个车间是上一个车间的用户。

(2) 以预防为主。在全面质量管理中,要做到以预防为主,即通过分析影响产品质量的各种因素,找出主要因素,加以重点控制,防止质量问题的发生,防患于未然,以确保生产出满足用户需要的产品。

（3）一切以数据为依据。全面质量管理强调一切以数据为依据，对质量问题要有定量分析，做到心中有数，掌握质量变化规律，通过调查分析，得到可靠的结论，以便采取解决质量问题的有效措施。

（4）按PDCA管理循环办事。全面质量管理要求采用一套科学的程序来处理问题，即按PDCA管理循环来开展工作，并通过不断循环来达到不断提高质量管理水平和产品质量的目的。

PDCA的概念最早是由美国质量管理专家戴明提出来的，所以又称为"戴明环"。PDCA即计划（Plan）、执行（Do）、检查（Check）和处理（Action），它是一个标准的管理工作程序，也是进行质量管理的四个步骤。基本模型如图10-1所示。

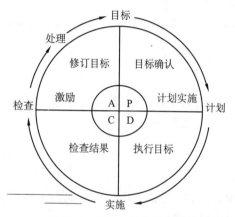

图10-1 PDCA循环基本模型

P（计划）：即根据用户的要求，制定相应的技术经济指标、质量目标，以及实现这些目标的具体措施和方法。

D（执行）：按照所制订的计划和措施付诸实施。

C（检查）：对照计划，检查执行的情况和效果，及时发现问题。

A（处理）：对检查反馈的问题进行改进。

全面质量管理活动的运转，离不开管理循环的转动，这就是说，改进与解决质量问题，都要运用PDCA循环的科学程序。不论提高产品质量，还是减少不合格品，都要先提出目标，即质量提高到什么程度，不合格品率降低多少？就

要有个计划，这个计划不仅包括目标，而且也包括实现这个目标需要采取的措施；计划制订之后，就要按照计划进行检查，看是否实现了预期效果，有没有达到预期的目标；通过检查找出问题和原因；最后就要进行处理，将经验和教训制定成标准、形成制度。

拓展阅读

飞利浦优化团队工作质量

在飞利浦中国总部的办公室走廊里，随处可见写着BEST的招贴画。这个BEST的含义可不是简单的字面意思"最好"，而是Business Excellence through Speed and Teamwork（通过速度和团队合作达到卓越经营）。

其中，PDCA循环帮助飞利浦实现BEST目标的一种重要质量管理方法。

（1）Plan：计划。

质量管理的第一步，是对目标做出详细的计划。制定任何目标，都应该符合SMART原则。所谓的SMART原则，其实并不深奥，那就是：详细的（Specific）、可测量的（Measurable）、挑战性的（Ambitious）、现实可行的（Realistic），以及具备实现目标的时间表（Timetable）。

飞利浦有一个非常著名的"一页纸战略",旨在帮助团队领导者在计划目标时,尽量符合SMART原则。在这短短的一页纸中,要确定:短期的任务目标和相对长期的战略方向;为了达成目标需要的各种资源;按照平衡记分卡"财务、客户、流程、竞争"的四个维度分别要达到的结果;以及目前最紧急的任务等。例如,公司在完善公司的培训项目,可以从培训安排、反馈、评估等好几个方面去入手。那么就要先分析目前在什么水准,未来的机会有哪些,然后把培训效率要提高的具体百分比、需要各个事业部提供的资源配合、眼下马上可以改进的工作等一一列出。只有让一页纸战略中的目标尽量具有可操作性,才能令人信服地展开下一步行动。

(2) Do:执行。

为了更好地完成计划,达到目标,飞利浦向员工传递了这样一种观念:一定要对自己、本团队成员,以及其他相关团队成员的职责、能力以及合作方式都有了非常清楚的认知之后,再开始执行。因为在这种模式下,才能够避免员工随意的个人行为或者职责不清、互相推诿的情况。

各种任务好比一个金字塔。最底端的60%,只要员工能够正确了解自己的任务范围和素质能力,然后按照常规去执行,就可以完成。如果在一个学习型团队中,每个人都能做好自己的这60%,那么整个团队就已经获得了很好的支撑。接下来的30%,是团队内无法解决的,需要承担不同功能的团队共同完成。在飞利浦,通常的做法是跨部门成立一个质量提升小组(Quality Improvement Team,QIT)。比如,要降低某项产品的客户投诉率,就要组织产品事业部、市场部、客服部等一起来解决。最后的10%,是最复杂的一些问题,以项目管理的方式来解决。跨国、跨部门的各种资源调度和重整,由公司高层来推动,通常需要一到两年的时间才能够完成。

(3) Check:检查。

在行动之后,你需要对行动的效果做一个整体的检查。飞利浦在全公司范围内比较重要的检查方法,除了每个月的平衡记分卡评估,每年度的客户满意度调查、员工满意度和敬业度调查、ISO 9000的管理认证之外,还有飞利浦公司独创的卓越经营(GBE)检查项目:从领导力、公司政策战略、员工、合作伙伴、资源、总部评价六个模型来评判公司的全面质量管理效果。而从另一个角度看,检查其实是始终存在于各个环节之中的。比如,根据收集到的培训需求信息,显示领导力课程的需求量很高,但实际上开设了这门课之后,出席率并不理想。那么马上就要检查原因:是时间安排不合理?还是课程质量不高?找到原因之后,再马上回到计划和行动环节去做改善。

(4) Action:行动。

检查之后,如果发现了缺陷和弱点,那么就要想想如何改进;或者说,完全达到了事先设定的目标,那么也还是可以从中学到很多东西。这就是行动环节,其实也是学习的环节。一个质量管理项目的完成,整个团队的收获不仅是实现了某个目标,而是在这个过程中,团队成员的能力都获得了提升。管理团队的共同成长,是PDCA循环中非常重要的一个效果,正是因为如此,飞利浦才能够进入一种螺旋式上升的状态。

▶ 10.2.2 质量管理体系

在管理领域,体系和系统并无严格区别,既可称为体系,也可称为系统。2000版

ISO 9000族标准将两者视为同义词,所以,质量管理体系,也就是质量管理系统;系统科学的有关理论,同样可用来研究质量管理体系。

ISO 9000族标准将体系(系统)、管理体系和质量管理体系三个术语定义为:

(1) 体系(系统)。相互关联或相互作用的一组要素。

(2) 管理体系。建立方针和目标并实现这些目标的体系。

(3) 质量管理体系。在质量方面指挥和控制组织的管理体系。

根据ISO 9000族标准约定的术语替代规则,管理体系是建立方针和目标并实现这些目标的"相互关联或相互作用的一组要素"。

同样质量管理体系中的"管理体系"也可用管理体系的定义所替代。

不难看出,质量管理体系和管理体系都具有术语"体系"的所有属性,其实质都强调"相互关联和相互作用的一组要素",而质量管理体系还具有管理体系的属性。

从定义可看出,质量管理体系具有以下特征:

(1) 具有(在质量方面)指挥、控制组织的管理特征。

(2) 在建立和实现(质量)方针和目标方面,具有明确的目标特征。

(3) 与组织的其他管理体系一样,其组成要素具有相互关联和相互作用的体系特征。

10.2.3 质量管理原则

1. 质量管理八项原则

基于质量管理的理论和实践经验,在质量管理领域,形成了一些有影响的质量管理的基本原则和思想。国际标准化组织(ISO)结合实践经验及理论分析,用高度概括又易于理解的语言,总结了质量管理的八项原则。这些原则适用于所有类型的产品和组织,成为质量管理体系建立的理论基础。

八项质量管理原则是:以顾客为关注焦点;领导作用;全员参与;过程方法;管理的系统方法;持续改进;基于事实的决策方法;与供方互利的关系。

2. 八项质量管理原则的理解

(1) 以顾客为关注焦点。顾客是组织存在的基础,如果组织失去了顾客,就无法生存下去,所以组织应把满足顾客的需求和期望放在第一位。将其转化成组织的质量要求,采取措施使其实现;同时还应测量顾客的满意程度,处理好与顾客的关系,加强与顾客的沟通,通过采取改进措施,以使顾客和其他相关方满意。由于顾客的需求和期望是不断变化的,也是因人因地而异的,因此需要进行市场调查,分析市场变化,以此来满足顾客当前和未来的需求并争取超越顾客的期望,以创造竞争优势。

(2) 领导作用。领导的作用即最高管理者具有决策和领导一个组织的关键作用。为了全体员工实现组织的目标创造良好的工作环境,最高管理者应建立质量方针和质量目标,以体现组织总的质量宗旨和方向,以及在质量方面所追求的目的。应时刻关注组织经营的国内外环境,制定组织的发展战略,规划组织的蓝图。质量方针应随着环境的变化而变化,并与组织的宗旨相一致。最高管理者应将质量方针、目标传达落实到组织的各职能部门和相关层次,让全体员工理解和执行。

为了实施质量方针和目标,组织的最高管理者应身体力行,建立、实施和保持一个有效的质量管理体系,确保提供充分的资源,识别影响质量的所有过程,并管理这些过程,使顾客满意。

为了使建立的质量管理体系保持其持续的适宜性、充分性和有效性,最高管理者应亲自主持对质量管理体系的评审,并确定持续改进和实现质量方针、目标的各项措施。

(3) 全员参与。全体员工是每个组织的根本,人是生产力中最活跃的因素。组织的成功不仅取决于正确的领导,还有赖于全体人员的积极参与。所以应赋予各部门、各岗位人员应有的职责和权限,为全体员工制造一个良好的工作环境,激励他们的创造性和积极性,通过教育和培训,增长他们的才干和能力,发挥员工的革新和创新精神;共享知识和经验,积极寻求增长知识和经验的机遇,为员工的成长和发展创造良好的条件。这样才会给组织带来最大的收益。

(4) 过程方法。任何使用资源将输入转化为输出的活动过程。组织为了有效地运作,必须识别并管理许多相互关联的过程。系统地识别并管理组织所应用的过程,特别是这些过程之间的相互作用,称之为"过程方法"。

在建立质量管理体系或制定质量方针和目标时,应识别和确定所需要的过程,确定可预测的结果,识别并测量过程的输入和输出,识别过程与组织职能之间的接口和联系,明确规定管理过程的职责和权限,识别过程的内部和外部顾客,在设计过程时还应考虑过程的步骤、活动、流程、控制措施、投入资源、培训、方法、信息、材料和其他资源等。只有这样才能充分利用资源,缩短周期,以较低的成本实现预期的结果。

(5) 管理的系统方法。一个组织的体系是由大量错综复杂、互相关联的过程组成的网络系统。最高管理者要成功地领导和运作一个组织,要求用系统的和透明的方式进行管理,也就是对过程网络实施系统管理,可以帮助组织提高目标的有效性和实现效率。

管理的系统方法包括了确定顾客的需求和期望,建立组织的质量方针和目标,确定过程及过程的相互关系和作用,并明确职责和资源需求,确立过程有效性的测量方法并用以测量现行过程的有效性,防止不合格,寻找改进机会,确立改进方向,实施改进,监控改进效果,评价结果,评审改进措施和确定后续措施等。这种建立和实施质量管理体系的方法,既可用于建立新体系,也可用于改进现行的体系。这种方法不仅可提高过程能力及产品质量,还可为持续改进打好基础,最终导致顾客满意和使组织获得成功。

(6) 持续改进。组织所处的环境是在不断变化的,科学技术在进步、生产力在发展。人们对物质和精神的需求在不断提高,市场竞争日趋激烈,顾客的要求越来越高。因此组织应不断调整自己的经营战略和策略,制定适应形势变化的策略和目标,提高组织的管理水平,才能适应这样的竞争的生存环境。所以持续改进是组织自身生存和发展的需要。

持续改进是一种管理的理念,是组织的价值观和行为准则,是一种持续满足顾客要求、增加效益、追求持续提高过程有效性和效率的活动。

(7) 基于事实的决策方法。成功的结果取决于活动实施之前的精心策划和正确决策。决策的依据应采用准确的数据和信息,分析或依据信息做出判断是一种良好的决策方法。在对数据和信息进行科学分析时,可借助于其他辅助手段。统计技术是最重要的工具之一。

应用基于事实的决策方法,首先应对信息和数据的来源进行识别,确保获得充分的数据和信息的渠道,并能将得到的数据正确方便地传递给使用者,做到信息的共享,利用信息和数据进行决策并采取措施。其次用数据说话,以事实为依据,有助于决策的有效性,减少失误并有能力评估和改变判断和决策。

(8)与供方互利的关系。供方提供的产品对组织向顾客提供满意的产品可以产生重要的影响。因此把供方、协作方、合作方都看作是组织经营战略同盟中的合作伙伴,形成共同的竞争优势,可以优化成本和资源,有利于组织和供方共同得到利益。

组织在形成经营和质量目标时,应及早让供方参与合作,帮助供方提高技术和管理水平,形成彼此休戚相关的利益共同体。

因此,需要组织识别、评价和选择供方,处理好与供方或合作伙伴的关系,与供方共享技术和资源,加强与供方的联系和沟通,采取联合改进活动,并对其改进成果进行肯定和鼓励,都有助于增强供需双方创造价值的能力和对变化的市场做出灵活和迅速反应的能力,从而达到优化成本和资源。

▶ 10.2.4　ISO 9000 标准

ISO 9000 族标准的颁布,使各国的质量管理和质量保证活动统一在 ISO 9000 族标准的基础上。标准总结了工业发达国家先进企业的质量管理的实践经验,统一了质量管理和质量保证的术语和概念,并对推动组织的质量管理、实现组织的质量目标、消除贸易壁垒、提高产品质量和顾客的满意程度等产生了积极的影响,受到了世界各国的普遍关注和采用。迄今为止,它已被全世界 150 多个国家和地区等同采用  为国家标准,并广泛用于工业、经济和政府的管理领域,有 50 多个国家建立了质量管理体系认证制度,世界各国质量管理体系审核员注册的互认和质量管理体系认证的互认制度也在广泛范围内得以建立和实施。

GB/T 19000—2000《质量管理体系基础和术语》(idt ISO 9000:2000)。此标准表述了 ISO 9000 族标准中质量管理体系的基础,并确定了相关的术语。标准明确了八项质量管理原则,是组织改进其业绩的框架,能帮助组织获得持续成功,也是 ISO 9000 族质量管理体系标准的基础。标准表述了建立和运行质量管理体系应遵循的 12 个方面的质量管理体系基础。标准给出了有关质量的术语共 80 个词条,分成 10 个部分,阐明了质量管理领域所用术语的概念,并提供了术语之间的关系图。

GB/T 19001—2000《质量管理体系要求》(idt ISO 9001:2000)。标准提供了质量管理体系的要求,供组织需要证实其具有稳定地提供满足顾客要求和适用法律法规要求的产品的能力时使用,组织可通过体系的有效应用,包括持续改进体系的过程及保证符合顾客与适用的法规要求,增强顾客满意。标准应用了以过程为基础的质量管理体系模式的结构,鼓励组织在建立、实施和改进质量管理体系及提高其有效性时,采用过程方法,通过满足顾客要求,增强顾客满意。过程方法的优点是对质量管理体系中诸多单个过程之间的联系及过程的组合和相互作用进行连续的控制,以达到质量管理体系的持续改进。

GB/T 19004—2000《质量管理体系业绩改进指南》(idt ISO 9004:2000)。此标准以八项质量管理原则为基础,帮助组织用有效和高效的方式识别并满足顾客和其他相关方的需求和期望,实现保持和改进组织的整体业绩,从而使组织获得成功。该标准提供了超出 GB/T 19001—2000 要求的指南和建议,不用于认证或合同的目的,也不是 GB/T 19001—2000 的实施指南。标准的结构也应用了以过程为基础的质量管理体系模式,鼓励组织在建立、实施和改进质量管理体系及提高其有效性和效率时,采用过程方法,以便通过满足相关要求来提高相关方的满意程度。标准还给出了自我评定和持续改进过程的示例,用于帮助组织寻找改进的机会;通过 5 个等级来评价组织质量管理体系的成熟程度;通过给出的持续改进方法,提高组织的总体业绩并使相关方受益。

ISO 19011:2000《质量和(或)环境管理体系审核指南》。标准遵循"不同管理体系可以有共同的管理和审核要求"的原则,为质量和环境管理体系审核的基本原则、审核方案的管理、环境和质量管理体系审核的实施及对环境和质量管理体系审核员的资格要求提供了指南。它适用于所有运行质量和(或)环境管理体系的组织,指导其内审和外审的管理工作。该标准在术语和内容方面,兼容了质量管理体系和环境管理体系的特点。在对审核员的基本能力及审核方案的管理中,均增加了应了解及确定法律和法规的要求。

拓展阅读

为什么要认证 ISO 9000

第一,ISO 9000 族标准适应了组织完善质量管理的需要。任何产品或服务都是通过规范或技术标准来体现顾客需要的,但是如果提供和支持生产的组织管理体系不完善,就不可能始终如一地生产出满足顾客要求的产品。正是由于这方面的关注,导致了 ISO 9000 族标准——质量体系标准的产生。

第二,ISO 9000 族标准体现了预防为主的指导思想。在 ISO 9000 族标准的基本概念中,特别强调了过程控制,即 ISO 9000 族标准是建立在所有工作都是通过过程来完成的这样一种认识基础上。换句话说,所有产品(服务)质量也都是在产品形成过程中形成的,要控制产品质量必须控制过程,控制过程体现了预防为主这样一种先进的质量管理思想。

第三,采用 ISO 9000 族标准,可以使质量管理规范化,质量活动程序化实施 ISO 9000,就要建立文件化的质量体系。质量体系对各项活动的范围和目的、做什么、谁来做、何时做、何地做、如何做、采用什么设备和材料,如何对活动进行控制和记录等都做出详细的规定,作到工作有章可循,有章必循,违章必纠。实现从"人治"到"法制"的转变。

第四,实施 ISO 9000 族标准,建立自我完善机制。一个组织实施 ISO 9000 族标准,建立质量体系后,可以具有自我完善的功能。标准要求在建立质量体系后要按要求不间断地进行内部质量审核和管理评审。这样就能作到对质量有效地控制,能对质量持续地实现改进。

ISO 9000 族标准不是凭空产生的,它吸取了百年来世界质量管理理论和实践的精华,它又是市场经济的产物,可以有效地提高组织的市场适应能力,使企业处于不败之地。

10.2.5 六西格玛

20世纪80年代后,生产商认识到改进其产品质量的重要性,它们的目标达到了非常高的质量水平,以至于每百万件产品出现缺陷的机会不超过3.4。这个质量水平被称为六西格玛质量水平,达到这个质量目标创建的方法被称为六西格玛(six sigma)。

六西格玛管理是一个不断改善的过程。在其标准下,企业永不间断地寻求质量的提高和质量的稳定,而没有终点。在这个过程中,企业要借助于不同的辅助分析工具,使六西格玛的实施更有效果。

总体而言,六西格玛管理是一个系统工程,有两个条件不能缺少。一是团队合作。六西格玛管理需要跨部门(跨企业)的协调工作,特别在这个协调团队中一定要包括一线的工作人员。质量的最终提高必然涉及各个部门乃至供应链上各个企业每一环节的工作表现。这就要求实施单位跨部门(跨企业)的联合团队共同发现问题、评估问题、解决问题。而由于一线人员带给我们的是最直接、最现实的问题,他们参与质量工作并与扁平化组织紧密联系,是团队合作不可或缺的。二是领导层的参与支持。与ISO 9000质量体系的实施一样,六西格玛必须得到高层领导的支持和参与。否则,六西格玛管理计划将无法取得效果。六西格玛管理的实施必然涉及许多工作流程的调整、工作习惯的改变,要牵涉到个人既得利益,因而具体实施过程会遇到较大阻力。此外,实施六西格玛会有一定的费用支出,而它的作用体现也不会有立竿见影的效果。这就容易使执行工作遇到质疑,如果没有领导层的坚定支持并参与其中,六西格玛的实施、贯彻是很难实现的。

在六西格玛的术语中,缺陷是指传递给消费者的任何错误和误差。六西格玛过程将质量性能定义为百万个机会中的缺陷数。为了阐明如何测量这个质量水平,我们考虑CAJ包装公司的一个实例。

CAJ公司经营一条填装宠物饲料包装箱的生产线。填装过程的均值为 $\mu=16.05$ 千克,标准差为 $\sigma=0.10$ 千克。另外,假定填装的重量服从正态分布,填装重量的分布如图10-2所示。

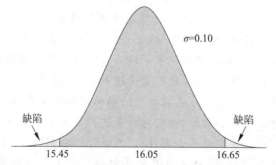

图10-2 饲料箱填装重量均值为 $\mu=16.05$ 的正态分布

假设管理人员认为15.45~16.65千克是填装过程可以接受的质量限。因此,小于的饲料箱被认为是有缺陷的。利用均值和标准差以及Excel的统计计算,可以看到99.9999998%的包装箱其填装重量在 $16.05-6\times0.10=15.45$(千克)~$16.05+6\times0.10=16.65$(千克),换句话说,只有约0.000 000 2%的饲料箱填装重量小于15.45千克或大于16.65千克。因此在填装过程中发现有缺陷的饲料箱极为罕见,因为在1 000万箱中平均只有 2 个箱存在缺陷。在六西格玛术语中,我们说过程的质量水平是每百万缺陷机会为 3.4。如果 CAJ 的管理人员认为 15.45～16.65 千克是填装过程是可以接受的质量限,则 CAJ 填装过程将被认为是一个六西格玛过程。于是,如果过程均值停留在目标值 $\mu=16.05$ 的 1.5 个标准差之内,则可以期待每百万饲料箱中最多只有 3.4 箱存在缺陷。

10.3　统计过程控制

本节我们通过一个连续不断制造货物的生产过程来考虑质量控制程序。以产品生产量的抽样和检验为依据,可以做出是继续生产过程还是调整生产过程的决定,使得项目过程在生产的商品达到可接受的质量标准。

尽管在制造和生产经营中会执行严格的高标准,但机械设备会不可避免地被磨损,振动将会使机械设备的装置难以调整,购买的原材料可能有缺陷,操作人员也可能有失误。所有这些因素可能会导致低质量的产品。幸运的是,监控生产的程序是行之有效的,能比较早地检测出低质量的产品,生产过程因而可以得到调整或修正。

如果所生产的产品在质量上的变异来源于可指出的原因,比如工具的磨损、错误的机器安装、劣质原材料或者操作人员的失误等,则应该立即调整或修正生产过程。另外,如果变异来源于所谓的一般原因,比如在原料、温度和湿度等方面随机出现的差异,生产者可能无法控制,生产过程也不需要调整。统计过程控制的主要目标是确定产品的质量变异来源于可指出的原因还是一般原因。

无论何时我们发现可指出的原因,我们的结论是,生产过程处于失控状态。在这种情况下,应该采取纠正措施将生产过程重新调整到可接受的质量水平。但是,如果生产过程中的产品变异仅仅来源于一般原因,我们的结论是,生产过程处于统计控制状态,或简单地说过程处于在控状态。在这种情况下,我们没有必要进行改变或者调整。

过程控制程序依据的是已经介绍过的假设检验方法。原假设 H_0 表示生产过程处于在控状态,备择假设 H_1 表示生产过程处于失控状态。表 10-1 表明如何继续在控状态过程和调整失控状态过程,做出正确的决定。但是,同其他假设检验程序一样,第一类错误和第二类错误都有可能发生。

表 10-1　统计过程控制的结果

		生产过程状态	
		H_0 为真,过程在控	H_1 为假,过程失控
决定	继续过程	正确结论	第二类错误 允许一个失控状态过程继续
	调整过程	第一类错误 调整一个在控状态过程	正确结论

10.3.1 $\bar{x}$ 控制图

控制图(control chart)对确定产品中的质量差异是来源于一般原因还是来源于可指出的原因,提供了一个决策的基础。无论任何时候,一旦检测出失控状态,调整或其他纠正措施将使过程重新回到在控状态。

控制图根据它所包含的数据类型进行分类。如果根据长度、重量或温度等变量来测量产品质量,则可以使用 $\bar{x}$ 控制图。在这种情况下,根据在产品样本中得到的均值来决定是继续还是调整过程。

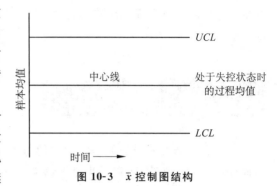

图 10-3 $\bar{x}$ 控制图结构

图 10-3 显示了 $\bar{x}$ 控制图的一般结构。控制图的中心线表示处于在失控过程的均值,垂直线表示要研究变量的测量尺度。每次从生产过程中抽取一个样本,计算出样本均值 $\bar{x}$,然后将表示 $\bar{x}$ 值的数据点标在控制图上。

标记为 UCL 和 LCL 的两条线,对确定过程是处于在控状态还是失控状态非常重要,它们分别被称为控制上限和控制下限。

接下来,我们通过一个具体的实例来讨论 $\bar{x}$ 控制图的应用。

轧钢厂生产的 6±0.4(mm)厚度的钢板,为测量这批产品质量情况,技术人员收集了 25 组产品数据,每组 5 个样本。数据见表 10-2 所示。

表 10-2 轧钢厂钢板厚度样本数据

组号						$\bar{x}$	σ	LCL	UCL
1	5.57	6.27	5.93	6.08	6.03	5.98	0.26	5.747 33	6.209
2	6.01	6.04	5.88	5.92	6.16	6.00	0.11	5.747 33	6.209
3	5.71	5.75	5.96	6.19	5.70	5.86	0.21	5.747 33	6.209
4	6.19	6.11	5.74	5.96	6.17	6.03	0.19	5.747 33	6.209
5	6.42	6.13	5.71	5.96	5.78	6.00	0.29	5.747 33	6.209
6	5.92	5.95	5.75	6.05	5.94	5.92	0.11	5.747 33	6.209
7	5.87	5.63	5.80	6.12	6.32	5.95	0.27	5.747 33	6.209
8	5.89	5.91	6.00	6.21	6.08	6.02	0.13	5.747 33	6.209
9	5.96	6.05	6.25	5.89	5.83	6.00	0.16	5.747 33	6.209
10	5.95	5.94	6.07	6.02	5.75	5.95	0.12	5.747 33	6.209
11	6.12	6.18	6.10	5.95	5.95	6.06	0.10	5.747 33	6.209
12	5.95	5.94	6.07	6.00	5.75	5.94	0.12	5.747 33	6.209
13	5.86	5.84	6.08	6.24	5.61	5.93	0.24	5.747 33	6.209
14	6.13	5.80	5.90	5.93	5.78	5.91	0.14	5.747 33	6.209

续表

组号						$\bar{x}$	σ	LCL	UCL
15	5.80	6.14	5.56	6.17	5.97	5.93	0.25	5.747 33	6.209
16	6.13	5.80	5.90	5.93	5.78	5.91	0.14	5.747 33	6.209
17	5.86	5.84	6.08	6.24	5.97	6.00	0.17	5.747 33	6.209
18	5.95	5.94	6.07	6.00	5.85	5.96	0.08	5.747 33	6.209
19	6.12	6.18	6.10	5.95	5.95	6.06	0.10	5.747 33	6.209
20	6.03	5.89	5.97	6.05	6.45	6.08	0.22	5.747 33	6.209
21	6.02	6.14	5.94	5.95	6.08	6.03	0.09	5.747 33	6.209
22	6.01	6.23	5.79	5.94	6.02	6.00	0.16	5.747 33	6.209
23	5.77	6.10	5.66	6.01	5.92	5.89	0.18	5.747 33	6.209
24	5.88	5.94	6.11	6.23	6.08	6.05	0.14	5.747 33	6.209
25	6.11	5.98	6.04	5.99	5.95	6.01	0.06	5.747 33	6.209

首先计算出每组样本数据的平均值和标准差。UCL 和 LCL 上下限的确定,根据正态分布的性质,大约有 99.7% 的正态分布随机变量的数值位于其均值±3 个标准差的范围内。因此,如果 $\bar{x}$ 的数值区间在 $(\mu-3\sigma_{\bar{x}}, \mu+3\sigma_{\bar{x}})$ 之间,我们假设过程处于在控状态。因此,$\bar{x}$ 控制图的控制上下限 $LCL=\mu-3\sigma_{\bar{x}}=5.747$,$UCL=\mu+3\sigma_{\bar{x}}=6.209$。

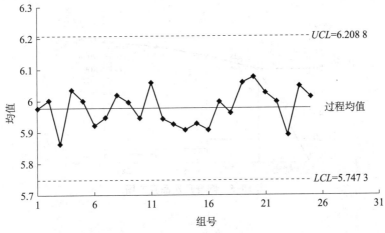

图 10-4 轧钢厂钢板厚度的 $\bar{x}$ 控制图

25 组样本数据的均值都在控制限内,我们确认抽样期间过程的均值处于在控状态。

▶ 10.3.2 直方图法

直方图法是将影响产品质量的各种因素按其对质量影响程度的大小顺序排列,从而找出影响质量的主要因素。

根据绘制的统计频数分布图表,将影响产品质量的众多影响因素按其对质量影响程度的大小,用直方图形顺序排列,从而找出主要因素。

其结构是由两个纵坐标和一个横坐标,若干个直方形和一条折线构成。左侧纵坐标表示不合格品出现的频数(出现次数或金额等),右侧纵坐标表示不合格品出现的累计频数(出现次数或金额等),横坐标表示影响质量的各种因素,按影响大小顺序排列,直方形高度表示相应的因素的影响程度(即出现频率为多少),折线表示累计频率。通常累计百分比将影响因素分为三类:占 0%~80% 为 A 类因素,也就是主要因素;80%~90% 为 B 类因素,是次要因素;90%~100% 为 C 类因素,即一般因素。由于 A 类因素占存在问题的 80%,此类因素解决了,质量问题大部分就得到了解决。

某陶瓷厂一批产品中发现次品 250 件,有关质量管理人员整理资料见表 10-3 所示。

表 10-3　陶瓷厂次品分布表

原因	次品数(频数)/件	频率	累计频率
烧成	200	80%	80%
成型	25	10%	90%
彩烤	17	6.8%	96.8%
原料	8	3.2%	100%

从图 10-5 可以观察到影响产品质量的主要工艺环节,便于在质量控制过程中进行调整。

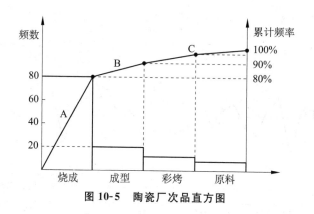

图 10-5　陶瓷厂次品直方图

10.4　接受抽样

在接受抽样中,我们感兴趣的项目可能是正在进货的原材料或外购的零部件,以及来自总装线的制成品。假设我们希望以指定的质量特性为依据,决定是否接受或拒绝一组产品项目。在质量控制术语中,一组项目称为一批,接受抽样是一种统计方法,该方法能使我们接受—拒绝的决定建立检测从一批中抽取项目样本的基础上。

图 10-6 所示是接受抽样的一般步骤。

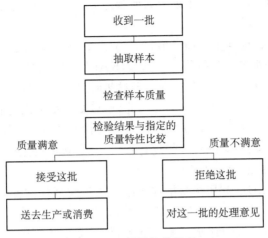

图 10-6 接受抽样程序

在收到一批产品后,从中抽取一个项目样本进行检测。将检测的结果与指定的质量特性进行比较。如果质量特性得到满足,则接受这批产品,并送往生产线或交付给客户。如果拒绝这批产品,管理人员必须做出如何处置这批产品的决定。在一些情况下,可能决定保留这批产品,但是应该剔除无法接受的或者不符合规定的项目。在另一些情况下,可能将这批产品退回给供应商,且所有费用均由供应商支付。额外的工作量和费用记在供应商名下,能激励供应商提供高质量的产品。最后,如果拒绝的批次中有制成品,则这些制成品必须报废或者返工,以达到可接受的质量标准。

接受抽样统计程序的依据是假设检验方法。原假设与备择假设的陈述如下:

H_0 表示高质量批 H_1 表示低质量批

表 10-4 是假设检验程序的结果。注意,正确的决策是接受一个高质量批,或者拒绝一个低质量批。但是,同其他假设检验程序一样,我们需要注意犯第一类错误(拒绝一个高质量批)或第二类错误(接受一个低质量批)的可能性。

表 10-4 接受抽样的结果

		批的状态	
		H_0 为真,高质量批	H_1 为假,低质量批
决定	接受该批	正确结论	第二类错误 (接受一个低质量批)
	拒绝该批	第一类错误 (拒绝一个高质量批)	正确结论

第一类错误的概率对批产品的生产者造成风险,因此被称为生产者风险(producer's risk)。例如,生产者风险为 0.05,这意味着被错误地拒绝一个高质量批的可能性为 5%。另一方面,第二类错误的概率对批产品的消费者造成风险,因此被称为消费者风险(consumer's risk)。例如,消费者风险为 0.10,这意味着错误地接受了一个低质量批的可能

性为 10%,并且这个低质量批用于生产或者出售给消费者。接受抽样的程序可以控制生产者风险和消费者风险的规定值。为了说明如何确定风险值,下面讨论的 KALUU 公司的实例可以给我们一些启示。

KALUU 公司是一家电器生产商。但是,KALUU 并不能制造且产品所用的每一个部件,因此,需要从供应商处购买一些部件。例如,KALUU 购买的一个部件用于家庭空调器上的超载保护器,它是一种保护装置,能在空调过热时关闭压缩机。如果过载保护器运转不正常,则空调压缩机有可能受到严重损坏。因此,KALUU 很关注超载保护器的质量。保证质量的一种方法是检测所收到的每一个部件,这种方法被称为 100%检验法。但是,为了确定一个超载保护器正常运行,必须对部件进行长时间的、费用昂贵的检验,而且 KALUU 不可能检测收到的每一个超载保护器。

作为替代方法,KALUU 利用接受抽样方案来检测超载保护器的质量。接受抽样方案要求 KALUU 的质量控制检查员从每批产品中抽取样本并进行检验。例如,我们假设从装运的产品中每次抽取 15 个项目组成样本。此外,假设质量控制管理人员表示,仅在没有发现有缺陷项目的情况下才接受该批。这种情况下,由质量控制管理人员建立的接受抽样方案为 $n=15, c=0$。

这个接受抽样方案对质量控制检查员来说很容易实施。质检员只需抽取 15 个项目组成样本,对每一个项目进行检验,并根据以下规则做出结论:

(1) 如果没有发现有缺陷项目,则接受该批。
(2) 如果发现 1 个或 1 个以上有缺陷项目,则拒收该批。

在实施接受抽样方案之前,质量控制管理人员希望评估该方案的风险或改良版。只有生产者风险(第一类错误)和消费者风险(第二类错误)都控制在一个合理水平,这个方案才能得以实施。

计算接受一批的概率时,我们假设已知一批中有缺陷项目的百分比,对于给定的抽样方案,计算接受这批的概率。通过改变假设的有缺陷项目的百分比,我们可以检验抽样方案关于两类风险的影响。

对于有缺陷项目数服从一个二项分布,概率函数是

$$f(x)=\frac{n!}{x!(n-x)!}p^x(1-p)^{(n-x)} \tag{10-1}$$

式中,n 代表样本容量;p 代表批中有缺陷项目的比例;x 代表样本中有缺陷项目的个数,$f(x)$ 代表样本中有 x 个有缺陷项目的概率。

假设我们已经收到大批量的超载保护器,且其中有 5%的超载保护器有缺陷,对 KALUU 的接受抽样方案,$n=15$,对有缺陷项目 5%($p=0.05$)的一批,我们有

$$f(x)=\frac{15!}{x!(15-x)!}0.05^x(1-0.05)^{(15-x)} \tag{10-2}$$

当 0 个超载保护器有缺陷,并且接受该批的概率,因此有

$$f(0)=\frac{15!}{0!(15-0)!}0.05^0(1-0.05)^{(15-0)}=0.95^{15}=0.4633$$

我们现在知道,对 $n=15, c=0$ 的接受抽样方案,有缺陷项目为 5%的一批,接受的概率为 0.4633。因此,有缺陷项目 5%的一批,拒绝的概率为 $1-0.4633=0.5367$。

二项式概率表可以减少确定接受一批概率的计算量。表 10-5 列出了 $n=15$ 和 $n=20$ 的

部分二项概率。利用这个表,我们能确定,有缺陷项目为 10%,对于 $n=15, c=0$ 的抽样方案接受这批的概率为 0.2059。如果有缺陷项目分别是 1%、2%、3%、…,对于 $n=15, c=0$ 的抽样方案接受这批的概率值都可以从表 10-5 查到。

表 10-5　样本容量为 15 和 20 的部分二项式概率

n	x	$p=0.01$	$p=0.02$	$p=0.03$	$p=0.04$	$p=0.05$	$p=0.10$	$p=0.15$	$p=0.20$	$p=0.25$
15	0	0.860 1	0.738 6	0.633 3	0.542 1	0.463 3	0.205 9	0.087 4	0.035 2	0.013 4
	1	0.130 3	0.226 1	0.293 8	0.338 8	0.365 8	0.343 2	0.231 2	0.131 9	0.066 8
	2	0.009 2	0.032 3	0.063 6	0.098 8	0.134 8	0.266 9	0.285 6	0.230 9	0.155 9
	3	0.000 4	0.002 9	0.008 5	0.017 8	0.030 7	0.128 5	0.218 4	0.250 1	0.225 2
	4	0.000 0	0.000 2	0.000 8	0.002 2	0.004 9	0.042 8	0.115 6	0.187 6	0.225 2
	5	0.000 0	0.000 0	0.000 1	0.000 2	0.000 6	0.010 5	0.044 9	0.103 2	0.165 1
	6	0.000 0	0.000 0	0.000 0	0.000 0	0.000 0	0.001 9	0.013 2	0.043 0	0.091 7
	7	0.000 0	0.000 0	0.000 0	0.000 0	0.000 0	0.000 3	0.003 0	0.013 8	0.039 3
	8	0.000 0	0.000 0	0.000 0	0.000 0	0.000 0	0.000 0	0.000 5	0.003 5	0.013 1
	9	0.000 0	0.000 0	0.000 0	0.000 0	0.000 0	0.000 0	0.000 1	0.000 7	0.003 4
	10	0.000 0	0.000 0	0.000 0	0.000 0	0.000 0	0.000 0	0.000 0	0.000 1	0.000 7
n	x	$p=0.01$	$p=0.02$	$p=0.03$	$p=0.04$	$p=0.05$	$p=0.10$	$p=0.15$	$p=0.20$	$p=0.25$
20	0	0.817 9	0.667 6	0.543 8	0.442 0	0.358 5	0.121 6	0.038 8	0.011 5	0.003 2
	1	0.165 2	0.272 5	0.336 4	0.368 3	0.377 4	0.270 2	0.136 8	0.057 6	0.021 1
	2	0.015 9	0.052 8	0.098 8	0.145 8	0.188 7	0.285 2	0.229 3	0.136 9	0.066 9
	3	0.001 0	0.006 5	0.018 3	0.036 4	0.059 6	0.190 1	0.242 8	0.205 4	0.133 9
	4	0.000 0	0.000 6	0.002 4	0.006 5	0.013 3	0.089 8	0.182 1	0.218 2	0.189 7
	5	0.000 0	0.000 0	0.000 2	0.000 9	0.002 2	0.031 9	0.102 8	0.174 6	0.202 3
	6	0.000 0	0.000 0	0.000 0	0.000 1	0.000 3	0.008 9	0.045 4	0.109 1	0.168 6
	7	0.000 0	0.000 0	0.000 0	0.000 0	0.000 0	0.002 0	0.016 0	0.054 5	0.112 4
	8	0.000 0	0.000 0	0.000 0	0.000 0	0.000 0	0.000 4	0.004 6	0.022 2	0.060 9
	9	0.000 0	0.000 0	0.000 0	0.000 0	0.000 0	0.000 1	0.001 1	0.007 4	0.027 1
	10	0.000 0	0.000 0	0.000 0	0.000 0	0.000 0	0.000 0	0.000 2	0.002 0	0.009 9
	11	0.000 0	0.000 0	0.000 0	0.000 0	0.000 0	0.000 0	0.000 0	0.000 5	0.003 0
	12	0.000 0	0.000 0	0.000 0	0.000 0	0.000 0	0.000 0	0.000 0	0.000 1	0.000 8
	13	0.000 0	0.000 0	0.000 0	0.000 0	0.000 0	0.000 0	0.000 0	0.000 0	0.000 2

根据表 10-5 的二项式概率,将接受一批的概率和批中有缺陷项目的百分比绘制成图 10-7。这个图形或曲线,被称为 $n=15, c=0$ 的抽样方案的抽样特性曲线。

表 10-6　$n=15, c=0$ 的抽样方案接受一批的概率

批中有缺陷项目的百分比	接受一批的概率	批中有缺陷项目的百分比	接受一批的概率
1	0.860 1	10	0.205 9
2	0.738 6	15	0.087 4
3	0.633 3	20	0.035 2
4	0.542 1	25	0.013 4
5	0.463 3	30	0.004 7

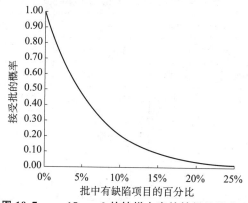

图 10-7　$n=15, c=0$ 的抽样方案的抽样特性曲线

现在我们已经知道如何使用二项式分布,根据一个给定的有缺陷项目的比例来计算接受一批的概率。对于正在研究的应用,我们已经选好 n 和 c 的数值来确定所需用的接受抽样方案。为了制订这个方案,管理人员必须对批中有缺陷项目的比例指定两个数值。一个数值 p_0 用于控制生产者风险;另一个数值 p_1 用于控制消费者风险。

我们使用如下记号:

α——生产者风险,拒绝有缺陷比例为 p_0 的一批概率;

β——消费者风险,接受有缺陷比例为 p_1 的一批概率。

假设在 KALUU 问题中,管理人员规定 $p_0=0.03, p_1=0.15$。从图 10-8 中 $n=15$,$c=0$ 的抽样方案的抽样特性曲线中,我们可以看到 $p_0=0.03$ 给出的生产者风险大约是 $1-0.63=0.37$,$p_1=0.15$ 给出的消费者风险大约是 0.09。因此,如果管理人员愿意承担拒绝有缺陷项目比例为 3% 的一批的概率为 0.37(生产者风险),同时承受接受有缺陷项目比例为 15% 的一批概率为 0.09(消费者风险),则,$n=15, c=0$ 的抽样方案是可以接受的。

正如上述讨论的例子,在决定抽样方案时,我们需要结合预期的生产者风险和消费者风险,考虑一些计算和抽样特性曲线。管理人员可以要求生产者风险和消费者风险预期更小的方案,以满足生产者风险和消费者风险的需要。

小结

本项目我们讨论了统计方法如何应用于质量管理控制。介绍了用 $\bar{x}$ 控制图和直方图来检测生产过程。对控制图确定的控制限,定期抽取样本,并将数据描绘在控制图上。当数据

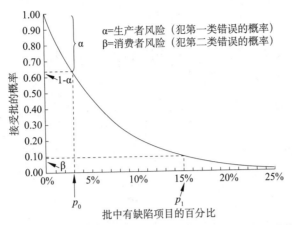

图 10-8　$n=15, c=0, p_0=0.03, p_1=0.15$ 的抽样特性曲线

点位于控制限之外时,表明过程处于失控状态,必须采取纠正措施。在控制限之内的数据点的模式,也能指出潜在的质量控制问题,纠正措施的建议可能是必要的。

本项目还讨论了被称为接受抽样的技术,根据接受抽样程序抽取并检验一个样本。样本中有缺陷项目的个数提供了接受或拒绝一批的依据。为控制生产者风险(第一类错误)和消费者风险(第二类错误),可以调整样本容量和接受准则。

练习

1. 对一个处于在控状态的生产过程抽取 20 个容量为 5 的样本,得到如下的样本均值资料。

95.72　95.24　95.18　95.44　95.46　95.32　95.40　95.44　95.08　95.50
95.80　95.22　95.56　95.22　95.04　95.72　94.82　95.46　95.60　95.78

(1) 根据这些数据,当过程处于在控状态时,均值的估计值是多少?

(2) 假设过程的标准差 $\sigma=0.15$,构造该生产过程的控制图。假设过程的均值为估计值。

(3) 这 20 个样本的均值是否表明过程处于失控状态?

2. 1 200 个零售商店的管理人员从中心仓库每月做两次进货订单。过去的经验表明,4% 的订单至少有 1 个错误,如产品装运错误、装运数量错误和漏装了已预订的产品。每个月抽取 200 份订单组成的随机样本,并且进行准确性检验。

(1) 构造这种情况控制图。

(2) 下面是 6 个月至少有 1 个错误的订单数:10、15、6、13、8、17。将这些数据绘制在控制图上。对于订单过程,你的控制图说明了什么问题?

3. 设计的接受抽样方案为 $n=15, c=1$,生产者风险为 0.075。

(1) p_0 的值是 0.01、0.02、0.03、0.04 或 0.05 吗?这个值意味着什么?

(2) 如果 $p_1=0.25$,这个方案的消费者风险是多少?

附 录

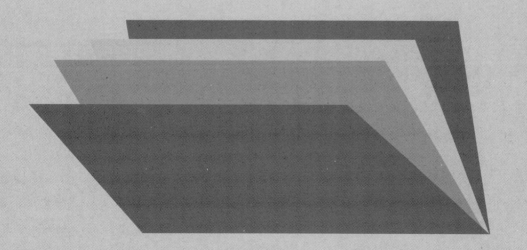

表 1　标准正态分布曲线(单侧)下面积与概率

z	0.00	0.01	0.02	0.03	0.04	0.05	0.06	0.07	0.08	0.09
0.0	0.0000	0.0040	0.0080	0.0120	0.0160	0.0199	0.0239	0.0279	0.0319	0.0359
0.1	0.0398	0.0438	0.0478	0.0517	0.0557	0.0596	0.0636	0.0675	0.0714	0.0753
0.2	0.0793	0.0832	0.0871	0.0910	0.0948	0.0987	0.1026	0.1064	0.1103	0.1141
0.3	0.1179	0.1217	0.1255	0.1293	0.1331	0.1368	0.1406	0.1443	0.1480	0.1517
0.4	0.1554	0.1591	0.1628	0.1664	0.1700	0.1736	0.1772	0.1808	0.1844	0.1879
0.5	0.1915	0.1950	0.1985	0.2019	0.2054	0.2088	0.2123	0.2157	0.2190	0.2224
0.6	0.2257	0.2291	0.2324	0.2357	0.2389	0.2422	0.2454	0.2486	0.2517	0.2549
0.7	0.2580	0.2611	0.2642	0.2673	0.2704	0.2734	0.2764	0.2794	0.2823	0.2852
0.8	0.2881	0.2910	0.2939	0.2967	0.2995	0.3023	0.3051	0.3078	0.3106	0.3133
0.9	0.3159	0.3186	0.3212	0.3238	0.3264	0.3289	0.3315	0.3340	0.3365	0.3389
1.0	0.3413	0.3438	0.3461	0.3485	0.3508	0.3531	0.3554	0.3577	0.3599	0.3621
1.1	0.3643	0.3665	0.3686	0.3708	0.3729	0.3749	0.3770	0.3790	0.3810	0.3830
1.2	0.3849	0.3869	0.3888	0.3907	0.3925	0.3944	0.3962	0.3980	0.3997	0.4015
1.3	0.4032	0.4049	0.4066	0.4082	0.4099	0.4115	0.4131	0.4147	0.4162	0.4177
1.4	0.4192	0.4207	0.4222	0.4236	0.4251	0.4265	0.4279	0.4292	0.4306	0.4319
1.5	0.4332	0.4345	0.4357	0.4370	0.4382	0.4394	0.4406	0.4418	0.4429	0.4441
1.6	0.4452	0.4463	0.4474	0.4484	0.4495	0.4505	0.4515	0.4525	0.4535	0.4545
1.7	0.4554	0.4564	0.4573	0.4582	0.4591	0.4599	0.4608	0.4616	0.4625	0.4633
1.8	0.4641	0.4649	0.4656	0.4664	0.4671	0.4678	0.4686	0.4693	0.4699	0.4706
1.9	0.4713	0.4719	0.4726	0.4732	0.4738	0.4744	0.4750	0.4756	0.4761	0.4767
2.0	0.4772	0.4778	0.4783	0.4788	0.4793	0.4798	0.4803	0.4808	0.4812	0.4817
2.1	0.4821	0.4826	0.4830	0.4834	0.4838	0.4842	0.4846	0.4850	0.4854	0.4857
2.2	0.4861	0.4864	0.4868	0.4871	0.4875	0.4878	0.4881	0.4884	0.4887	0.4890
2.3	0.4893	0.4896	0.4898	0.4901	0.4904	0.4906	0.4909	0.4911	0.4913	0.4916
2.4	0.4918	0.4920	0.4922	0.4925	0.4927	0.4929	0.4931	0.4932	0.4934	0.4936
2.5	0.4938	0.4940	0.4941	0.4943	0.4945	0.4946	0.4948	0.4949	0.4951	0.4952
2.6	0.4953	0.4955	0.4956	0.4957	0.4959	0.4960	0.4961	0.4962	0.4963	0.4964
2.7	0.4965	0.4966	0.4967	0.4968	0.4969	0.4970	0.4971	0.4972	0.4973	0.4974
2.8	0.4974	0.4975	0.4976	0.4977	0.4977	0.4978	0.4979	0.4979	0.4980	0.4981
2.9	0.4981	0.4982	0.4982	0.4983	0.4984	0.4984	0.4985	0.4985	0.4986	0.4986
3.0	0.4987	0.4987	0.4987	0.4988	0.4988	0.4989	0.4989	0.4989	0.4990	0.4990

表 2　t 分布临界值表

df/α	0.200	0.150	0.100	0.050	0.025	0.010	0.005	0.001	0.0005
1	1.376	1.963	3.078	6.314	12.706	31.821	63.657	318.309	636.619
2	1.061	1.386	1.886	2.920	4.303	6.965	9.925	22.327	31.599
3	0.978	1.250	1.638	2.353	3.182	4.541	5.841	10.215	12.924
4	0.941	1.190	1.533	2.132	2.776	3.747	4.604	7.173	8.610
5	0.920	1.156	1.476	2.015	2.571	3.365	4.032	5.893	6.869

续表

df/α	0.200	0.150	0.100	0.050	0.025	0.010	0.005	0.001	0.0005
6	0.906	1.134	1.440	1.943	2.447	3.143	3.707	5.208	5.959
7	0.896	1.119	1.415	1.895	2.365	2.998	3.499	4.785	5.408
8	0.889	1.108	1.397	1.860	2.306	2.896	3.355	4.501	5.041
9	0.883	1.100	1.383	1.833	2.262	2.821	3.250	4.297	4.781
10	0.879	1.093	1.372	1.812	2.228	2.764	3.169	4.144	4.587
11	0.876	1.088	1.363	1.796	2.201	2.718	3.106	4.025	4.437
12	0.873	1.083	1.356	1.782	2.179	2.681	3.055	3.930	4.318
13	0.870	1.079	1.350	1.771	2.160	2.650	3.012	3.852	4.221
14	0.868	1.076	1.345	1.761	2.145	2.624	2.977	3.787	4.140
15	0.866	1.074	1.341	1.753	2.131	2.602	2.947	3.733	4.073
16	0.865	1.071	1.337	1.746	2.120	2.583	2.921	3.686	4.015
17	0.863	1.069	1.333	1.740	2.110	2.567	2.898	3.646	3.965
18	0.862	1.067	1.330	1.734	2.101	2.552	2.878	3.610	3.922
19	0.861	1.066	1.328	1.729	2.093	2.539	2.861	3.579	3.883
20	0.860	1.064	1.325	1.725	2.086	2.528	2.845	3.552	3.850
21	0.859	1.063	1.323	1.721	2.080	2.518	2.831	3.527	3.819
22	0.858	1.061	1.321	1.717	2.074	2.508	2.819	3.505	3.792
23	0.858	1.060	1.319	1.714	2.069	2.500	2.807	3.485	3.768
24	0.857	1.059	1.318	1.711	2.064	2.492	2.797	3.467	3.745
25	0.856	1.058	1.316	1.708	2.060	2.485	2.787	3.450	3.725
26	0.856	1.058	1.315	1.706	2.056	2.479	2.779	3.435	3.707
27	0.855	1.057	1.314	1.703	2.052	2.473	2.771	3.421	3.690
28	0.855	1.056	1.313	1.701	2.048	2.467	2.763	3.408	3.674
29	0.854	1.055	1.311	1.699	2.045	2.462	2.756	3.396	3.659
30	0.854	1.055	1.310	1.697	2.042	2.457	2.750	3.385	3.646
31	0.853	1.054	1.309	1.696	2.040	2.453	2.744	3.375	3.633
32	0.853	1.054	1.309	1.694	2.037	2.449	2.738	3.365	3.622
33	0.853	1.053	1.308	1.692	2.035	2.445	2.733	3.356	3.611
34	0.852	1.052	1.307	1.691	2.032	2.441	2.728	3.348	3.601
35	0.852	1.052	1.306	1.690	2.030	2.438	2.724	3.340	3.591
36	0.852	1.052	1.306	1.688	2.028	2.434	2.719	3.333	3.582
37	0.851	1.051	1.305	1.687	2.026	2.431	2.715	3.326	3.574
38	0.851	1.051	1.304	1.686	2.024	2.429	2.712	3.319	3.566
39	0.851	1.050	1.304	1.685	2.023	2.426	2.708	3.313	3.558
40	0.851	1.050	1.303	1.684	2.021	2.423	2.704	3.307	3.551
41	0.850	1.050	1.303	1.683	2.020	2.421	2.701	3.301	3.544
42	0.850	1.049	1.302	1.682	2.018	2.418	2.698	3.296	3.538
43	0.850	1.049	1.302	1.681	2.017	2.416	2.695	3.291	3.532
44	0.850	1.049	1.301	1.680	2.015	2.414	2.692	3.286	3.526
45	0.850	1.049	1.301	1.679	2.014	2.412	2.690	3.281	3.520
46	0.850	1.048	1.300	1.679	2.013	2.410	2.687	3.277	3.515

续表

df/α	0.200	0.150	0.100	0.050	0.025	0.010	0.005	0.001	0.000 5
47	0.849	1.048	1.300	1.678	2.012	2.408	2.685	3.273	3.510
48	0.849	1.048	1.299	1.677	2.011	2.407	2.682	3.269	3.505
49	0.849	1.048	1.299	1.677	2.010	2.405	2.680	3.265	3.500
50	0.849	1.047	1.299	1.676	2.009	2.403	2.678	3.261	3.496
51	0.849	1.047	1.298	1.675	2.008	2.402	2.676	3.258	3.492
52	0.849	1.047	1.298	1.675	2.007	2.400	2.674	3.255	3.488
53	0.848	1.047	1.298	1.674	2.006	2.399	2.672	3.251	3.484
54	0.848	1.046	1.297	1.674	2.005	2.397	2.670	3.248	3.480
55	0.848	1.046	1.297	1.673	2.004	2.396	2.668	3.245	3.476
56	0.848	1.046	1.297	1.673	2.003	2.395	2.667	3.242	3.473
57	0.848	1.046	1.297	1.672	2.002	2.394	2.665	3.239	3.470
58	0.848	1.046	1.296	1.672	2.002	2.392	2.663	3.237	3.466
59	0.848	1.046	1.296	1.671	2.001	2.391	2.662	3.234	3.463
60	0.848	1.045	1.296	1.671	2.000	2.390	2.660	3.232	3.460
61	0.848	1.045	1.296	1.670	2.000	2.389	2.659	3.229	3.457
62	0.847	1.045	1.295	1.670	1.999	2.388	2.657	3.227	3.454
63	0.847	1.045	1.295	1.669	1.998	2.387	2.656	3.225	3.452
64	0.847	1.045	1.295	1.669	1.998	2.386	2.655	3.223	3.449
65	0.847	1.045	1.295	1.669	1.997	2.385	2.654	3.220	3.447
66	0.847	1.045	1.295	1.668	1.997	2.384	2.652	3.218	3.444
67	0.847	1.045	1.294	1.668	1.996	2.383	2.651	3.216	3.442
68	0.847	1.044	1.294	1.668	1.995	2.382	2.650	3.214	3.439
69	0.847	1.044	1.294	1.667	1.995	2.382	2.649	3.213	3.437
70	0.847	1.044	1.294	1.667	1.994	2.381	2.648	3.211	3.435
71	0.847	1.044	1.294	1.667	1.994	2.380	2.647	3.209	3.433
72	0.847	1.044	1.293	1.666	1.993	2.379	2.646	3.207	3.431
73	0.847	1.044	1.293	1.666	1.993	2.379	2.645	3.206	3.429
74	0.847	1.044	1.293	1.666	1.993	2.378	2.644	3.204	3.427
75	0.846	1.044	1.293	1.665	1.992	2.377	2.643	3.202	3.425
76	0.846	1.044	1.293	1.665	1.992	2.376	2.642	3.201	3.423
77	0.846	1.043	1.293	1.665	1.991	2.376	2.641	3.199	3.421
78	0.846	1.043	1.292	1.665	1.991	2.375	2.640	3.198	3.420
79	0.846	1.043	1.292	1.664	1.990	2.374	2.640	3.197	3.418
80	0.846	1.043	1.292	1.664	1.990	2.374	2.639	3.195	3.416
81	0.846	1.043	1.292	1.664	1.990	2.373	2.638	3.194	3.415
82	0.846	1.043	1.292	1.664	1.989	2.373	2.637	3.193	3.413
83	0.846	1.043	1.292	1.663	1.989	2.372	2.636	3.191	3.412
84	0.846	1.043	1.292	1.663	1.989	2.372	2.636	3.190	3.410
85	0.846	1.043	1.292	1.663	1.988	2.371	2.635	3.189	3.409
86	0.846	1.043	1.291	1.663	1.988	2.370	2.634	3.188	3.407
87	0.846	1.043	1.291	1.663	1.988	2.370	2.634	3.187	3.406

续表

df/α	0.200	0.150	0.100	0.050	0.025	0.010	0.005	0.001	0.000 5
88	0.846	1.043	1.291	1.662	1.987	2.369	2.633	3.185	3.405
89	0.846	1.043	1.291	1.662	1.987	2.369	2.632	3.184	3.403
90	0.846	1.042	1.291	1.662	1.987	2.368	2.632	3.183	3.402
91	0.846	1.042	1.291	1.662	1.986	2.368	2.631	3.182	3.401
92	0.846	1.042	1.291	1.662	1.986	2.368	2.630	3.181	3.399
93	0.846	1.042	1.291	1.661	1.986	2.367	2.630	3.180	3.398
94	0.845	1.042	1.291	1.661	1.986	2.367	2.629	3.179	3.397
95	0.845	1.042	1.291	1.661	1.985	2.366	2.629	3.178	3.396
96	0.845	1.042	1.290	1.661	1.985	2.366	2.628	3.177	3.395
97	0.845	1.042	1.290	1.661	1.985	2.365	2.627	3.176	3.394
98	0.845	1.042	1.290	1.661	1.984	2.365	2.627	3.175	3.393
99	0.845	1.042	1.290	1.660	1.984	2.365	2.626	3.175	3.392
100	0.845	1.042	1.290	1.660	1.984	2.364	2.626	3.174	3.390
101	0.845	1.042	1.290	1.660	1.984	2.364	2.625	3.173	3.389
102	0.845	1.042	1.290	1.660	1.983	2.363	2.625	3.172	3.388
103	0.845	1.042	1.290	1.660	1.983	2.363	2.624	3.171	3.388
104	0.845	1.042	1.290	1.660	1.983	2.363	2.624	3.170	3.387
105	0.845	1.042	1.290	1.659	1.983	2.362	2.623	3.170	3.386
106	0.845	1.042	1.290	1.659	1.983	2.362	2.623	3.169	3.385
107	0.845	1.041	1.290	1.659	1.982	2.362	2.623	3.168	3.384
108	0.845	1.041	1.289	1.659	1.982	2.361	2.622	3.167	3.383
109	0.845	1.041	1.289	1.659	1.982	2.361	2.622	3.167	3.382
110	0.845	1.041	1.289	1.659	1.982	2.361	2.621	3.166	3.381
111	0.845	1.041	1.289	1.659	1.982	2.360	2.621	3.165	3.380
112	0.845	1.041	1.289	1.659	1.981	2.360	2.620	3.165	3.380
113	0.845	1.041	1.289	1.658	1.981	2.360	2.620	3.164	3.379
114	0.845	1.041	1.289	1.658	1.981	2.360	2.620	3.163	3.378
115	0.845	1.041	1.289	1.658	1.981	2.359	2.619	3.163	3.377
116	0.845	1.041	1.289	1.658	1.981	2.359	2.619	3.162	3.376
117	0.845	1.041	1.289	1.658	1.980	2.359	2.619	3.161	3.376
118	0.845	1.041	1.289	1.658	1.980	2.358	2.618	3.161	3.375
119	0.845	1.041	1.289	1.658	1.980	2.358	2.618	3.160	3.374
120	0.845	1.041	1.289	1.658	1.980	2.358	2.617	3.160	3.373

参 考 文 献

[1] 贾俊平. 统计学[M]. 4版. 北京:中国人民大学出版社,2011.
[2] 贾俊平,何晓群,金勇进. 统计学[M]. 6版. 北京:中国人民大学出版社,2015.
[3] 韩兆洲. 统计学原理[M]. 7版. 广州:暨南大学出版社,2011.
[4] 陈建宏,杨彦柱. 统计学基础[M]. 北京:北京理工大学出版社,2013.
[5] 陈珍珍. 统计学[M]. 5版. 厦门:厦门大学出版社,2013.
[6] 曾五一,肖红叶. 统计学导论[M]. 2版. 北京:科学出版社,2013.
[7] David R. Anderson,Dennis J Sweeney,Thomas A. Williams. 商务与经济统计[M]. 11版. 张建华等,译. 北京:机械工业出版社,2012.
[8] William Mendenhall,Terry Sincich. 统计学[M]. 5版. 梁冯珍等,译. 北京:机械工业出版社,2009.

教学支持说明

▶▶ **课件申请**

尊敬的老师：

您好！感谢您选用清华大学出版社的教材！为更好地服务教学，我们为采用本书作为教材的老师提供教学辅助资源。鉴于部分资源仅提供给任课教师使用，请您直接用手机扫描下方二维码实时申请教学资源。

任课教师扫描二维码
可获取教学辅助资源

▶▶ **样书申请**

为方便教师选用教材，我们为您提供免费赠送样书服务。任课教师扫描下方二维码即可获取清华大学出版社教材电子书目。在线填写个人信息，经审核认证后即可获取所选教材。我们会第一时间为您寄送样书。

任课教师扫描二维码
可获取教材电子书目

清华大学出版社

E-mail: tupfuwu@163.com   网址: http://www.tup.com.cn/
电话: 8610-62770175-4506/4340   传真: 8610-62775511
地址: 北京市海淀区双清路学研大厦B座509室   邮编: 100084